漆树分泌物化学与应用

QISHU FENMIWU

HUAXUE YU YINGYONG

王成章　周 昊　齐志文　等 编著

化学工业出版社

·北京·

内容简介

本书从漆树产业链经营现状角度出发，分析了漆树分泌物植物资源、品质评价和鉴伪方法，介绍了漆树分泌物分离、精制与调制方法及漆酚致敏与防治机理，同时系统介绍了漆酚缩水甘油醚和单宁改性漆酚环氧树脂、生漆紫外光固化复合涂料、生漆基功能产品技术标准等。从漆酚基生物医药新材料与药物合成角度，重点突出了漆酚化学修饰和改性技术，介绍了漆酚活性衍生物合成、漆酚 HDAC 抑制剂和漆酚基两亲胶束制备及其抗氧化、抑菌和抗肿瘤生物活性的最新研究进展，为拓展漆树活性物在医药领域的应用提供了新思路，体现了原创性、前沿技术和国际研究水平，对国内外漆树资源的化学与应用研究具有重要的学术价值和指导意义。

本书可供漆树加工应用的从业者阅读参考，同时也可供高等院校师生及相关工程技术人员学习参考。

图书在版编目（CIP）数据

漆树分泌物化学与应用 / 王成章等编著. -- 北京：化学工业出版社，2024. 10. -- ISBN 978-7-122-46078-3

Ⅰ. F316. 2

中国国家版本馆 CIP 数据核字第 2024DC1692 号

责任编辑：张　艳　　　　　　　文字编辑：刘　莎　师明远
责任校对：宋　玮　　　　　　　装帧设计：王晓宇

出版发行：化学工业出版社
　　　　　（北京市东城区青年湖南街 13 号　邮政编码 100011）
印　　装：北京建宏印刷有限公司
710mm×1000mm　1/16　印张 14¼　字数 297 千字
2024 年 10 月北京第 1 版第 1 次印刷

购书咨询：010-64518888　　　　售后服务：010-64518899
网　　址：http://www.cip.com.cn
凡购买本书，如有缺损质量问题，本社销售中心负责调换。

定　　价：198.00 元

前言

由于化石资源储量有限，人类面临环境与资源的问题日益明显，研究与开发可再生资源深加工产品，代替传统化石资源成为国家经济发展的重要方向之一。

漆树分泌物是漆树韧皮创伤而分泌出的乳白色汁液（俗称生漆），是世界上唯一来自植物且在自身携带的生物酶催化下能形成天然高分子材料的物质，具有超耐久性、重防腐性、耐酸性、耐湿热性、强绝缘性及环境友好性等综合性能。生漆素有"涂料之王"和"国漆"的美称，在我国已有七千多年的悠久历史，应用于石油化工、冶金采矿、纺织印染、古建筑、文物维护、木器家具、工艺美术品等各行业，开发利用漆树分泌物特色资源具有重要的意义。

日本东京大学熊野溪从先生在 2012 年出版了日文版《生漆的话题》科普性图书；日本明治大学陆榕研究员 2016 年出版了 *Lacquer Chemistry and Application*，介绍了生漆化学成分与相关应用；宫腰哲雄先生出版了日文版的《漆学》，介绍了漆器的制作过程等。关于漆树分泌物研究的中文书籍有《生漆的化学》（甘景镐，1984 年）、《生漆化学》（蔡奋，1987 年）、《中国髹漆工艺与漆器保护》（张飞龙，2010 年）、《生漆及其产业化开发研究》（周光龙，2012 年）等。近几年，漆树分泌物精细化利用程度不断深入，漆树产业链技术成果不断涌现，应用领域拓展至功能食品、日化及生物医药，为了总结漆树分泌物化学与加工应用所取得的新成果与新思路，编著了《漆树分泌物化学与应用》这本图书。

本书由中国林业科学研究院林产化学工业研究所王成章研究员主持编写，王成章研究员团队从事漆树资源化学与应用科研工作 20 余年，承担科技部科技支撑项目"特色生物化工资源精深加工产品开发""生物基材料制造关键技术与产品""漆树资源高效培育及其全值化应用集成技术示范"等课题与国际合作项目"林业资源精深化学加工新技术研究"，其成果"漆树活性提取物高效加工关键技术与应用"于 2015 年获得梁希林业科学技术进步奖二等奖。

在本书策划、设计和撰写的过程中，我们主要是在借鉴前人有关的理论研究成果、实践应用经验的基础上，从理论与现实的维度对我国当前的漆树分泌物化学与应用进行了较为系统的阐述和剖析。全书共分 11 章，第 1 章阐述漆树分泌物应用历史和产业链经营现状。第 2、3 章阐述漆树分泌物化学组成，漆树分泌物成膜、结构与性能。第 4～6 章介绍漆树分泌物精制与调制、过敏脱敏机制及生物活性，重点突出漆酚化学特征与过敏的防治新方法，漆树分泌物的分离和漆酚活性衍生物制备、结构表征。第 7、8 章介绍漆酚基异羟肟酸类 HDAC 抑制剂的设计合成和抗肿瘤活性研究，并介绍了漆酚基胶束的制备、性能评价及抗肿瘤活性研究。第 9～11 章介绍了生漆改性技术，尤其概述了生漆紫外光固化技术、漆酚水性化纳米改性技术和生漆金属螯合技术等新技术的应用，突出漆酚分离及紫外光固化机理，首次介绍了漆酚丙烯酸酯树脂、漆酚缩水甘油醚和单宁酸改性漆酚缩水甘油醚等单体的紫外光固化机理，生漆萜烯基水性聚氨酯和漆酚萜烯基多元醇乳液等新技术应用。

全书具体分工如下：王成章负责组织策划和撰写大纲；周昊和齐志文参与大纲拟定工作，并分别撰写了第 6～8 章内容；刘丹阳参与撰写了第 1～5 章内容；薛兴颖和张昌伟参与撰写了剩余的章节内容。王成章、周昊和齐志文负责补充完善书稿内容和最终定稿。

由于作者水平所限，书中难免有不妥之处，欢迎读者批评指正！

编著者
2024 年 8 月

第 3 章
漆树分泌物成膜、结构与性能　　　　　　　　　　027

第 4 章
漆树分泌物精制与调制方法　　　　　　　　　　036

第 8 章
漆酚基胶束制备、性能评价及抗肿瘤活性　**107**

第 9 章
生漆改性技术   **134**

第1章
漆树产业链经营现状

1.1 漆树分泌物植物资源

漆树［*Toxicodendron vernicifluum*（Stokes）F. A. Barkley］为漆树科（*Anacardiaceae*）指一类落叶乔木，主要包括漆树［*Toxicodendron vernicifluum*］、野漆树（*T. succedaneum*）、盐麸木（盐肤木，*Rhus chinensis*）、日本黄栌（*Cotinus* Mill）、美国红栌（*C. coggygria*）、天桃木（*Mangifera persiciforma*）、南酸枣（*Choerospondias axillaris*）、火炬树（*R. typhina*）、金叶黄栌（*C. coggygria* 'Golden Spirit'）等。漆树因树干部韧皮创伤分泌出乳白色的汁液能形成漆膜而得名。

漆树原产于中国，隶属亚热带区系，新生代第三纪古老子遗树种。漆树一般分布在海拔 100～3000m 之间，以 400～2000m 分布最多，大部分分布于中、日、韩和东南亚亚热带地区。中国是漆树资源最多的国家，主要在秦巴山地、鄂西高原、云贵高原、四川盆地东侧的宜宾等地。中国、日本和韩国的漆树主要品种为漆树（*T. vernicifluum*）、野漆树（*T. succedaneum*）和木蜡树（*T. sylvestre*），而越南漆树属于野漆树（*T. succedaneum*），缅甸、泰国以及柬埔寨等亚热带地区的漆树属于缅漆树（*Melanorrhoea usitata*）。如图 1-1。

(a) 漆树　　　　　　　　　　(b) 野漆树　　　　　　　　　　(c) 缅漆树

图 1-1　三个不同产地的代表性漆树

漆树分泌物是指漆树分泌组织分泌出来的汁液，主要来源于漆树、木蜡树、野漆树和缅漆树。国际市场上通用的商品名称中，有中国漆、日本漆、越南漆、缅甸漆、泰国漆、马来漆以及腰果漆、毒漆等，这些都是从不同泌漆植物上获得的生漆。分泌漆液的植物在国际上的分布如表 1-1。

表 1-1　分泌漆液的植物分布

植物名称	在我国的分布	在国外的分布
腰果	云南、广东、广西、福建、台湾	美洲、非洲、南美洲、印度、印度尼西亚
马来漆树		马来西亚、印度尼西亚至马达斯加，印度
柬埔寨漆树		越南南部、柬埔寨、缅甸、老挝、泰国、菲律宾印度
缅甸漆树		缅甸、泰国、老挝、越南、印度
漆树	除青海、新疆、黑龙江、吉林、内蒙古外全国均产	日本、朝鲜、印度东北部
野漆树	长江以南，华北、台湾	越南北部、泰国、缅甸、日本、朝鲜、印度、印度尼西亚
江西野漆树	江西东南部	
小叶野漆树	广西北部	
安南漆树	台湾	越南、印度、日本、巴西
木蜡树	长江以南	朝鲜、日本
毒常春藤		加拿大、美国、墨西哥、印度
野葛	云南、四川、贵州、湖南、湖北、台湾	日本、墨西哥、美国、巴西
黄毛漆	云南南部	泰国北部
绒毛漆树	西藏东南部	尼泊尔、印度北部
小果绒毛漆	云南南部、广西、西藏	
大叶漆		印度东北部
小果大叶漆	云南贡山、西藏	
裂果漆	云南、贵州	印度、缅甸、泰国
小果裂果漆	云南东南部	
镇康裂果漆	云南东南部	
硬毛漆	四川西南部	
云南漆	云南、四川	
长序云南漆	云南、四川	
尖叶漆	云南东南部、西藏南部	尼泊尔、不丹、印度东北部
大花漆	云南、四川	
长柄大花漆	云南、四川	
石山漆	云南东南部	

植物名称	在我国的分布	在国外的分布
小漆树	云南、四川、贵州、西藏	
狭叶小漆树	云南、四川	
多叶小漆树	云南、四川	
毛漆树	湖南、湖北、贵州、江西、福建、安徽	日本、朝鲜
番漆树	台湾	
异叶肉托果		印度尼西亚
槚如肉托果		印度
特莱肉托果		印度南部
银杏	中国各地	日本

漆树优良品种筛选主要根据漆树外部形态特征、分泌液多少、漆酚含量高低等指标。根据生漆产地和品质，漆树主要分为大木漆和小木漆两类。如大红袍（*Rhus verniciflua* Stokes cv.'*Dahongpao*'）、高八尺（*Rhus verniciflua* Stokes cv.'*Gaobachi*'）、大毛叶（*Rhus verniciflua* Stokes cv.'*Damaoye*'）、阳高大木（*Toxicodendron vernicifluum* Stokes cv.'*Yanggangdamu*'）属于大木漆；小大木（*Toxicodendron vernicifluum* Stokes cv.'*Xiaodamu*'）、毛叶漆树（*Toxicodendron vernicifluum* Stokes cv.'*Maoyeqishu*'）属于小木漆。陕西大红袍品种为自然三倍体漆树品种，其余均为二倍体品种。采用三种育苗法，即"漆籽快速育苗法""苗根育苗法""漆树苗嫁接法"。通过无性系扩繁技术繁育，如最成熟的"苗根育苗法"，得到大面积推广应用。大红袍具有生长快、产漆量高、不结籽等优点，被作为全国漆树优良品种的基因库，推广种植。

1.2 漆树分泌物产生和采割

漆树的产漆器官是漆汁道，在茎秆的皮中分布最多。漆汁道是漆汁分泌细胞排列时形成的缝隙，漆液就储藏在其中。从微观角度看，在漆树茎次生韧皮部细胞、分泌细胞和鞘细胞中大量分布的嗜锇物质，可能是漆树分泌物的前体物质。内质网及其包围的质体参与了嗜锇物质的合成，然后以各种途径转运到漆汁道的分泌细胞中，经过进一步的加工，再分泌到漆汁道腔中贮存。对成熟的漆树割口，割断漆汁道后分泌流出的乳白色汁液，经空气氧化为咖啡色液体，就是生漆。

采割生漆时漆树的割口方式因漆树树种和地域的差异而略有不同。无论是单口型的"画眉眼""柳叶尖"，还是双口型的"剪口型""鱼尾型""倒八字""牛鼻型"，其割口的对角线与垂线之间形成的夹角都应保持在45°左右，上沿弧度不大于75°，下沿弧度要大于 120°。特别地，对于单口型来说，割口上沿树皮横切面应向上倾斜 60°左右，否则，部分漆液会流到割口框内，形成所谓的"内洗脸"而造成损失；割口下沿树皮横切面向下倾斜 45°左右，如果没有倾角或者倾角较大，部分漆液会流向割口外面，形成所谓的"外洗脸"而造成损失，如图 1-2。

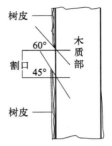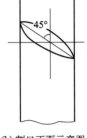

(a) 割口纵切面示意图　　(b) 割口正面示意图

图 1-2　单口型割口切法示意图

采割周期依据漆树树皮裂纹（花子）程度确定。野生漆树胸径 15cm 以上，大（中）乔木人工林一般为 8～10 年树龄，小乔木人工林一般为 5～7 年树龄，胸径 10cm 以上。年周期为隔年采割，离地 35cm 以上。6～11 月为采割期，最佳时间为 7～9 月。1 个采割周期可采割 10 次左右。前 5 次每 7 天采割 1 次，后 5 次每 10 天采割 1 次。

1.3　漆树分泌物品质评价

目前主要采用传统经验和现代色谱评价采割后生漆的品质。

1.3.1　传统经验评价法

生漆质量传统评价法主要是靠感官经验法，即观察法、嗅味法、试样法、煎盘法等。

1.3.1.1　观察法

主要观察漆膜结构和色调、漆液层色、漆液氧化转色、漆液米心砂路、漆液丝条、漆液底浆水、漆渣和漆液干燥性等，判断、检验生漆品质。具体如下：

（1）漆膜结构和色调　生漆表面层漆膜皱纹细致、柔软，结构排列规则，色调鲜艳赤黄，韧性和质地好，则判断生漆品质优良。

（2）漆液层色和氧化转色　用一根木棒插入装满大漆的桶中，直插至桶底，然后慢慢将木棒提出液面，观察木棒上三层不同的颜色，若各层间的颜色差明显，同时观察到木棒上漆液在空气中氧化转色快，表示生漆品质高。

（3）漆液米心砂路　生漆中的漆酶、胶汁等物质，在漆液中会自然凝聚成细粒状的游离物，大部分均匀地分布在漆液中，小部分沉聚底部，其中乳白色似碎米状的颗粒为米心，红黑色的针状、粒状微粒称为砂路。这些颗粒越大、越多、越明显，则表明该漆的漆质越好。

（4）漆液丝条　将木板插入桶底，提出后观察木板上向下流淌的漆液，如流下的漆液能形成又细又长的线条，并且断线时还能迅速收缩成钩状，且黏附于板上的漆液厚薄一致、流速均匀、漆液消失快，表示生漆品质优良。

（5）漆液底浆水　将插入漆液桶底的木板慢慢提出漆液，乳白色胶汁的底浆随漆液上升至表层过程中乳白色胶质接触空气变为灰白色，停止翻动，静置几天后又可下沉复变成乳白色，底浆明显、稀而纯净，表明生漆品质上乘。

（6）漆渣　大漆中的漆渣有原渣和人工渣之分。原渣是生产过程中带入的泥沙、木屑等或储存过程中生漆接触空气而氧化形成的自然渣；人工渣是故意掺入的泥沙、石粉、铁锈等杂质。区分这两类渣的简单方法是：原渣能均匀分散在漆液中，渣汁分明亮底、不裹渣，表渣起轮廓，底渣起蜂窝，呈现白底浆；而人工渣易沉底，渣汁不清，且严重裹渣，无白底浆出现。

（7）漆液干燥性　将少许生漆均匀地涂抹在玻璃片上，放入 20～25℃、相对湿度为 80% 左右的恒温恒湿环境中，若观察到漆膜在 2～4 小时内干燥而又能变成深黑色、遮盖力强、光泽鲜艳的厚膜，则表明这类生漆的漆液优良。

1.3.1.2　嗅味法

根据生漆的气味来判断漆液品质。一般来说，大木漆的气味酸香，则漆质好；小木漆的气味清香为上品。如果嗅出漆液有臭味，则表示漆液中掺了变质的发酵漆；如有植物油和矿物油的气味，则表示掺入了杂油；如有酸臭味，则表明该漆为贮存过久而变质的漆。

1.3.1.3　试样法

采用纸试、圈试和水试三种方法检验漆液品质。

（1）纸试　常用两种方法。一种是将大漆滴于纸上，用火点燃，易燃无爆炸声者为好漆，难燃且有爆炸声者为掺了水的漆。第二种是将漆液滴在毛边纸上，将纸竖起来让漆液自然往下流，观察油水扩散情况；油水扩散少、边纹呈锯齿形为品质好的漆液，扩散面大且有油渍出现为掺油的漆液，扩散面大且会透过纸背现出水渍则为掺水的漆液。

（2）圈试　将竹篾细条编成鸡蛋大小的圆圈插入漆液中，缓慢提出漆液液面，能在圈中形成半透明的薄层判断为品质优良的生漆，不能形成这种半透明的薄层为品质差的生漆。

（3）水试　将漆液滴入盛有清水的瓷碗中静置观察，呈圆珠状沉入碗底为品质优良的生漆，有油花浮于水面为掺油的漆，不能形成圆珠者为掺水的漆。

1.3.1.4　煎盘法

如同一般涂料的固体含量测定法，将无渣漆液加在特制铜盘（俗称煎盘）中称重，然后在煎盘底部用火加热以除去漆中水分，称量去水后的残余漆液，即可求得漆质规格（俗称分数），分数越高表示此液中漆酚纯度越高。

1.3.2　现代色谱评价法

化学分析和现代色谱方法可对生漆中漆酚的化学组成进行分析检测，从而评价生漆的品质。生漆主要成分是漆酚，还有少量漆酶和多糖等，漆酚具有在空气中极易氧化和自身聚合的特性。日本真岛利行利用臭氧化法使漆酚侧链降解为相应的醛，推出漆酚侧链具有三烯的 C_{15} 烷基结构。美国 Sunthankar 和 Dawson 利用柱色谱法对漆酚二甲醚进行分离，进行臭氧化法分析，得出了漆酚中含有四种同系物，明确指出了漆酚侧链三烯中有两个双键是处在共轭位置，其中，饱和漆酚：R=—$(CH_2)_{14}CH_3$，单烯漆酚：R=—$(CH_2)_7CH=CH—(CH_2)_5CH_3$，双烯漆酚：R=—$(CH_2)_7CH=CH—CH_2—CH=CH(CH_2)_2CH_3$，三烯漆酚：R=—$(CH_2)_7CH=CH—CH=CHCH_2CH=CHCH_3$。

随着气相色谱和液相色谱等先进分离检测手段的广泛应用，漆酚成分分析研究得到了进一步的深化。美国密西西比大学药学院的 Stephen Billets 等人首先采用紫外光谱法分析毒橡树（*Poison cak*）和毒常春藤（*Poison ivy*）中类似漆酚结构的化合物，发现毒常春藤漆酚是由 C_{15} 不饱和脂肪侧链取代的邻苯二酚同系物所组成，毒橡树漆酚中的侧链比漆树漆酚多了两个碳原子，为 C_{17} 不饱和脂肪侧链。其结构式如图 1-3 所示。

(a) 毒常春藤漆酚		(b) 毒橡树漆酚	
R^1	双键	R^2	双键
$C_{15}H_{31}$	0	$C_{17}H_{35}$	0
$C_{15}H_{29}$	1	$C_{17}H_{33}$	1
$C_{15}H_{27}$	2	$C_{17}H_{31}$	2
$C_{15}H_{25}$	3	$C_{17}H_{29}$	3

图 1-3 毒常春藤和毒橡树漆酚的结构

20 世纪 80 年代，气相和液相色谱法在生漆漆酚的分析领域取得了很大进展。日本山内利用高效液相色谱法在涂有硝酸银薄膜的硅胶柱上对乙酸化漆酚进行了分离，得到了 14 个峰，并用紫外光谱和质谱法对这些峰进行了鉴定。武汉大学杜予民利用熔硅毛细管气-液色谱法对漆酚组分进行了系统分离研究，对漆酚粗提液进行纯化，得到漆酚单体，然后不经过衍生物直接通过涂覆有聚甲基硅氧烷的毛细管色谱柱，柱子配有程序升温系统（从 230℃到 290℃，升温速率 5℃/min），检测温度为 290℃，以氦气为载气，在 13min 内，把漆酚混合物分离出十个组分，并进行了定性定量测定。同时，还利用反相液相色谱法，以乙腈-水-乙酸（80∶20∶2）为洗脱液，对漆酚进行了直接分离，同样分出了十多个组分，并用质谱、红外光谱、核磁共振波谱手段对这些组分进行了结构测定。近年来日本山内等人研究了漆酚侧链中双键构象。澳大利亚 A. Jeffrson 等人对虫漆酚和缅漆酚结构进行了系统研究。

1.4　生漆鉴伪方法

1.4.1　生漆杂质检测方法

生漆的检测要观察生漆的色、艳、味、坯、燥五个要素。注意漆的表皮结构、搅动后生漆的转艳过程和漆的三层状态，即面黑、腰黄、底白，借此判定生漆的真伪。生漆中的杂质，多人为掺假，主要掺假物质为水、矿物油、植物油、清漆、石粉、细土粒、淀粉、糊精、糖类、食盐、氮类化肥、草药汁、人尿和口水等。生漆中杂质具体检测方法如下。

1.4.1.1 矿物油、植物油和清漆的检验方法

矿物油，植物油和清漆的密度比生漆的小，与生漆混合后，在表层漆液中含量较多。因此取样时注意取表层漆液，放于洁净试管中。然后向试管内加适量冰乙酸，用玻璃棒搅拌，使生漆完全溶解。由于冰乙酸具有溶解生漆，而不溶解植物油、矿物油和清漆的性质。故生漆被冰乙酸溶解后，植物油、矿物油和清漆可被分离出来，浮于溶液表面。在明亮处检验溶液表面是否浮有油膜或油斑。若不明显，可用玻璃棒蘸取一滴溶液于玻璃板上，观察溶液在玻璃板上扩散和挥发特点，三类杂质的分离特点如表1-2所示。也可进一步在显微镜下分析，根据特征分辨杂质种类。

表1-2 三类杂质的分离特点

杂质	试管观察			玻璃板上观察		
	液面漂浮物	透明液	颜色	扩散	不挥发物	颜色
矿物油	油膜和油滴	透明	无色	很大	不规则油斑	近无色
植物油	油滴	透明	褐色	很大	分布均匀呈环状	淡黄色
清漆	油膜	不透明	淡褐色	不扩散	漆膜	淡黄色
纯漆	无			无油膜或油斑		

1.4.1.2 难溶物的检验方法

在不断搅动的情况下，从漆液下层取样，放入干净的试管。然后加二甲苯3～4mL，用玻璃棒搅拌，使生漆全部溶解。再加入蒸馏水3mL，充分搅拌后，静置几分钟。观察生漆溶液下层是否有难溶物沉淀，根据杂质特征，分辨是否有石粉、砖瓦粉和细土粒等。

1.4.1.3 淀粉、糖类、食盐等杂质的检验方法

取漆液3～5滴，加碘酒两滴，出现蓝色颗粒则有淀粉杂质；观察漆液，如有颜色，则可初步判定漆液掺有糖汁、蜂蜜等杂质；取漆液3～5滴于玻璃片上，升温使水蒸发，根据水蒸发的气味和析出结晶的特征，初步辨别是否有糖类、食盐等杂质。

1.4.2 生漆现代仪器分析法

1.4.2.1 气相色谱-质谱（GC-MS）联用技术

从结构上看，漆酚具有极性大的酚羟基，容易形成分子间氢键，且侧链含有长链的烃类，故漆酚的挥发性极低，同时漆酚氧化活性高，因而难以应用GC-MS联用对未经过衍生化的漆酚直接分析。硅甲基化及甲醚化漆酚分析方法利用GC-MS联用技术测定了中国生漆的漆酚组成。

1.4.2.2 高效液相色谱-质谱（HPLC-MS）联用技术

采用HPLC-MS联用技术对生漆的组分进行分析，利用高效液相色谱（HPLC）强大的分离能力及质谱提供的多级碎片信息，能在线鉴定已知化合物，加快生漆中有

效成分的分析速度。韩国 Kim 采用 HPLC-MS 联用法检测到未经衍生化的韩国本土漆中有 21 个组分，并利用核磁分析了各组分的结构。李林等利用 HPLC-MS 联用法对干漆的成分进行表征，检测定量干漆中的有效中药成分。

1.4.2.3 紫外可见光谱和红外吸收光谱技术

采用紫外可见光谱（UV）和红外吸收光谱（IR）技术可直接对物质官能团进行表征。漆酚含有邻苯二酚母核、同时侧链为烃基长链，其 UV 特征为在 210～230nm 存在强烈的吸收，而在 280nm 处有中等强烈的吸收，其中三不饱和漆酚共轭双键的紫外吸收在 240nm 附近，和苯环（210～230nm）吸收重叠，因而漆酚的定量分析建立于其在 280nm 处的紫外吸收上。漆酚的酚羟基、双键、苯环及长链烷烃的红外特征峰分别位于 $3500\sim3100cm^{-1}$、$1610cm^{-1}$、$1500\sim1400cm^{-1}$ 和 $720cm^{-1}$。

1.4.2.4 核磁共振波谱技术

核磁共振是磁矩不为零的原子核，在外磁场作用下自旋能级发生塞曼分裂，共振吸收某一定频率的射频辐射物理过程。基于该原理可以精确地表征原子及原子所处的化学环境。漆酚侧链结构复杂，采用核磁共振波谱（NMR）技术准确表征漆酚结构，不仅有助于漆酚成分分析，也利于不同饱和度漆酚产品的鉴定与应用。

1.5 漆树产业链经营

漆树原产于中国，隶属于亚热带区系，新生代第三纪古老孑遗树种。漆树不仅具有水土保持的生态功能，而且是天然涂料（油漆）、油料和木材兼用树种，栽培和利用已有几千年历史。20 世纪 80 年代后漆树研究及产业链得到快速发展，形成了漆器文化、生漆及生物基材料、漆脂及日化品、漆树黄酮活性物生物医药等产业链。

1.5.1 漆器文化产业

人类发现漆树分泌物（生漆）并开始使用而产生与生漆相关的所有社会活动统称为漆文化。在艺术领域中应用漆树分泌物并创作的产品称为漆艺，中国古代统称漆器。漆器文化产业的发展经历了由质朴到精美的历程。我国漆器文化历史悠久，长江流域下游曾出土过距今 7000 多年河姆渡文化的朱漆木碗。《说苑》中记载"犹漆黑之以为器""舜释天下，而禹受之，作为祭器，漆其外而朱画其内"，这是当时漆器作为食器、祭器的记载。距今约 4100 年前，北方的黄河流域氏族部落已有了漆器自产自用。

中国经营生漆的历史始于奴隶社会。初期由官方经营，逐渐扩大到民间。经考古证实，商代漆器是现存最古老的漆器彩饰，春秋晚期已有精美的几案、鼓瑟、戈柄等漆器，到西周战国生漆已广泛用于车辆、兵器手柄的涂刷。封建社会初期，漆器手工业脱离木器业而成为一个独立的部门。封建社会后期，宫廷建筑、庙宇寺观、王公贵族和大小官员的车服仪仗，日常生活用具、作战的兵器车船、婚嫁丧葬祭祀等，都要使用大量的生漆。进入 20 世纪以后，漆器出现过阶段性繁荣。沈福文创办了四川省立艺专漆器科，漆艺成为文化部规定的美院专业课程之一。20 世纪 80 年代末，全国已有 70 多家漆艺厂，每年漆器外销一千万余美元。而漆画在 80 年代初就已成为与国画、版画、雕塑等并列的一门独立画种。总之，中国漆器历史悠久，技艺精湛，历来在国际上享有盛誉，漆器与丝绸、陶瓷和景泰蓝并驾齐驱，堪称中国四大手工艺品。

1.5.2 生漆产业

漆树是我国的重要经济林树种，主要采割生漆林副特产。我国漆树中心分布区在秦岭、大巴山、武当山、巫山、武陵山、大娄山及乌蒙山一带，陕西、湖北、重庆、云南、贵州、四川、甘肃等 7 个省（市）是生漆主产区，有平利、岚皋、佛坪、利川、竹溪、大方、镇雄、城口、北川等 60 多个重点产漆县。在大的分类上，一般以长江为界分为西、南两域，分别称作西漆和南漆，其中具有代表性的生漆类别有重庆城口漆、湖北毛坝漆、陕西牛王漆、安康漆、云南镇雄漆、贵州大方漆及华东的严漆等。

从 2010 年开始，各国政府重视生漆产业的发展，鼓励农民种植漆树，缅甸和老挝也开始注意到生漆产业的重要性，越南等东南亚生漆产量约 500 吨。日本和韩国生漆产量不足 50 吨。据报道日本生漆产量一直在降低，而年平均需要量为 500 吨左右，98％依靠进口，其中约 80％自中国进口。然而由于生漆产业的单一化以及生漆本身的过敏性行为，使得越来越多的年轻人放弃从事生漆产业的工作。

生漆加工基本沿用传统方式，采用低温加热脱水生物精制生漆，也有采用调制方法加工精制漆，如揩光漆、朱合漆、赛霞漆、透明漆、亚光精制漆、贴金漆、明光漆、彩色精制漆、朱光漆、黑光漆等。生漆中漆酚具有芳香族和脂肪族的双重特性，可以在漆酶的催化氧化作用下形成漆酚多聚体，再加上长侧链的氧化聚合反应，形成网状立体结构，具有优良的耐久性、耐腐蚀、耐磨性、耐热性和电绝缘性能。目前，针对天然生漆快干的研究，使生漆漆酚摆脱温度和湿度限制在无漆酶条件下自干，扩大了生漆的应用领域。另外漆酚金属高聚物的合成与制备，实现了生漆的高性能使用。近年来，生漆精细化利用程度不断深入，漆树产业链技术成果国际化加快，开展了漆酚分子结构修饰化学加工关键技术研究及复合改性生漆涂料等产品开发，创制了改性生漆光氧双固化涂料、生漆重防腐涂料、漆酚缩水甘油醚水性化涂料、单宁改性漆酚环氧树脂等优良产品。生漆及其改性涂料具有许多优良特性，广泛应用于军工、农业、化工、纺织、轻工、造船、机电、建筑、家具以及工艺制品等领域。

1.5.3 漆籽产业

漆树的果实又称漆籽，呈扁斜球状，大小与黄豆相似，每年 9～12 月份收集。果皮分 3 层，外果皮膜质显鱼肚白色、灰黄色或黄绿色，中果皮为浅黄色或灰绿色蜡质层，俗称漆蜡（油，脂），漆蜡在果皮中的含量约为 40％～45％，由 90％～95％三甘油酯、3％～15％结合脂肪酸、1％～2％游离脂肪醇组成，其中结合脂肪酸由 70％～75％棕榈酸、3％～5％硬脂酸、15％～35％油酸、2％～5％二元脂肪酸组成。内核种子由 2％～4％水分、18％～20％粗蛋白质、15％～18％粗脂肪（漆籽油）、30％～35％糖类、25％～30％纤维和 1％～3％灰分组成。其中漆籽油主要含有 55％～65％

亚油酸、15%～25%油酸和10%～15%棕榈酸。因此，漆蜡是一种重要的木本油脂。

漆蜡可用于脂肪酸和甘油精制，经过分馏可精制棕榈酸、甘油、硬脂酸等，也可通过酯交换制备脂肪酸蔗糖酯和脂肪酸异丙酯，或通过催化氢反应制备脂肪醇，其中漆蜡中的棕榈酸是棕榈醇的重要原料。另外，漆蜡中含有3%～5%的脂肪醇，通过分离可精制三十烷醇等精细品。

我国现有30多个品种1亿多株野漆树产漆籽，主要分布在秦巴山区、云贵高原等地。我国可产漆树籽约6万～10万吨，资源丰富，是数量可观的潜在木本油料来源。日本野漆树属落叶小乔木，在亚热带和暖温带均能生长，是生产野漆树蜡（又称日本木蜡）的主要品种。日本野漆树共有100多个品种，尤以昭和福、伊吉、松山、平迫、葡萄等品种为优，其中昭和福品种产果实量最大，漆蜡含量最高（35%～40%），年产漆籽约1000吨。我国20世纪90年代在江西、湖南、广东、福建等省引进昭和福、伊吉等品种进行造林，目前发展近5000亩（1亩＝666.67平方米），年产漆籽约1000吨。

漆蜡有较好的弹性、柔软性和渗透性，可以代替蜂蜡和巴西棕榈蜡。在化妆品行业中，如润发油、眉笔、发蜡、口红、润肤膏、面霜等产品的制造中可利用漆蜡增加细腻性、黏着性和延展性；在食品工业中，漆蜡作为离型剂用于各类饼干、巧克力、糖果等食品工业的脱模和增强光亮；在其他轻工业中，广泛应用于木材、家具业、印刷业、涂料等领域。漆蜡除了作为工业产品外，还具有食用和药用价值。总之，漆蜡广泛用于润滑剂、涂料、胶黏剂、电子、电工技术、食品等领域。

我国云贵少数民族地区人民一直有食用和药用漆蜡的习惯，并称漆蜡为"碧乃金"。傈僳族用"碧乃金"做甜食、咸食、煮鸡或炒菜。"碧乃金"具有神奇的功效，能催乳、补血、止血、消炎、止痛、收敛、恢复体力，治疗心慌和胃痛等，可用于舒筋活血、提神补气，特别适用于产妇和其他因病虚弱者。

漆蜡富含亚油酸，具有调整血脂和抗动脉硬化作用，能减少冠心病的发病率和死亡率，具有很高的保健功能。漆籽经提取漆蜡后的漆粕富含营养成分，无毒副作用，是家禽饲料的上等原料。日本将漆籽果仁加工成保健功能的"漆茶"和"漆咖啡"等系列饮料。

漆蜡的加工有压榨法、水煮法、间歇式浸出法和连续逆流萃取法。漆蜡初加工主要采用压榨和水煮法，水分和色素类杂质高。漆蜡产品颜色深绿，有腥味，表面无光泽，游离酸和过氧化物含量高，出蜡率仅为15%～20%，目前总产量约5000吨。

日本在19世纪大力选育高产漆籽的野漆树加工生产野漆树蜡（又称日本木蜡），在日本野漆树丰产鼎盛时期，日本木蜡年产量近1万吨。20世纪末由于石蜡的冲击和劳动力资源严重萎缩，目前年产不足500吨。

日本荒木蜡有限公司（ARAKI SEIRO CO. LTD）有限公司和馨乐丽康株式会社一直在制造天然野漆树蜡，是日本最大的野漆树蜡制造商。早期加工工艺为压榨法，粗制蜡为深绿色固体，仅用于制皂、蜡烛、雕刻、防水、润滑剂及光亮剂；进入20世纪80年代，日本SEIRO公司采用漆籽仁皮分离、连续浸提、物理法脱色和日光漂白法的精制工艺，精制蜡收率为30%～40%，出蜡率大于90%，大大提高了漆籽资源的附加值和综合利用率。

日本野漆树蜡外观为奶白色块状或颗粒，有牛脂香味。主要成分是90%～95%的脂肪酸甘油酯，其中结合脂肪酸主要是棕榈酸（75%左右）和油酸（15%左右）及5%左右的日本酸（C_{20}～C_{22}二元酸），还有少量的游离脂肪酸和脂肪醇。由于日本木蜡中含有独特的日本二元酸，与一般蜡类不同，例如棕榈蜡、虫白蜡、蜂蜡等，在性能上具有更好的弹性和柔软性，以及一般植物蜡所没有的细腻质地和黏韧性，常用于润滑剂、电子级绝缘材料、高级化妆品、医疗器材、食品、药品辅料等，国际市场奇缺，附加值极高。

中国林业科学研究院林产化学工业研究所（简称中国林科院林化所）王成章团队采用微波破壁处理、物理吸附、紫外光脱色和生物酶改性等技术，构建野漆树蜡网络结构，提高野漆树蜡熔点和针入度，性能优于日本木蜡。采用纳米乳化、纳米银粒子复配技术，创制新型野漆树蜡复合纳米银乳液，主要应用于功能型化妆品、食品抗菌保鲜和高档蜡纸等领域。

1.5.4 漆材及提取物产业

漆树是我国传统的天然涂料和油料经济林树种，漆树树干也是宝贵的木材资源。漆树木材材质软硬适中、花纹美观、耐腐蚀、抗虫害、抗潮湿、抗拉和顺拉强度较好，是建筑、家具、装饰品和乐器的优质用材（如图1-4）。

图1-4 漆树木材实物图

漆树除了是工业用材外，还具有广泛的药理作用。漆树的叶子、花、树根、树皮、干漆和木材均可入药，有止咳、消癖、通经、杀虫和消肿等功效。用生漆炮制的干漆药材具有益气补虚、祛瘀通经、消积杀虫的功效，最早载于《神农本草经》。韩国民间一直把漆树作为传统的滋补药材用于药膳原料，将漆树木材切成小片或粉碎，制成烹饪香料、漆树提取物饮料或保健功能食品等，用于胃肠炎、心脏病、关节炎、高血压、糖尿病、中风以及慢性疲劳等的防治。

漆材木质部分主要含漆酚（urushiol）、儿茶酚（catechol）、单宁酸（tannic acid）、没食子酸（gallic acid）、杧果酸（mangiferolic acid）、槚如酸（anacardic acid）、莽草酸（shikimic acid）、葡萄糖苷（glucoside）等生物活性物。从20世纪50

年代开始，人们开始进行漆树中黄酮化合物的研究。1951 年，Hasegawa 和 Shirato 等从漆树木质部的水提取物中发现了漆黄素、黄颜木素以及其他化合物，经过大量的药理活性试验，证明漆黄素和黄颜木素具有保护血管、抑制过氧化脂质形成的作用。从漆树中分离并鉴定的黄酮类化合物主要有漆黄素（fisetin）、黄颜木素（fustin）、硫黄菊素（sulfuretin）、紫铆花素（butin）、贝壳杉黄酮（agathisflavone）、3,4'-二羟基黄酮（3,4'-dihydroxyflavone）、3,4',7-三羟基二氢黄酮醇（garbanzol）、野漆树苷（rhoifolin）、紫铆因（butein）、脱氢山萘酚（dehydrokaempferol）、紫杉叶素（taxifolin）、槲皮素（quercetin）、杨梅素（myricetin）、和鞣料云实素（corilagin）等，如图 1-5 所示。漆树黄酮提取物具有抗氧化和美白的作用（图 1-6），在功能保健食品、医药品和日化产品的应用上具有广泛前景。

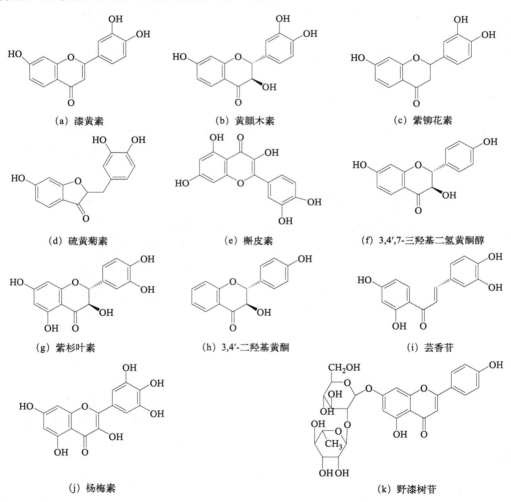

图 1-5　漆树黄酮化合物结构

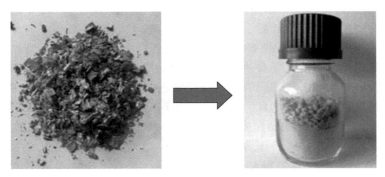

图 1-6　漆树黄酮提取物

　　漆黄素存在于漆树的木材和茎枝中，其含量是其他植物（草莓、苹果、洋葱等果蔬）的 5～10 倍。因此，漆树成为漆黄素及多酚提取物批量制备及工业化应用最理想的原料来源。韩国 AZI 公司和江原大学等研究机构分析了韩国漆树黄酮成分在不同品种、区域、树龄中的变化，并基于微生物转化、放射法和化学转化开发了漆酚致敏物质的脱敏技术，采用通氧气处理使黄颜木素转化为漆黄素，最终使提取物中的漆黄素含量大大提高（15%～20%）。采用乙酸乙酯萃取、乙醇冷冻结晶等快速分离方法，可制得纯度为 96.5% 的漆黄素产品。韩国 AZI 公司开发了无致敏性的漆树提取物产品，并制订了漆树黄酮提取物的质量标准，其中黄颜木素的含量大于 13.0%，漆黄素的含量大于 2.0%，且漆酚（致敏物）含量不得检出，产品得到韩国食品药品监督管理局批准并上市，并实现规模化生产。

　　韩国原州漆树研究中心主要研究无致敏漆树原料的加工技术、漆树叶袋泡茶原料的处理、漆树木片的切割工艺及脱敏技术，开发了以漆树提取物为辅料的一系列漆树护肤产品。韩国科学与技术研究所以漆树提取物为原料，开发了预防和治疗糖尿病并发症的药物。韩国林木育种研究所以漆树提取物为原料，配以常用的药物载体，开发了抗癌组合药物，主要用于癌症发生和转移的预防或治疗，也可以用作抗氧化或缓解宿醉的药物。韩国全南大学以漆树黄酮提取物为原料，开发了抗病毒组合物，主要用于鱼类致病病毒的治疗；另外以漆树黄酮中的黄颜木素和硫黄菊素为主要功能因子，加上药学上可以接受的载体和赋形剂，开发了改善肝功能的药物组合物，主要用于预防和治疗肝硬化引起的肝纤维化。

　　漆树黄酮提取物具有抗氧化、抗炎、抗肿瘤、抑制前列腺素、抑制酶、解痉等作用。韩国庆熙大学对漆黄素的抗肿瘤作用做了大量的细胞实验和动物实验，显示漆黄素有抑制前列腺癌 PC3 和 LNCaP 细胞、胰腺癌 AsPC-1 细胞、肺癌 A549 细胞、结肠癌 HT-29 细胞的增殖，诱导肿瘤细胞凋亡，抑制肿瘤细胞转移和侵袭以及化疗、放疗增敏的作用。漆黄素可通过抑制环氧化酶 2（COX-2）和不可控的 Wnt/EGFR/NF-kB 信号通路，诱导癌细胞凋亡并抑制癌细胞的生长。漆黄素还可调节凋亡的线粒体通路，下调 X 连锁凋亡抑制蛋白（XIAP），激活 Caspase-3、Caspase-8 和

Caspase-9 的活性，抑制细胞增殖并诱导前列腺癌细胞的凋亡。因此，漆黄素成为了漆树木材中的黄酮标志性活性物。目前国际上漆黄素含量在 20％以上的漆树提取物价格为 800 元/kg，60％以上的漆树黄酮提取物价格为 1400 元/kg，价格高昂。

中国对漆树提取物的化学研究、精制和高效制备及产品开发应用等工作开展较晚。中国林科院林化所王成章团队采用硅胶柱色谱、中低压色谱和高效液相色谱从漆材中分离鉴定漆黄素、黄颜木素、紫铆花素和硫黄菊素等单体化合物，建立了漆树黄酮的 HPLC 指纹图谱。利用负压提取法，以总黄酮得率和抑制络氨酸酶活性为指标，通过单因素试验和 Box-Behnken 试验设计方法，优化漆树木粉负压提取的工艺条件为真空度 0.08MPa、乙醇体积分数 80％、提取时间 70min、提取 2 次、液料比为 1g：20mL，实测漆树木粉黄酮得率为 1.291％，抑制率为 41.82％。采用微生物降解、低温负压提取和树脂定向富集等技术，开发了无致敏性漆树黄酮提取物，其中黄颜木素的含量为 21.5％，漆黄素的含量为 15.5％，无漆酚，重金属＜20mg/kg，无致病菌。

参考文献

[1] 李林. 漆树树皮结构与树皮及生漆化学成分研究[D]. 西安：西北大学，2008.

[2] 张飞龙，张武桥，魏朔南. 中国漆树资源研究及精细化应用[J]. 中国生漆，2007，26（2）：36-50.

[3] 肖明林，胡书贵. 漆树的生漆采割技术[J]. 特种经济动植物，2010(04)：39-40.

[4] 魏朔南. 生漆采割技术[J]. 中国生漆，2007，20(1)：41-46.

[5] 杨玉风，郝传全，余宗春. 漆树的采割技术[J]. 四川农业科技，2007.

[6] 朱骏. 生漆检验与检验风险对策[J]. 中国生漆，2012(01)：31-32.

[7] 周壮丽. 生漆应用研究进展[J]. 中国生漆，2009(01)：40-45.

[8] 张瑞琴，郭志强，贺娜. 漆树种质资源调查报告之一——秦巴山地及毗邻地区漆树种质资源调查[J]. 中国生漆，2008，27(2)：26-34.

[9] 孙祥玲，吴国民，孔振武. 生漆改性及其应用进展[J]. 生物质化学工程，2014(02)：41-47.

[10] 刘伟. 日本野漆树漆蜡溶剂萃取及理化特性的研究[D]. 长沙：中南林业科技大学，2008.

[11] 董艳鹤，王成章，叶建中，等. 漆蜡的提取工艺及其化学成分[J]. 北京林业大学学报，2010，32(004)：256-260.

[12] 何源峰，鲁黎，王成章，等. 生漆制备漆酚缩醛及其加氢历程的研究[J]. 林产化学与工业，2014，34(4)：113 -117.

第2章
漆树分泌物化学组成与研究进展

2.1 漆树分泌物组成

漆树分泌物是指漆树科植物（毒藤、毒药漆、漆树、芒果、腰果等）在受到外部的创伤或者自身发生病变等情况下从韧皮部溢出的乳白色汁液，也包括新鲜分泌漆液接触空气后快速氧化成的咖啡色液体，是唯一来自植物且在自身携带的生物酶催化下能形成天然高分子涂料的物质，习惯上称生漆，又称"国漆""大漆""天然漆""土漆"。生漆主要由漆酚、漆酶、树胶质、糖蛋白以及水分、金属离子等生化物质组成（如图 2-1）。研究表明生漆主要由 50%～80% 的漆酚、20%～25% 的水和 15% 其他化合物组成（如树胶、多糖和少量的漆酶）。此外，生漆还含有油分、甘露糖醇、葡萄糖、乳糖、L-鼠李糖、D-木糖、D-半乳糖、有机酸、烷烃、二黄烷酮以及钙、锰、镁、铝、钾、钠、硅等元素。近来还发现微量的 α,β-不饱和六元环内酯等挥发性致敏物。

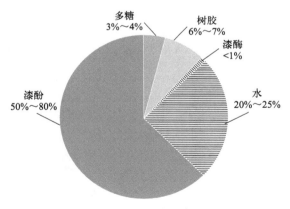

图 2-1　生漆组成

漆树分泌液化学组成取决于漆树品种、立地条件、采割时间、采割技术和贮存时间等因素，不同因素都会影响生漆的化学成分的结构和组成比例。在我国以及东南亚，主要的漆科植物有中国生漆、越南生漆和缅甸生漆。不同产地漆树分泌液的平均组成见表 2-1。

表 2-1　不同产地的漆树分泌液组成成分及平均含量

成分	中、日、韩漆树	越南漆树	缅甸、泰国漆树	分子量	极性基团(组成)
漆酚	50%～80%	40%～55%	50%～65%	320	—OH
树胶质	5%～7%	15%～18%	3%～5%	2200	—COO—,金属离子
多糖	5%～8%	10%～16%	5%～8%	2700～8400	—OH,—O⁻
糖蛋白	2%～5%	2%	1%～3%	8000	蛋白质+10%糖分
漆酶	<1.0%	<1.0%	<1.0%	120000	蛋白质+45%糖分
水分	15%～30%	30%～45%	30%～45%	18	

　　漆树分泌液的成分比较复杂，是一种油包水（W/O）乳液。漆酚是主要活性成分和成膜疏水性油状物质，糖蛋白、漆酶、亲水性的漆多糖、水分及灰分等组成了反相微球；两亲性糖蛋白分子由于疏水相互作用而自组装成高度有序的两性单分子层界面膜结构，使具有一定热力学稳定性的漆酚分子也具有双亲性质，既有亲水的邻苯二酚核，也含有疏水的长烷基侧链。根据"最紧密堆集原理"和"相似相亲原理"，漆酚分子通过疏水相互作用以及氢键作用而使其亲水的邻苯二酚核部分相互靠近，而疏水的长侧链部分则远离极性头，排列有序，形成有序结构。漆树分泌物微乳液结构模型如图 2-2。

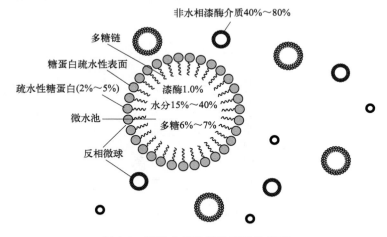

图 2-2　漆树分泌物微乳液结构模型

2.1.1　漆酚化学组成

　　生漆本身为乳白色，接触空气后逐步转为褐色，其成膜的主要成分为漆酚。漆酚是一种淡黄色液体，相对密度为 0.9689（25℃），沸点为 200～210℃，能够被醇、醚、苯、正己烷等溶剂溶解，可以引起皮肤接触性过敏皮疹，称为漆酚致接触性皮炎。采用现代分析手段如 HPLC 等分离技术和核磁共振波谱（NMR）、气相色谱-质谱联用（GC-MS）等光谱分析技术，可区分不同产地（国家）不同品种漆树的生漆。目前，利用 GC 和 GC-MS 等已经可以简单地对漆酚进行化学成分的鉴定。漆酚的化学结构是一种儿茶酚（邻苯二酚结构）的衍生物，C1、C2 位为酚羟基，C3 位或 C4 位侧链带含有 0～3 个双键的 C_{15} 或 C_{17} 脂肪烃组成的混合物。一般情况下，毒藤和黄栌产生的漆酚主要是侧链 $C_3 \sim C_{15}$ 儿茶酚，毒橡木漆酚包含侧链 $C_3 \sim C_{15}$ 与 $C_3 \sim C_{17}$ 儿茶酚。依漆酚侧链上双键数目的不同，分为饱和漆酚、单烯漆酚、二烯漆酚和三烯漆酚等，总称漆酚。

中日韩产生漆中脂质成分为漆酚；越南生漆中脂质成分是虫漆酚，也叫越南漆酚；产于缅甸、泰国以及柬埔寨等亚热带地区的漆树生漆脂质成分是缅甸漆酚。中国、日本和韩国的生漆来自漆树分泌物，生漆中漆酚主要成分为 $3\text{-}C_{15}$ 烃基取代的邻苯二酚化合物，其中三烯漆酚含量最高，侧链构型为 CIS-TRANS-CIS 三烯 C_{15} 烷基。越南生漆产于漆树，生漆漆酚为虫漆酚，侧链主要是 $4\text{-}C_{17}$ 烃基取代的邻苯二酚及 $3\text{-}C_{17}$ 烃基取代的单酚化合物，侧链构型为 CIS-TRANS-TRANS 三烯 C_{17} 烷基，其中三烯漆酚和单烯虫漆酚含量最高。缅甸、泰国、老挝和柬埔寨产的生漆漆酚为缅甸漆酚，侧链主要是末端为苯环的 $3\text{-}C_{17}$ 烷基和 $4\text{-}C_{17}$ 二烯烷烃。不同品种中漆酚化学结构列于表 2-2。

中国台湾学者从野漆树中分离出 $2\text{-}C_{17}$ 烃基取代的对羟基苯二酚化合物，如图 2-3 所示。

此外，由不同烷基侧链和羧基、羟基等官能团组合的新型漆酚化合物还在不断被发现（图 2-4）。

漆树分泌液除了漆酚单体，还含 7%～9% 的漆酚聚合物。漆酚化学组成与含量也随漆树的品种、树龄、采收季节、采收方法的不同而有差别。中国生漆漆酚一般都可达 65%～85%。不同漆树品种和产地的中国生漆漆酚组成见表 2-3。

表 2-2　漆酚、虫漆酚和缅甸漆酚的化学结构

漆酚	虫漆酚	缅甸漆酚

漆酚		虫漆酚		缅甸漆酚	
C$_{15}$	%	C$_{15}$	%		%
R=	4.5	R=	1.3	R=	3.9
	15.0	C$_{17}$			7.5
	1.5		54.9		0.35
	4.4		4.9		36.0
	6.5		15.6	R^1=	0.73
	55.4		1.9		20.0
	1.7		17.2		20.6
	7.4		2.4		0.73
C$_{17}$			1.8		1.13
	1.5				3.63
	1.8			R^2=	0.69
					2.1
				R^3=	1.38
				R^4=	1.03
					0.3

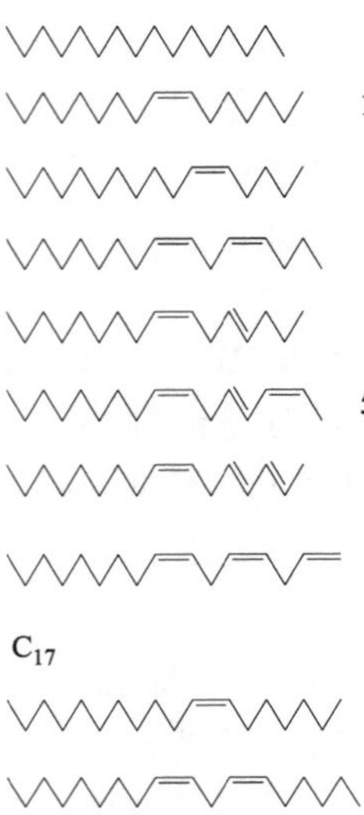

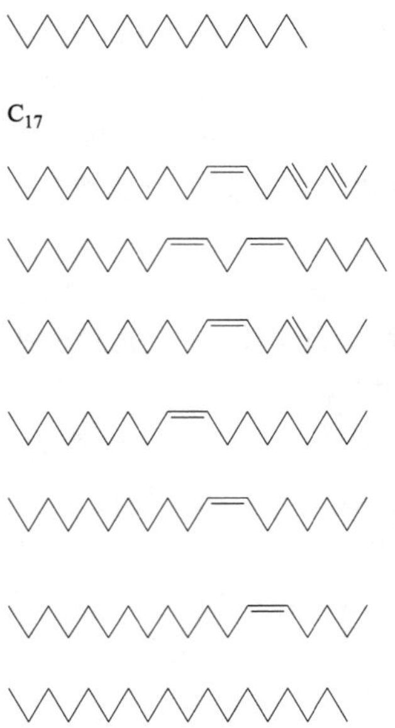

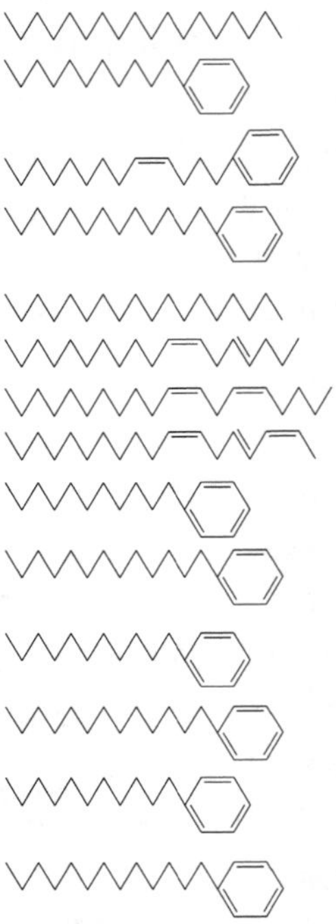

HQ：R=H

HQ17(1)：R=

HQ17(2)：R=

HQ17(3)：R=

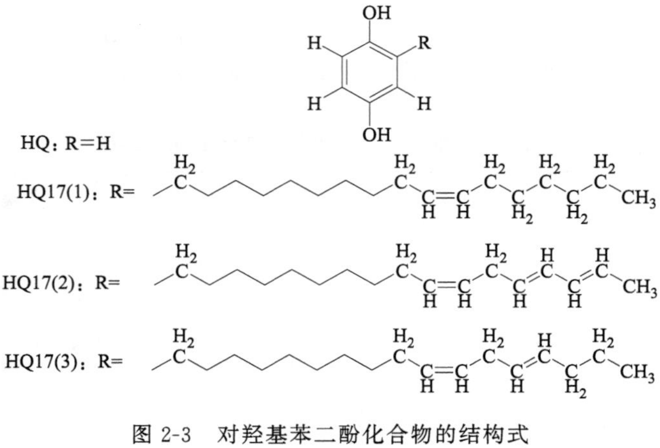

图 2-3　对羟基苯二酚化合物的结构式

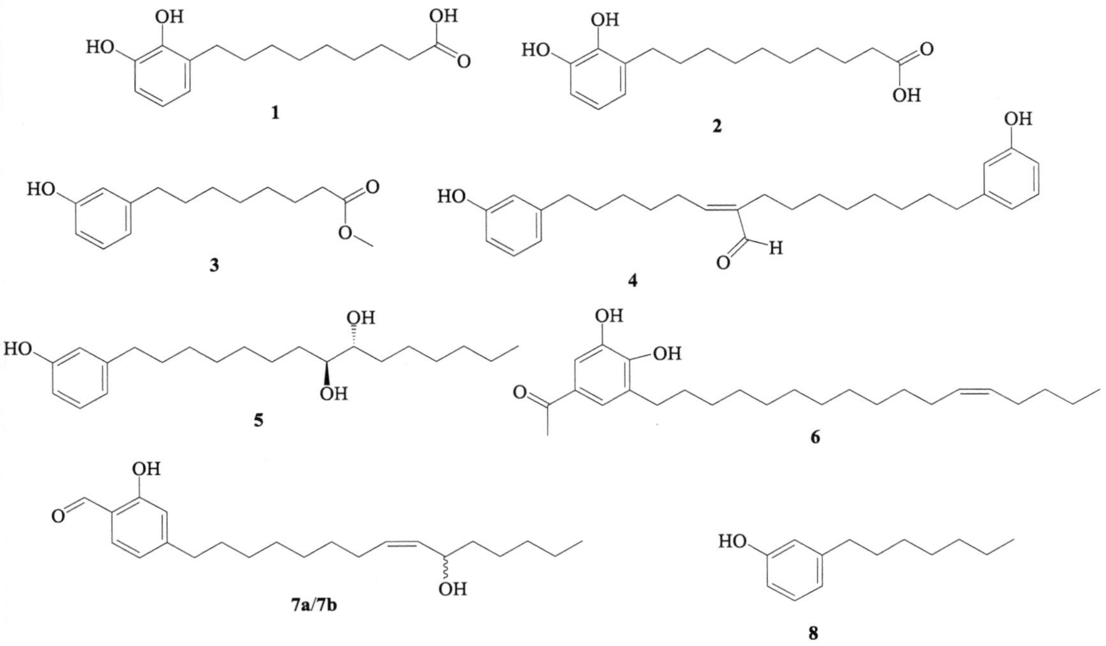

图 2-4　新型漆酚结构图

表 2-3　不同漆树品种、不同产地漆酚组成

竹溪单株生漆号	漆树品种	生漆中漆酚含量/%		漆酚组成/%（气相色谱法）			
		比色法	折光法	三烯漆酚	双烯漆酚	单烯漆酚	饱和漆酚
11	毛漆树	58.75	62.86	73.96	8.76	16.26	1.02
25	红皮高八尺	51.63	50.96	57.46	12.94	28.40	1.21
30	山大木	55.13	49.84	56.72	32.84	9.37	1.08
13	大红袍	70.02	71.62	69.80	7.75	21.78	0.83
20	山大木	58.07	58.37	57.43	13.37	28.42	0.78
10	山大木	42.79	47.71	67.68	23.86	7.58	0.89
2	大毛叶	60.52	41.53	63.77	11.93	22.51	1.79
8	黄毛漆	65.79	63.31	71.33	12.56	15.45	0.66
23	黄毛漆	61.17	58.89	75.54	10.64	12.76	1.07
16	黄毛漆	61.40	61.29	59.53	20.38	18.53	1.70

竹溪单株生漆号	漆树品种	生漆中漆酚含量/%		漆酚组成/%（气相色谱法）			
		比色法	折光法	三烯漆酚	双烯漆酚	单烯漆酚	饱和漆酚
28	毛漆树	62.11	59.58	64.57	20.46	13.97	1.00
27	大毛叶	73.46	67.56	67.61	5.56	25.63	1.19
31	红皮高八尺	62.47	57.96	64.64	14.49	20.21	0.66
23 个单株漆样平均值		57.67	52.85	65.46	14.68	18.71	1.18
34 个单株漆样平均值		68.78	64.21	68.04	12.03	18.90	1.03

2.1.2　漆酶化学组成

漆酶是一种含铜的多酚氧化酶，一般含有 4 个铜离子，它们位于酶的活性部位，在氧化反应中能够协同传递电子并将氧还原成水，属于铜蓝氧化酶（或称为铜蓝蛋白酶）中的一小族，广泛存在于植物、动物、菌类、真菌、担子菌等。Mayer 研究表明漆酶是一种不均一的糖蛋白质，基本结构单位是分子量为 5000 到 7000 的糖蛋白质链，其蛋白和糖之间主要是 N-结合，如 Podaspora 漆酶是由 4 个基本结构单位所组成。

漆树和野漆树中漆酶的含量较多，约占 0.2%。1883 年，吉田发现生漆对热敏感，能使漆液变色和硬化，这是关于生漆漆酶的首次报道。10 年后，G. Bertrand 从越南漆树的树液中分离出了漆酶并把它命名为 Laccase。此后，漆酶分别在 1930 年和 1934 年被 Suminokura 和 Brooks 所证实。1937 年，Keilin 从 LactariusPiperatu 真菌中分离出了漆酶。1940 年，Keilin 和 Yakushiji 从中国产和越南产的漆液中分离出了漆酶。生漆漆酶大致由 55% 的蛋白质（含有 0.23% 的铜）和 45% 的多糖类组成。利用电泳法和柱色谱法都测出其分子量约为 11×10^4。蛋白部分由 18 种以上的氨基酸所组成，大约 19 个氨基酸里有一个是含有硫的氨基酸，同时碱性氨基酸的数量要比酸性氨基酸多近 38%，所以漆酶有比较高的等电点。漆酶中氨基酸组成见表 2-4。

表 2-4　生漆漆酶的氨基酸组成

氨基酸种类	质量百分含量/[g/100g（蛋白质）]	摩尔含量/[mol/10^4g（蛋白质）]	含氮量/[g/100g（蛋白质）]
天冬氨酸	6.28±0.20	60.0±1.9	0.764±0.024
苏氨酸	4.57±0.10	49.7±1.1	0.638±0.014
丝氨酸	2.93±0.02	37.0±0.3	0.471±0.003

氨基酸种类	质量百分含量/ [g/100g(蛋白质)]	摩尔含量/ [mol/10^4g(蛋白质)]	含氮量/ [g/100g(蛋白质)]
谷氨酸	4.30±0.18	36.6±1.5	0.467±0.020
脯氨酸	1.87±0.10	36.0±1.9	0.459±0.025
甘氨酸	2.52±0.11	39.0±1.7	0.496±0.022
丙氨酸	3.87±0.08	43.0±0.9	0.547±0.011
缬氨酸	0.64±0.03	6.9±0.3	0.088±0.004
半胱氨酸	1.28±0.03	10.7±0.2	0.137±0.003
蛋氨酸	3.20±0.06	31.1±0.6	0.396±0.007
异亮氨酸	3.53±0.06	34.3±0.6	0.473±0.007
亮氨酸	3.62	24.4	0.311
酪氨酸	4.04±0.20	30.2±1.5	0.385±0.017
苯丙氨酸	3.03±0.06	26.0±0.5	0.662±0.013
赖氨酸	2.10±0.04	16.8±0.3	0.643±0.012
组氨酸	1.78±0.08	12.5±0.6	0.638±0.029
精氨酸	1.31±0.10	37.5±1.1	0.473±0.014
色氨酸	1.06±0.06	6.3±0.4	0.159±0.009

　　来源不同的漆酶中铜含有量、铜的类型、分子量、糖含有量及氨基酸的组成等都会有所不同。其中漆酶结构上最大的不同之处在于糖的部分，而目前对于生漆漆酶糖的部分的化学结构研究报道较少。用酸水解法可获得生漆漆酶的糖部分，经 NMR 和甲基化分析，发现其中含有半乳糖、葡萄糖、阿拉伯糖和鼠李糖等。

2.1.3　多糖化学组成

　　生漆树液中多糖类化学结构的分析研究，大体经过以下几个阶段：①糖分析，即单糖的种类和比例的分析；②甲基化分析，即糖单位结合位点的分析；③酶分解，即决定异头氢 α,β 的朝向；④最后是测定 NMR 图谱来确认。对于漆多糖类的研究，最早可以追溯到 20 世纪 60 年代小田圭昭的结构解析研究。1984 年，大岛隆一等利用甲基化分析法推断出了中国产生漆多糖的部分化学结构，1999 年利用 NMR 图谱包括二维图谱进一步确认了各个组成单糖的归属。宫腰哲雄等采用相同的 NMR 光谱分析法，分析了亚洲产地的生漆多糖化学结构，如图 2-5 所示。

2.1.4　糖蛋白化学组成

　　通常大木漆生漆中糖蛋白含量较多，约 1%～5%，是生漆乳胶液的分散稳定剂。在生漆糖蛋白构成中，单糖约占 10%，蛋白质占 90%。糖蛋白是指分支的寡糖链与

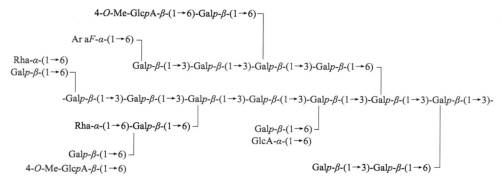

图 2-5　中国毛坝生漆多糖部分化学结构

多肽链共价相连所构成的复合糖，构成糖蛋白的糖有 11 种，包括 D-半乳糖、甘露糖、葡萄糖或它们的衍生物，如 N-乙酰氨基半乳糖、N-乙酰氨基葡萄糖、L-艾杜糖醛酸和葡萄糖醛酸、岩藻糖、木糖与 L-阿拉伯糖以及神经氨酸的 N-或 O-乙酰与 N-羟乙酰的衍生物。糖与蛋白质中的肽段主要分为 N-连接和 O-连接。吉田彦六郎、平野茂和松井悦造等经过对中国产的生漆糖蛋白进行元素分析发现，生漆糖蛋白中含有 $60\%\sim65\%$ 的碳、$6\%\sim8\%$ 的氢和 $3\%\sim8\%$ 的氮等，由于含有氮元素，所以也被称为含氮物质。

对生漆糖蛋白组分 LS 和其水解后组分 LST 中单糖的摩尔分数进行气相色谱分析，结果表明，生漆糖蛋白均含有 $12\%\sim15\%$ 的岩藻糖、$22\%\sim30\%$ 的阿拉伯糖、$15\%\sim38\%$ 的甘露糖、$10\%\sim20\%$ 的半乳糖、$15\%\sim18\%$ 的葡萄糖和 $5\%\sim7\%$ 的氨基葡萄糖六种单糖。通过对寡糖链 F2T 甲基化反应进行 GC-MS 分析，按箱守法制成阿尔迪醇乙酸酯 GC-MS 分析。结果表明单糖酯连接方式有 5-O-Me-Ara、2-O-Me-Man 和 6-O-Me-Glu，寡糖链中单糖的可能连接方式有 $1\rightarrow2$，$1\rightarrow3$，$1\rightarrow4$，$1\rightarrow6$。生漆糖蛋白质主要由亲油性氨基酸构成肽类结构，不溶于水。用 SDS-巯基乙醇处理后，90% 以上可变成水溶性，分子量为 $8\times10^3\sim4.7\times10^4$。生漆糖蛋白中氨基酸含量见表 2-5。

表 2-5　生漆糖蛋白中氨基酸含量

氨基酸名称	含量/%	氨基酸名称	含量/%	氨基酸名称	含量/%
天冬氨酸	12.86	苏氨酸	5.96	苯丙氨酸	5.85
丝氨酸	5.50	谷氨酸	10.56	组氨酸	2.43
甘氨酸	6.05	丙氨酸	4.94	脯氨酸	4.47
胱氨酸	0.91	缬氨酸	6.72	赖氨酸	8.13
蛋氨酸	0.79	异亮氨酸	5.50	精氨酸	2.77
亮氨酸	6.90	酪氨酸	9.05	—	—

2.1.5 树胶质化学组成

生漆树胶质为黄白色透明固体，有漆香味，是生漆分离过程中，用乙醇或丙酮沉淀生漆获得溶于水的粗树胶物质。通常在生漆中的含量为3%～5%，大木漆的含胶量比小木漆多。树胶质是生漆中不溶于有机溶剂而溶于水的多糖类物质，其水溶性多糖分子量为2万～10万，酸性糖和中性糖残基分子比1：（5～6），含有微量的钾、镁、铝、硅、钠等元素。树胶质是天然的乳化剂，使生漆形成稳定的乳状液，并对漆膜的强度起着重要作用。

生漆多糖精品为白色粉末，不溶于乙醇、乙醚、丙酮等有机溶剂，易溶于水呈黏稠状。在浓硫酸存在下与α-萘酚作用显紫色环，并在490nm处出现特征吸收峰。将样品点于滤纸上，用Schiff试剂染呈玫瑰红色，用甲苯胺蓝染为蓝色。其水溶液可被2% CTAB络合沉淀。用1mol/L H_2SO_4 回流水解后，经离子交换色谱可以得到D-半乳糖、L-阿拉伯糖、D-木质糖、L-鼠李糖、D-半乳糖醛酸和D-葡萄糖醛酸。水解前后与斐林试剂分别呈阴、阳性反应。

2.1.6 水分

水分是生漆自然干燥不可缺少的成分，水分含量的多少对生漆性能有较大的影响。水分过多，则漆酚相对减少，漆膜光泽、附着力等性能较差，且易变质发臭，不耐久存。加工后的干漆含水量应在4%～6%，低于此值则难以固化成膜。

2.1.7 精油

生漆的"气味"是由于漆液有一种独特的酸味。一般来说，中国产的漆液气味较强，而日本产漆液就相对气味较弱。关于生漆的气味，日本真岛报道生漆在水蒸馏精制过程中分离出 C_{15} 不饱和碳氢化合物，命名为 urusene，具有和漆液特有气味相类似的气味。佐藤从泰国和缅甸产的生漆中分离出古芸烯和白菖烯等碳氢化合物。陆榕等人采用GC-MS对中国生漆的香气成分进行了研究，鉴定组分占精油含量的98%以上，发现生漆香气成分中有醇、酯、有机酸及倍半萜类等，其中作为香气的主要成分有乙酸、丙酸、丁酸、异丁酸、戊酸、异戊酸和己酸等有机酸，如表2-6所示。

表2-6 中国产生漆气味成分的化学组成

峰号	中文名	英文名	峰号	中文名	英文名
1	甲酸乙酯	ethyl formate	7	丙醇	1-propanol
2	乙酸乙酯	ethyl acetate	8	单萜	monoterpene
3	异丙醇	2-propanol	9	单萜	monoterpene
4	乙醇	ethanol	10	丁醇	n-butanol
5	单萜	monoterpene	11	单萜	monoterpene
6	单萜	monoterpene	12	柠檬烯	limonene

峰号	中文名	英文名	峰号	中文名	英文名
13	乙酸	acetic acid	22	丁酸	butyric acid
14	长叶蒎烯	α-longipinene	23	雪松烯	α-himachalene
15	衣兰烯	α-ylangene	24	异戊酸	isovaleric acid
16	古巴烯	α-copanene	25	蛇麻烯	α-humulene
17	倍半萜	sesquiterpene	26	芹子烯	β-selinene
18	丙酸	propionic acid	27	戊酸	valeric acid
19	雪松烯	α-cedrene	28	杜松烯	δ-cadinene
20	异丁酸	isobutyric acid	29	己酸	caproic acid
21	香柑油烯	α-bergamotene			

2.2 漆树分泌物化学研究进展

漆树分泌物化学研究开始于 19 世纪 80 年代。1878 年，日本东京大学石松决最早发现在生漆中加入乙醇并不断搅拌，可分离出溶于乙醇和不溶于乙醇的两种成分。通过元素分析对其中的乙醇可溶成分进行分析，初步确定脂质漆酚分子式，但没有得到明确的分子结构。石松决还发现不溶于乙醇的部分经过分离可得到无臭无味的黄色或褐色非结晶体，元素分析结果表明其成分和阿拉伯胶几乎相同，为水溶性多糖。吉田彦六郎根据漆液的乙醇可溶成分在石蕊试纸中变成深红色以及在各种无机盐类中生成沉淀的现象，推断漆液是含有羧基的有机酸，因而将之取名为漆酸（urushi acid）。1890 年左右，法国巴斯德研究所 Garbriel Bertrand 从生长于越南东京地区的漆树采取漆液进行了研究，他推断出漆液的乙醇可溶成分是一种多价的苯酚，并把它取名为 laccol（虫漆酚），即越南漆酚。1907 年，三山喜三郎在乙醇可溶成分中加入乙酰氯或无水乙酸得到乙酰丙酮，加入氯化苄而得到苄醚，从而确定漆液的乙醇可溶成分中含有羟基。根据和氢氧化钙、氯化铁等的发色反应判断它和苯酚有同样的反应性从而认为漆液的乙醇可溶成分是含有苯酚性羟基的芳香族化合物。此外，在添加溴的情况下测定碘的价数，从不饱和度的测定结果中确认了不饱和侧链的存在，从而否定了石松所谓的漆酚是含有羧基的漆酸的说法。三山喜三郎借鉴了 Garbriel Bertrand 虫漆酚（laccol）的命名法，将漆液乙醇可溶成分命名为漆酚（urushiol）。

1907 年左右，真岛利行根据日本、中国和韩国产的漆酚呈现出的 O-Dihydroxy benzol（邻苯二酚）反应，确认漆酚是一种在苯核中含有两个羟基的化合物。他又根据漆酚干燥后得到的邻苯二酚和许多种类的脂肪族烃以及分析漆酚的硝酸氧化反应后得到的化合物，推断出漆酚是一种拥有长侧链的邻苯二酚的衍生物。他还利用化学反应推断出这个侧链是一种含 15 个碳的直链状结构且有 0 到 3 个不饱和双键存在，从双键的氢吸收量推断平均双键数为 2 个，研究结果确立了现代漆树分泌物化学研究的基础。

1954 年，美国哥伦比亚大学 C. R. Dawson 在漆酚的羟基中用甲基乙醚进行修饰后，通过色谱法分离，再用臭氧分解和紫外分光光度计分析了漆酚侧链双键的个数和位置，发现了日本产漆液的侧链中拥有 3 个双键的成分，在漆酚中占 50%，对漆酚的化学结构有了更进一步的推断。1959 年左右，熊野开始了天然生漆的研究，凭借着现代分析技术的仪器如凝胶色谱（GPC）和高效液相色谱（HPLC）等，确定了漆酚侧链的双键位置和几何构型。他还利用 HPLC 对漆酚的羟基在无修饰状态下进行分析从而实现了漆酚的定量分析。此外他还利用毛细管气相色谱仪对日本及其他国家产的漆液都作了脂质成分的分析。

总之，不同产地的漆液称呼不同，中国、日本和韩国产的漆液的乙醇可溶成分称为漆酚（urushiol），越南漆液所产漆酚叫虫漆酚（laccol）；缅甸、泰国、老挝和柬埔寨产的生漆漆酚叫缅甸漆酚（thitsiol）。在一般情况下，将生漆树液中的脂质成分统称为漆酚。

中国对生漆化学的研究相对较晚。徐善祥在 1926 年最早开展漆液的性质、干燥成膜及漆膜用途等方面的化学研究报道。1931 年，许炳煦在《化学工业》报道了几种彩色生漆配方。1932 年，许植方报道了漆树的形态生理与割漆方法，同时测量了漆酶的活性以及对酚类与胺类的氧化作用。此后，周怒安利用乙醇为溶剂来分离产自四川、云南以及贵州的生漆树液，揭示了不同产地的生漆树液所含漆酚、树胶质与水分有所差异的事实。1937 年，伉铁镌测定了大木漆的溶解度与干燥性能。1943 年，汪慰祖报道了生漆与其稀释剂的比例关系。1958 年，刘国智再次对生漆的化学组成作了系统的研究，分析了生漆树液中漆酚、树胶质以及水分含量不同的机理。1960年，蒋丽金对生漆漆酚的化学结构、氧化机理以及毒理作用等作了比较全面的研究。曾维聪等利用有机溶剂提取出漆酚，然后对漆酚进行缩甲醛化获得一种改性的清漆，开辟了改良改进生漆的途径。

1960~2000 年的近 40 年中，福建师范大学、武汉大学、中国林业科学研究院林产化学工业研究所、西北大学、华东师范大学、西安植物园、湖北省化学所、西北农学院、西安生漆研究所等单位都不断地进行有关生漆化学与漆树生物学的研究。近年来，漆树分泌物精细化利用程度不断深入，漆树产业链技术成果国际化加快，中国林科院林化所王成章团队从漆酚基新材料与药物合成角度，对漆酚活性酚羟基和侧链不同饱和度的烯烃进行化学修饰，总结了漆树分泌物分离、漆酚致敏与防治机理、生漆重防腐涂料、生漆紫外光固化复合涂料、漆酚金属螯合和贵金属纳米粒子新型抗辐射功能涂料等新技术应用，重点报道了漆酚活性衍生物和漆酚基两亲胶束制备及其抗氧化、抑菌和抗肿瘤生物活性，为拓展在医药领域的应用提供新思路。

2.3 漆树分泌物药食历史

漆树作为药用植物在我国有悠久的历史，据医药典籍记载漆树的叶、花、根、皮、木心、果实、漆树籽、干漆等均可入药，有止咳、消癣、通经、杀虫和消肿等功效。《福建民间草药》记载，野漆树叶酌加水煎，早晚饭前温服，可以治疗蛔虫；漆树鲜根与鸡用水、酒各半适量炖服，可治打伤久积（胸部伤适宜）。《陆川本草》记载，漆树木心煎服可治疗心胃气痛；漆树皮捣烂酒炒敷可用于接骨。《全国中草药汇编》记载，生漆果实可用于散瘀消肿，止痛止血；漆树籽油炖鸡，可以有效治疗产妇营养不良等症状。此外，《神农本草经》《本草纲目》等多种古医典籍中都有关于漆树治病的记载。韩国民间一直把漆树作为传统的滋补药材用于药膳原料，将漆树木材切成小片或粉碎，制成漆鸭或漆鸡加工的烹饪香料、漆树提取物饮料和漆树提取物保健功能食品等，用于胃肠炎、心脏病、关节炎、高血压、糖尿病、中风以及慢性疲劳等疾病的治疗，深受当地人民的喜爱。在日本也有习惯用酒浸泡漆树的花制成漆酒，把漆的果实炒制成"漆咖啡"。民间认为在水中加入一滴生漆，有益于改善胃酸分泌过多之症。生漆作为漆树的分泌物具有很好的生物活性，明朝李时珍所撰写的《本草纲目》中就有关于生漆药用价值的记载，如干漆能加速创伤愈合，能提高内脏机能，还具有长寿作用等。用生漆炮制的干漆为传统中药收入中国药典，其性辛、温，归干、脾经，具有破淤血、消积、杀虫功效，临床上用于妇女闭经、瘀血症瘕、虫积腹痛等病症。国内首个含有干漆成分的平消片药物也对多种恶性肿瘤有明显的缓解症状。

参考文献

[1] 张飞龙. 生漆成膜的分子基础——Ⅰ生漆成膜的物质基础[J]. 中国生漆，2010(1)：26-26.

[2] 周明明，宋方华. 天然大漆的前世今生[J]. 科学之友：上，2014.

[3] 张飞龙，张瑞琴. 生漆的品质及其检验技术[J]. 中国生漆，2007(02)：51-60.

[4] 董艳鹤，王成章，宫坤，等. 漆树资源的化学成分及其综合利用研究进展[C]. 林业生物质化学与工程学术研讨会，中国林学会，2009.

[5] 吴采樱，曾昭浚，达世禄. 色-质联用方法分离测定中国生漆的漆酚组成[J]. 涂料工业，1981(4)：6，55-59.

[6] 潘宇，李顺祥，傅超凡. 漆树的药理研究进展[J]. 中成药，2014，36(003)：593-597.

[7] 靳蓉，张飞龙. 漆酶的结构与催化反应机理[J]. 中国生漆，2012，31(004)：6-16.

[8] 陈育涛，黄婕. 生漆多糖生物学功能研究进展[J]. 中国生漆，2012，031(001)：23-24.

[9] 宫腰哲雄. 传统生漆技术中的化学[J]. 中国生漆，2010，029(002)：27-31.

[10] 李林. 漆树树皮结构与树皮及生漆化学成分研究[D]. 西安：西北大学，2008.

[11] 周昊，王成章，邓涛，等. 生漆中漆酚单体分离、化学结构修饰及生物活性研究进展[J]. 生物质化学工程，2017，51(1)：44-50.

第3章
漆树分泌物成膜、结构与性能

3.1 漆树分泌物干燥成膜

　　漆树分泌的汁液在漆树体内是不会干燥固化成膜的，当树皮创伤而渗出汁液与高湿度的空气接触时，漆酶得到激活，漆酚在漆酶的作用下发生氧化聚合反应后硬化成膜。成膜聚合过程是由酶促起始的漆酚自由基聚合反应，如图3-1所示。

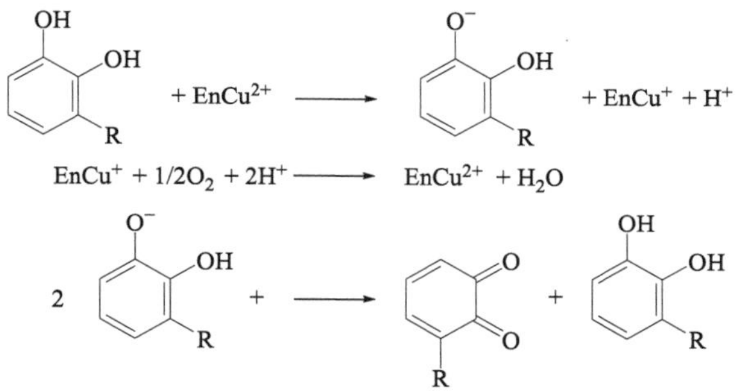

图 3-1　生漆漆酚酶促氧化

　　所以，漆树分泌物干燥过程就是漆酚被漆酶氧化而使酚羟基减少，也就是漆酚单体的减少促进侧链自动氧化反应的成膜过程。生漆涂膜的干燥包括起雾干燥（dust free dry，DF）、指触干燥（touch free dry，TF）和硬化干燥（harden dry，HD）三个阶段。

　　DF阶段指生漆涂膜表面吹气现象，起雾包括起雾初级和高级过程，整个起雾干燥都是酶催化反应阶段。DF初级阶段漆酚在漆酶促进下氧化生成自由基并发生自由基转移生成半醌，涂膜从淡褐色变成深褐色，如图3-2。然后半醌生成醌，且各个自由基之间偶合生成核-核二聚体或与侧链偶合生成核-侧链二聚体结构，涂膜的颜色变得更深，这是DF的高级阶段，如图3-3。

　　TF阶段也叫表干阶段，即涂膜的表面已经干燥，但膜内部还未干燥，手摸上去不会留下指痕。这一阶段主要还是酶催化阶段，自由基自动偶合以及分子内偶合，从联苯型转变成二苯并呋喃型，此一阶段主要生成二聚体。如图3-4。

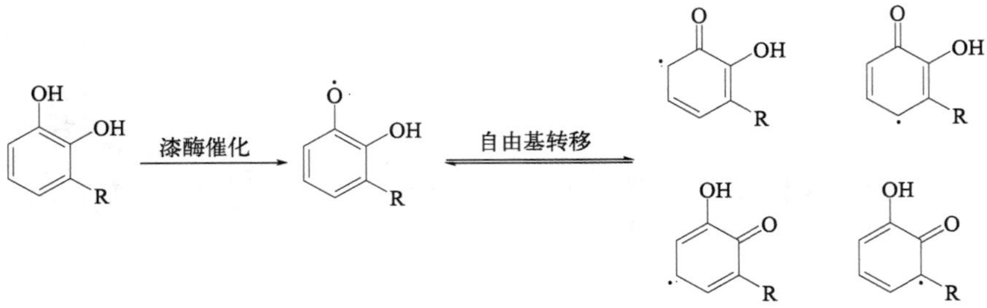

图 3-2　生漆涂膜 DF 初级阶段

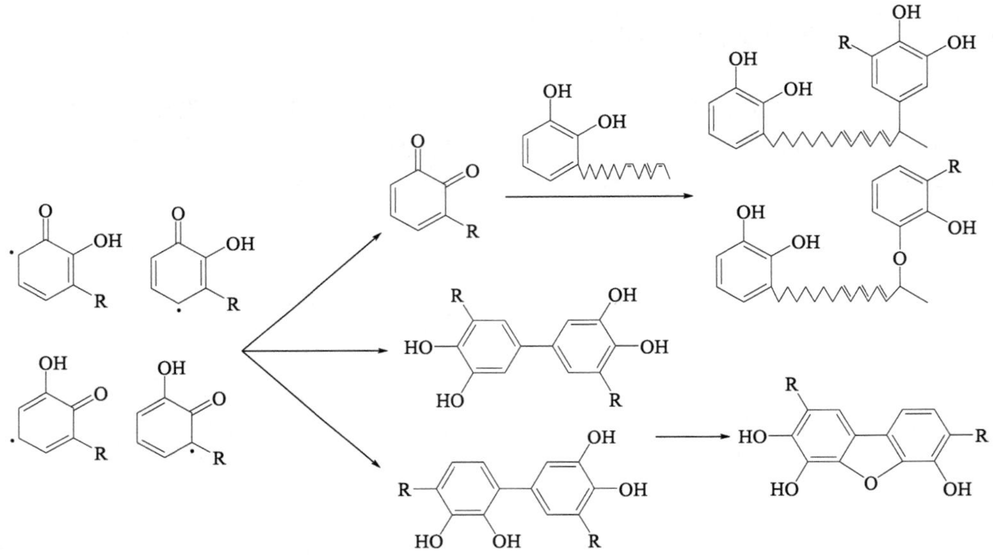

图 3-3　生漆涂膜 DF 高级阶段

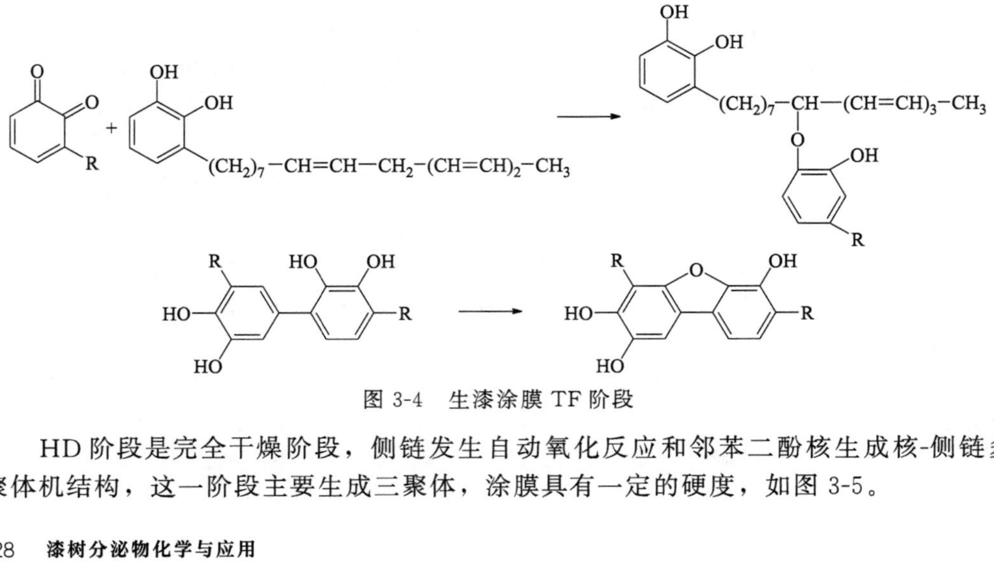

图 3-4　生漆涂膜 TF 阶段

HD 阶段是完全干燥阶段，侧链发生自动氧化反应和邻苯二酚核生成核-侧链多聚体机结构，这一阶段主要生成三聚体，涂膜具有一定的硬度，如图 3-5。

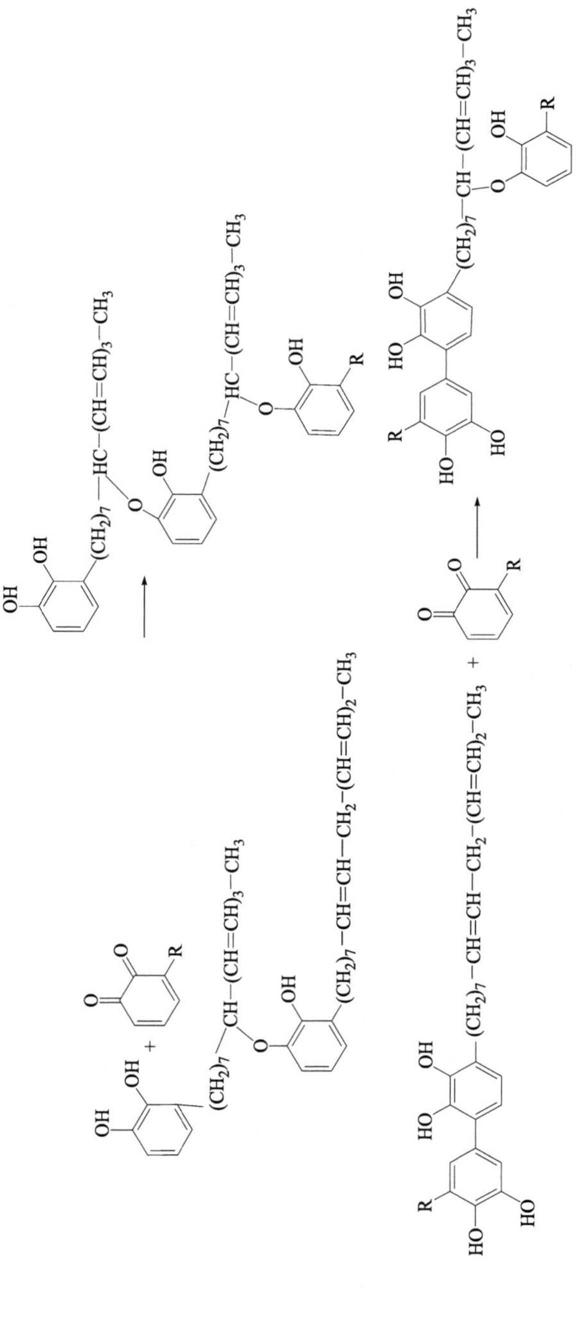

图 3-5 生漆漆膜 HD 初级阶段

随着漆酚低聚体的生成，其侧链继续捕捉空气中的氧气发生氧化反应生成过氧化物，生成的过氧自由基、氧自由基和碳自由基等交互偶合生成低聚体直至高聚体，最终变成了干燥的生漆涂膜，如图 3-6。

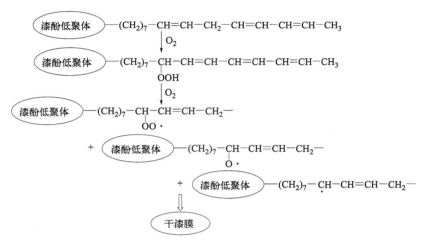

图 3-6　生漆涂膜 HD 高级阶段

3.2　漆树分泌物漆膜结构分析

漆树分泌物或生漆为植物中得到的资源，是一种常温干燥性涂料，具有合成树脂涂料所没有的独特手感和高级感。涂膜由粒状的漆酚聚合物被多糖等胶质的薄膜所包裹，而粒子之间是由糖蛋白等含氮物互相粘连而形成。在 500℃ 以上热裂解，通过分析中国漆酚聚合物、越南漆酚聚合物和缅甸漆酚聚合物热解产物质谱图，可进一步搞清不同产地生漆和漆膜的种类。

对中国漆酚聚合物的 m/z（质荷比）＝123 和 m/z＝108 质谱图进行详细分析，检测出了庚基儿茶酚（3-heptylcatechol，C_7）和庚基苯酚（3-heptylphenol，C_7），漆酚侧链上烯烃双键在 α 位和 β 位时热裂解很容易断裂，如图 3-7 所示，首先，核-侧链结构（C—O—C）发生裂解，同时漆酚侧链在 C_7 和 C_8 之间开裂，生成主要产物 2、3、4 和 5。然后带有长侧链的烷基苯酚继续开裂，生成 6 和 7 等化合物。

对越南漆酚聚合物的 m/z＝123 和 m/z＝108 质谱图进行详细分析，检测出了壬基儿茶酚（3-nonylcatechol，C_9）和壬基苯酚（3-nonylphenol，C_9），且浓度很高。缅甸漆酚聚合物在 500℃ 热裂解后，获得总离子色谱和质谱图（m/z＝346，348，310，326，338，354）。经过对质谱进行详细分析，分别鉴定为 4-十碳烯基儿茶酚（分子量 M＝346），4-十七烯基儿茶酚（M＝348），3-(10-苯基癸基) 苯酚（M＝310），3-(10-苯基癸基) 邻苯二酚（M＝326），4-(10-苯基十二烷基) 苯酚（M＝338）

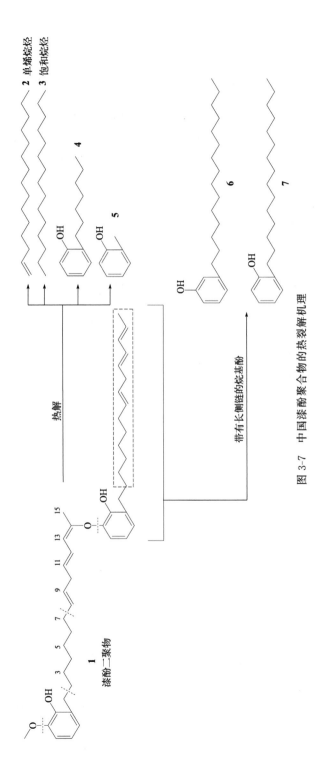

图 3-7 中国漆酚聚合物的热裂解机理

和 4-(12-苯基十二烷基) 邻苯二酚 ($M=354$)。因此，中国漆酚（urushiol）的特征热裂解产物是 3-庚基邻苯二酚和 3-庚基苯酚，越南漆酚（laccol）的特征热裂解产物是 3-壬基邻苯二酚和 3-壬基苯酚，缅甸漆酚（thitsiol）的特征热裂解产物是 3-庚基苯酚和 4-庚基邻苯二酚，这些成分是邻苯二酚核与其侧链相连接形成的漆酚多聚物的热分解生成物，结果总结于表 3-1，三种漆酚聚合物的特征质量色谱 $m/z=123$ 和 $m/z=108$ 则分别归纳在图 3-8 和图 3-9。经过和这些标准生漆涂膜的热裂解数据相对照，就可以判断出在制备漆器时所使用生漆的成分和来源。

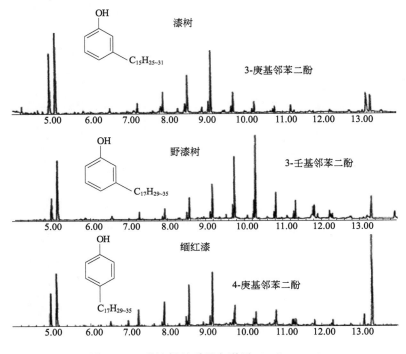

图 3-8　三种漆树的质量色谱图（$m/z=123$）

表 3-1　各种生漆涂膜的特征热裂解产物

漆膜种类	特征热裂解产物		
	单体	烷基儿茶酚	烷基苯酚
漆树	漆酚	3-庚基邻苯二酚	3-庚基苯酚
野漆树	（虫）漆酚	3-壬基邻苯二酚	3-壬基苯酚
缅红漆	缅漆酚	4-庚基邻苯二酚	3-庚基苯酚

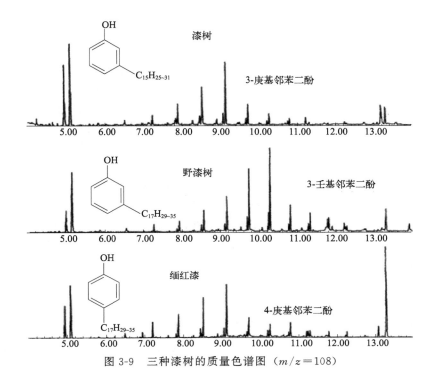

图 3-9　三种漆树的质量色谱图（$m/z=108$）

3.3　漆树分泌物漆膜性能

漆树分泌物具有优良的成膜性能。漆树分泌物中的漆酚可在自身携带的漆酶催化下成膜，形成天然高分子涂层。漆酚具有双亲性质，既有亲水的邻苯二酚核，也含有疏水的长烷基侧链，在固化附着过程中分子间产生了高度的交叉偶联结构，能形成有序结构的漆膜。漆酚多聚体及其漆酚-多糖-糖蛋白高分子复合物构成了干燥漆膜，这种特殊结构决定了漆膜的物理性能，使生漆漆膜具有独特的超耐久性、坚硬而富有光泽、良好的耐腐蚀性、绝缘性、高装饰性、抗菌性、氧化稳定性以及环境友好性等。

3.3.1　漆膜超耐久性

漆树分泌物，包括精制生漆形成的漆膜具有超耐久性。在出土文物中，尽管历时数千年，漆器依旧完整，漆膜光彩照人。在髹（xiū，用漆涂在器物上，古代称红黑色的漆）漆过程中，漆膜表层的漆酚-多糖-蛋白质（漆酶）构形复合外壳及漆酚多聚体结构紧密，气密性好，是阻挡氧气扩散进入漆膜内层的物理屏障。漆酚多聚体邻苯二酚核结构本身就是抗氧剂，具有极好的抗氧化能力。漆酚侧链双键结构，在氧化降解时，通过与漆酚多聚体邻苯二酚核的自由基加成反应，形成稳定的交叉偶联高分子，抵抗了漆膜的裂解反应，从而漆膜表现出突出的超耐久性和抗氧化能力。

3.3.2 漆膜独特的鲜映性

漆树分泌物或生漆涂膜具有极好的磨光性能及保光性能，长期使用也没有消光现象。漆膜光泽亮丽而又柔和含蓄，质感光滑、丰满、细腻，独具特色，富有装饰效果。漆树分泌物或生漆经过精制加工后精制生漆，因为多糖、糖蛋白分散比生漆均匀，疏水性强的糖蛋白在剪切力的作用下，同多糖-糖蛋白复合物离解，进入油相，使漆酚-多糖-糖蛋白颗粒粒径变细（$0.1\mu m$），增加了漆膜表面的镜面反射光强。另外生漆漆膜表面主要由漆酚-多糖-糖蛋白（漆酚）复合物形成的壳状结构组成，在微观结构上表现出不均匀性，这些细致的粗糙面有不同的反射角，在每个粒状结构不同的界面上都能反射、散射入射光，且在分散的粒状结构边缘之间还能发生衍射（丁达尔现象），削弱镜面反射光的光强。生漆漆膜经过磨光以后，光线照射到漆膜光学表面，经多次的反射、散射和衍射，会产生一种丰满柔和、凝重典雅的质感。因此，精制生漆比生漆有更好的丰满度和光泽度。

3.3.3 漆膜耐磨性

漆树分泌物或生漆涂膜可以经受 6.86 MPa（$70kgf/cm^2$）的摩擦力而不损坏，硬度高，且越打磨越漂亮。生漆涂膜聚集态分子量极为巨大，分子间或分子内高度交叉偶联，分子间作用力比普通合成涂料大。正是由于这种作用力使漆膜聚集态分子排列紧密，不易分开，弹性模量大，而且通过大分子链间形成的自由基能互相键合交叉偶联，使得生漆漆膜聚集态形变困难。同时由于漆膜表面存在漆酚-多糖-糖蛋白外壳，分子间可形成大量的氢键，在应力下，漆膜表面由于氢键的作用，表现出较高的硬度。当应力较高时，氢键断裂吸收能量，从而保护了共价键；当外力撤销，氢键又可形成。因此生漆漆膜硬度大，挠曲强度大，抗压强度大，耐磨性能佳。

3.3.4 漆膜化学稳定性

漆树分泌物或生漆在漆膜的聚集态化学结构中，主链分子含有键能较高的芳醚键、双键等，侧链分子中存在共轭双键结构，这使漆酚多聚体分子自由度降低，分解活化能增加，漆膜聚合物分子链节间、侧链间的分子与分子间相对移动变得困难。漆膜的这种刚性结构，使其热运动如转动和振动减慢，提高了热稳定性，从而表现出较高的储能模量（E）、玻璃化温度（T_g）及分解温度（T_d）。漆膜形成是通过自由基聚合反应，使漆酚邻苯二酚核之间、侧链之间及苯环与侧链之间，以 C—C 键或 C—O 键连接而成，聚合体分子极为巨大，内聚力强，气密性好，缺乏易被溶剂分子渗透的链间空隙；另外漆膜表层形成的漆酚-多糖-糖蛋白外壳，伸向空气的多糖链分支结构中存在大量的极性基团如羟基，以及离子的酸性末端基团等，极性大、数目多。因此，漆膜表现出超强的化学稳定性，以酸碱化品防腐蚀性能佳。要使漆膜熔解，除非在裂解温度下使键断裂，才能使漆膜化学结构破坏。

3.3.5 漆膜光氧化降解性

漆树分泌物或生漆漆膜具有很强的抗氧能力，但是生漆涂膜抗紫外光能力差，若暴露在日光下，易被光氧化降解，主要由于漆酚多聚体中存在两种光敏基团，即邻苯二酚核和侧链双键。漆酚多聚体受紫外线的作用，芳醚键、C—C键及双键能有效地吸收能量，造成键和分子链的断裂，形成自由基。生漆漆膜的光氧化降解反应首先发生在漆膜表面层，然后逐步向内部发展。当漆膜长期置于室外，受紫外光的作用，由于氧气的存在，紫外线破坏漆膜结构的量子效率提高。在光氧化进行到一定时间后，其光解产生的自由基成为反应体系中自由基的主要来源，漆膜进行光氧化降解，会生产醛、酮、酸及酯类等产物，反应生成的羰基化合物等又可作为光引发剂，吸光后产生自由基，加速反应进行，使漆膜大分子裂解的速度大于交联速率，从而使生漆漆膜聚集体裂解。

3.3.6 漆膜吸水性

漆膜具有吸水性，干燥的漆膜在大气压和相对湿度为$30\%\sim80\%$的环境中能吸收$1\%\sim3\%$的水分。生漆的吸水能力，主要归因于漆膜中存在的亲水性物质如多糖、糖蛋白等，这些物质在生漆干燥过程中，由于水分挥发，形成了由亲水基团构成的空穴，天然生漆的电子显微结构表明了这一点。在高湿环境中，这些亲水基团能有限度地重新吸水溶胀，从而使漆膜水分含量增加，表现出一定的湿润性。

参考文献

[1] 黄坤. 天然生漆的改性及其耐候性研究[D]. 福州：福建师范大学，2017.

[2] 漆啸. 对涂料王生漆地位的思考[J]. 中国生漆，2002，21(2)：35-35.

[3] 黄湛，汪泯. 中国出土漆器文物及其保护研究现状[J]. 南方文物，2009，(001)：114-118.

[4] 张飞龙. 生漆成膜的分子机理[J]. 中国生漆，2012(1)：13-20.

[5] 张飞龙. 生漆的组成结构与其性能的关系研究[J]. 中国生漆，2000，19(3)：31-38.

[6] 王志成. 一种环保木器油漆：CN108314961A[P]. 2018.

[7] 亓志杰. 彩色生漆制备工艺及其对漆膜性能的影响[D]. 咸阳：西北农林科技大学，2019.

[8] 郭佳音. 几种改性生漆的干燥及流变性能研究[M]. 福州：福建师范大学，2019.

[9] 邓雅君. 生漆基防腐涂料的制备及性能研究[D]. 福州：福建师范大学，2018.

[10] 徐景文，林金火. 生漆的光氧化降解特性[J]. 中国生漆，2005.

[11] 王婷，杜金梅，林栋. 漆酶结构及其生物降解机制[C]. 中国环境科学学会学术年会. 2009.

第4章
漆树分泌物精制与调制方法

4.1 精制与调制研究进展

生漆是漆树的分泌物，在高湿度条件下，由漆酶催化氧化漆酚的聚合作用而缓慢干燥形成坚固漆膜。采割的生漆含有大量水分和杂质，直接涂饰影响成膜及漆膜性能。另外生漆的致敏性、黏度大不易施工，干燥条件苛刻，颜色单一等缺点使得这种天然绿色涂料推广应用受到局限，因此收割的生漆需要进行去杂脱水、浅色化等精制工艺，以提高精制漆透明度和光泽度，开发出性能优异的自然快干、彩色新型生漆绿色环保涂料。

在生漆的浅色、彩色和快干等技术方面，将生漆用二甲苯提取漆酚，所得二甲苯漆酚溶液在氨水催化下和甲醛反应，再在 NaOH 存在下和环氧氯丙烷反应制备得到清漆，涂膜透明，颜色浅，能和多种颜料很好地调和，并保持生漆的基本优点，而且施工方便，效果良好，对人体无致敏性。在生漆的浅色或彩色技术方面，詹东风从生漆中提取得到的粗漆酚采用环氧化改性方法来达到浅色。张焕文提出精制生漆与交联剂氨基树脂-三聚氰胺尿素甲醛共聚聚酯和固化剂-顺丁烯二酸酐或邻苯二甲酸酐，通过反应破坏漆酚的醌式结构，达到减色目的。夏建荣等采用紫外光照漆酚，使漆酚和 Cu^{2+} 在短时间内形成高聚物，制备快干生漆。Kazuhiro Taguchi 等将光固化单体添加入生漆中，制备了阳离子光固化型改性生漆，加快了生漆的固化速度，提高了漆膜的光泽度。Takayuki Honda 等将有机硅低聚物与生漆共混，提高漆膜的干燥速度及玻璃化转变温度。Takahisa Ishimura 等通过有机硅与漆酚羟基发生醇解反应，使漆膜具有良好的力学性能和耐热性能。Lu Rong 等利用聚氨酯与天然生漆共混改性，制得的改性漆膜透明度好，干燥时间快，具有优异的耐水、耐紫外线性能，其铅笔硬度达到 8H。中国专利以异氰酸酯改性天然生漆，与多羟基聚丙烯酸树脂在常温下固化得到抗紫外线辐射的清漆或色漆涂料；以邻苯二酚改性萜烯树脂与生漆反应制得共聚涂料，漆膜色泽优、光滑平整，其硬度、附着力、受冲击力等性能好；以木质素改性天然生漆，具有优异的耐酸、耐碱、耐水、耐油、耐磨性能，光泽度高，附着力强，适用于深色硬木家具、工业防腐涂料；采用松香改性生漆，漆膜性能显著改善，干燥时间明显缩短。日本明治大学通过在纳米漆中加入纳米分散的黄金微胶粒调制出红色的含金漆膜，加入纳米分散的白银微胶粒调制出黄色的含银漆膜；采用独特的精制和纳米分散技术，开发纳米快干漆和贵金属纳米粒子新型电磁波屏蔽生漆涂料，提高生漆成膜干燥速度和漆膜性能，应用于太阳能电池的内壁分离膜以及硅板的黏合剂。

4.2 精制方法

生漆的精制采用搅拌脱水法和溶剂沉淀方法。搅拌脱水法是采用低温加热脱水得到漆酚二聚体的精制生漆。经过多次精炼后的生漆，所含的漆酚单体下降而低聚体和多聚体增加，很容易使漆酚的不饱和侧链与空气中的氧发生自动氧化聚合反应，提高生漆的干燥速度，得到快干精制生漆。溶剂沉淀法是指采用乙醇、丙酮等溶剂将生漆中的树胶、多糖和漆酶等沉淀，过滤得到溶剂溶解物，再经浓缩得到漆酚提取物，进行漆酚的分离与化学改性。

4.2.1 搅拌脱水法——精制生漆

生漆在温度 20～40℃、湿度 70%～80% 的条件下容易干燥。生漆在 20～30℃、日光下曝晒一日，随时搅拌，脱去部分水分，同时使漆酶活化，使漆酚有一定程度的氧化聚合，过滤除去漆渣，即得精制生漆。传统机械搅拌脱水法是将生漆过滤除去杂质后，在辐射热（红外灯）作用下，通过搅拌桨低速搅拌脱水，得到精制生漆，水分含量可控制在 1% 以内，但是漆酶、漆多糖等成分不能去除，并且在生漆搅拌精制过程中，漆酚氧化聚合比较严重，精制生漆的黏度大。

目前民间生漆精制大多采用机械搅拌法。如封孝华等以湖北生漆为原料，首先用滤布将生漆进行过滤，然后以红外灯为光源对生漆进行搅拌脱水，搅拌速度为 70r/min，搅拌 24h 后得到精制漆，通过检测，其水分含量为 3.4%，漆酶活性完全消失，由于在搅拌过程中生成了大量的漆酚聚合物，因此最终精制产品中漆酚含量仅为 70% 左右。邵春贤报道了日本精制生漆的工艺，以装有羽根和翼片的木质搅盆为工具，以红外灯为辐射光源（图 4-1），对生漆进行搅炼，搅速控制在 50r/min，精制漆酚保留水分为 5%～6%，精滤采用加絮棉扭滤 2 次，所得的精制产品中漆酚含量为 80% 左右，漆酶全部失活。生漆精制过程中温度、搅拌强度、搅拌时间、通气条件等因素对漆酚含量具有很大的影响，为防止漆酚氧化聚合，搅拌尽量在低温、低速的条件下进行。

4.2.2 反复搅拌脱水法——快干精制生漆

利用搅拌脱水法的原理，机械搅拌装置对漆树分泌物进行反复精制，降低漆酚单体，提高聚合度，从而降低精制生漆的抗氧化能力，在涂膜后能迅速发生自动氧化聚合反应，提高精制生漆的干燥速度，以开发快干精制生漆。在木制或不锈钢容器中加入一定量的漆树分泌物，搅拌两个小时左右，每半个小时让电机反向转动搅拌。根据环境温度和湿度的不同，可以加盖子防止水分过度挥发或用电吹风加速水分挥发。每

图 4-1　民间生漆精制的机械搅拌图

当搅拌容器中生漆含水量下降到近 5% 时，添加其水分量至 25% 左右，然后搅拌精炼。每添加一次水分，计作一次精炼，如此反复，一般以 3 到 4 次精炼为宜。经过多次精炼后的生漆，其中漆酚单体下降而低聚体和多聚体增加，漆酚单体的酚羟基减少，则漆酚的抗氧化能力下降，使漆酚的不饱和侧链与空气中的氧发生自动氧化反应而达到快干的目的。研究表明，当漆酚单体的含量下降到接近总量的 30% 时，其不饱和侧链就会立即和空气中的氧气发生氧化反应。多次精制生漆的分子量分布见表4-1。单体的平均分子量为 316～320，低聚体的平均分子量为 1000～10000，多聚体是指平均分子量大于 10000 的成分。

表 4-1　天然生漆和反复精制生漆的分子量分布　　　　单位/%

生漆名	多聚体	低聚体	单体
天然生漆	0.00	16.28	83.72
精制生漆	0.64	33.30	66.06
精制 1 次	0.82	39.73	59.45
精制 2 次	1.13	40.08	58.79
精制 3 次	1.56	40.50	57.94
精制 4 次	2.19	42.78	55.03

　　经多次精制得到的快干精制生漆，由于漆酚聚合度不同，在 20℃ 和相对湿度低于 50% 的条件下，其干燥时间明显不同，见表 4-2。在低湿度条件下（40%～50%）天然生漆不能干燥，随着精制次数的增加，到达 HD 阶段的时间逐渐变短。在高湿度条件下（65%～75%）精制生漆之间的干燥时间区别不是很明显，但在中等湿度条件下（55%～65%）有很明显差别。

表 4-2　生漆和精制生漆的干燥时间　　　　　单位：小时：分

生漆名称	20℃,40%~50%RH			20℃,55%~65%RH			20℃,65%~75%RH		
	DF	TF	HD	DF	TF	HD	DF	TF	HD
天然生漆	不干	不干	不干	7:30	10:0	11:40	4:00	5:10	5:50
精制生漆	6:00	8:30	21:00	3:00	6:30	10:00	1:30	3:00	3:40
精制 1 次	4:10	8:30	21:00	2:40	5:50	9:30	1:00	2:00	3:00
精制 2 次	3:10	7:30	21:00	2:40	4:30	9:00	1:00	1:30	2:20
精制 3 次	2:10	7:20	14:00	2:30	3:30	7:10	0:50	1:30	2:10
精制 4 次	2:00	6:50	11:50	1:50	2:30	5:20	0:40	1:10	2:00

4.2.3　溶剂沉淀法——改性生漆或漆酚基涂料

生漆中漆酚类化合物的极性较小，脂溶性成分能溶于多种有机溶剂，如石油醚、甲醇、乙醇、丙酮、乙酸乙酯等，而树胶质、多糖、蛋白等物质溶于水，不溶于丙酮、乙醇等溶剂，因此，可以采用溶剂沉淀的方法精制生漆中的漆酚提取物。采用该法得到的漆酚提取物中漆酚纯度较高，且漆酚不易氧化聚合。生漆是一种油包水（W/O）乳液，乙醇、甲醇和丙酮等溶剂能够有效地破坏生漆乳液，因而采用乙醇或丙酮对生漆漆酚进行提取，加入溶剂后充分搅拌，过滤，洗涤滤渣至滤液无色。提取液采用低温旋转蒸发除去溶剂得到黄棕色油状物即漆酚提取物。

4.3　调制方法

以生漆为原料，采用低温加热搅拌脱水、氧化聚合、晒制或熬制而得的产品，总称精制生漆。以生漆为主要原料，加入植物油、染料等调制，经精制加工而成的产品，其中生漆含量不应低于50%，称为精制漆。如揩光漆、朱合漆、赛霞漆、透明漆、亚光精制漆、贴金漆、明光漆、彩色精制漆、朱漆、黑光漆等。

（1）揩光漆　由纯天然生漆精滤而成。生漆质量分数不应低于75%。对于生漆质量分数低于75%的生漆，应脱去部分水分。

（2）朱合漆　由精制生漆与亚麻油、松节油等调制而成。

（3）赛霞漆　由精制生漆与桐油调制而得。

（4）透明漆　以色浅、透明度高的生漆为主要原料，经调配、精制加工而得的产品总称。

（5）亚光精制漆　经过消光处理后制成的精制漆，光泽度在40%~60%之间（60°角）。亚光生漆中的生漆含量不应低于50%。

（6）贴金漆　由60%左右的快干漆与40%左右的明油调制而成的精制漆产品，主要用于贴金。

（7）明光漆　将生漆在低温下搅拌脱水后，加入松香粉末精制而成的产品。松香加入量为 40％～60％。

（8）彩色精制漆　由精制漆与各种色料碾磨调制而成的产品总称，各色精制漆以其颜色命名。

（9）朱漆　生漆或精制漆中加入朱砂或银朱研磨调制而成。

（10）黑光漆　以生漆为主要原料，经精滤、活化漆酶、氧化预聚合反应后，再加入一定量的金属元素化合物通过螯合反应而成的精制漆。

4.4　有代表性的调制生漆及用途

4.4.1　广漆

广漆又名赛霞漆、金漆、笼罩漆。是以生漆为原料，配以桐油和亚麻仁油、熟油，制成茶褐色的成品，广漆成膜以后带红褐色，透明、鲜艳光亮、丰满、肉质好，漆膜具有耐热、抗水、抗潮、耐大气腐蚀及化学品腐蚀的特性，主要用于涂饰木制家具、工艺美术品和殿堂庙宇的房屋门窗、船内部装潢等部位。

4.4.2　推光漆

推光漆是由经过选择的生漆在 30～38℃温度下脱水，活化漆酶后加入松节油或二甲苯等稀释剂制成的半成品，然后加入半成品总量 2％～3％的氢氧化铁（俗称黑料）搅拌，使生漆中的漆酚与氢氧化亚铁、氢氧化铁反应生成黑色的漆酚铁盐，使其色泽清亮，黑度达到要求，然后再加入生漆总量 15％左右的熟亚麻油，经过过滤即成为推光漆。在调制过程中不加黑料，用以制备彩色漆的叫透明推光漆，不加熟亚麻油的称为耐膜推光漆。黑色推光漆具有颜色特黑、干燥快，涂膜坚韧耐磨、抗水、抗潮、耐热、耐磨、耐光及耐化学品腐蚀的特性，多用于木制家具、乐器、工艺美术品等领域。

4.4.3　漆酚树脂

漆酚树脂又称漆酚清漆，是以生漆为主要原料，经过常温脱水，活化漆酶，进行一定程度的氧化聚合反应，得到聚合生漆后再加松节油、松香水、二甲苯等溶剂稀释而成。漆酚清漆保留了生漆优良的抗化学腐蚀等特性，多用于要求耐化学大气腐蚀的地下工程、化工管路、换热器、机械外壳等领域。

4.5　生漆黏土

生漆黏土就是模仿黏土的特性，在生漆中混入纸浆纤维和淀粉等有机物及灰粉、石膏粉、二氧化硅、二氧化钛等无机物混炼而成的黏土状物质。利用生漆黏土，可以自由改变成各种漆器使用者满意的形状并进行修饰（髤漆），在造型和涂装上面可以在很短的时间内完成。在漆器造型过程中，雕刻建模非常灵活，制备方法如图 4-2 所示。在质量分数为 20%～25% 的生漆中加入一定量的天然有机物如纸浆、棉麻、丝绸、淀粉等，然后再加入灰粉、土粉等无机物，根据需要可以添加 1% 以下的反应性添加剂，搅拌均匀后脱气泡即得。

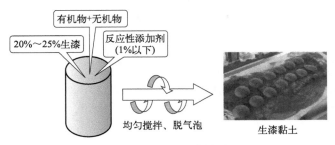

图 4-2　生漆黏土的制备方法

在生漆的应用领域里，生漆黏土是一个新兴的方向，其中添加物的种类以及数量等还需要进行深入的研究。目前，生漆黏土的制造是各个漆器工作者根据自己的需要而自己制定配方，没有一个统一的标准。湖北林科院和中国林科院林化所在引进日本生漆黏土加工方法的基础上，根据恩施坝漆的品质，优化坝漆、纸质纤维、无机粉末、石膏粉等比例，开发的生漆黏土达到了更佳的应用效果。生漆黏土常温状态下的表干时间为 90min，附着力、抗龟裂度、抗水性可达到标准要求的 1 级，硬度达到了铅笔 5H，可储存 180 天，在 95℃ 条件下干燥成型时间为 50min。技术指标见表 4-3。

表 4-3　天然生漆黏土技术指标

项目	技术指标（合格品）
外观质量	黑灰色膏状物，色泽一致，无杂质结块，质地均匀
干燥时间（表干）/min	≤90
附着力/级	达到 1 级标准
硬度（铅笔值）/H	≥3
柔韧性/mm	直径 100mm，无裂纹
施工性	刮涂无障碍
耐沸水（4h）	无异常
耐储性/d	≥180

参考文献

[1] 伏建星，谷世豪，郑冀鲁，等. 中日精制生漆使用颜料的关键指标对比[J]. 陕西林业科技，2018，046(002)：1-4，14.

[2] 王时伟，朱一青，王建稳. 中国大漆精制工艺研究[C] // 中国文物保护技术协会第七次学术年会论文集. 2012.

[3] 杨柳，杨志斌，洪克俭，等. 彩色生漆的调制技术研究[J]. 湖北林业科技，2014，43(2)：20-23.

[4] 李昕，石玉，张飞龙. 生漆精制过程影响因子研究[J]. 中国生漆，2006(02)：6-10.

[5] 雒礼润，贺娜，张忠利，等. 生漆精制加工中试过程研究[J]. 中国生漆，2013，32(2)：43-46.

[6] 李绣玲，张家伟，卢崑宗. 生漆精制时间对其干燥性质之影响[J]. 中华林学季刊，2016，49(1)：13-22.

[7] 何豪亮. 中国漆的精制方法及精制中国漆的类别[J]. 中国生漆，2003，22(002)：19-30.

[8] 杨文光. 中国的高级天然树脂——生漆[J]. 中国生漆，2005，24(1)：41-46.

[9] 张飞龙. 生漆的组成结构与其性能的关系研究[J]. 中国生漆，2000，19(3)：31-38.

[10] 朱宝力. 明清家具透明涂料的成分与鉴别[J]. 商品与质量，2012，000(029)：62-63.

[11] 潘志斌，徐艳莲，胡炳环. 水性黑推光漆的制备与性能研究[J]. 中国生漆，2009(02)：1-5.

[12] 侯林辉. 推光漆炼制工艺试验[J]. 中国生漆，2002(2).

[13] 方传杰. 漆酚基树脂的制备及其复合涂料性能研究[D]. 北京：中国林业科学研究院，2017.

[14] 黄鑫. 改性漆酚树脂在工业防腐中的应用[J]. 中国生漆，2000(04)：16-19.

第5章
漆树分泌物致敏机理与脱敏方法

5.1 致敏原植物及化学组成

漆树分泌物致敏性很强，过敏反应表现为接触性皮炎，属于迟发型变态反应（细胞免疫）。生漆的主要致敏原是烷基酚类化合物——漆酚。据报道，天然烷基酚类化合物都能引起严重的过敏性皮炎。天然烷基酚类包括烷基单酚、二元酚、三元酚和烷基酚酸等化合物。二元酚含有儿茶酚（邻苯二酚）、间苯二酚或通过正常碳链烷基化的氢醌（对苯二酚）。烷基单酚发现于菊科（apiaceae）的精油中，如佳味酚（isochavicol）具有较强的抗血浆活性。长链烷基间苯二酚脂质不仅存在许多高等植物中，而且存在于在细菌、真菌、藻类和苔藓中，被证明是强烈的呕吐剂（糜烂剂），可导致频繁强烈的过敏反应。漆树科（毒藤、毒药漆、漆树、芒果和腰果等）和银杏科植物中存在的长链烷基酚类物质具有相似结构，能引起严重的过敏性皮炎。银杏（*Ginkgo biloba* L.）是银杏科、银杏属植物。银杏叶和外种皮含有烷基酚类和酚酸类物质，具有接触过敏性、细胞毒性、诱变和轻微的神经毒性。银杏烷基酚酸（ginkgolic alkylphenol and acids）又称银杏酚酸，是6-烷基或6-烯基水杨酸衍生物，其烃基侧链长度为 13 个碳、15 个碳、17 个碳，侧链上含有双键。银杏烷基酚酸按化学结构的不同主要可分为银杏酸、白果酚和白果二酚，它们的化学结构见表 5-1。

表 5-1 银杏酸、白果酚和白果二酚的化学结构

银杏酸（ginkgolic acids）	白果酚（ginkgols）	白果二酚（bilobols）
$R=C_{13}H_{27}(C_{13:0})$	$R=C_{13}H_{27}(C_{13:0})$	$R=C_{15}H_{29}(C_{15:1})$
$R=C_{15}H_{29}(C_{15:1},\triangle=8)$	$R=C_{15}H_{31}(C_{15:0})$	$R=C_{15}H_{29}(C_{15:1},\triangle=8)$
$R=C_{17}H_{33}(C_{17:1},\triangle=8)$	$R=C_{15}H_{29}(C_{15:1},\triangle=8)$	
$R=C_{17}H_{33}(C_{17:1},\triangle=10)$	$R=C_{17}H_{33}(C_{17:1},\triangle=10)$	
$R=C_{17}H_{31}(C_{17:2},\triangle=9,12)$		
$R=C_{15}H_{31}(C_{15:0})$		

腰果（*Anacardium occidentalie* L.）是双子叶植物纲、无患子目、漆树科、腰果属的一种植物。腰果含有烷基酚类等多种过敏原，主要存在于种皮和果油，对过敏体质的人会引起一定的过敏反应。腰果壳油主要含腰果酚（cardanol）、腰果酸（anacardic acid）、强心酚（cardol）和 2-甲基强心酚（2-methyl cardol）等化合物，它们的化学结构如图 5-1 所示：

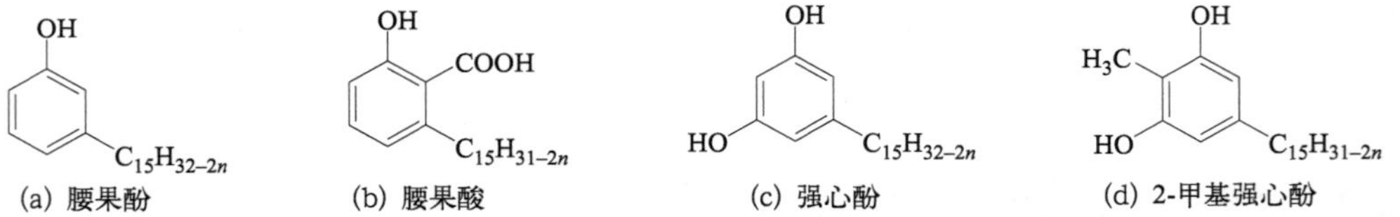

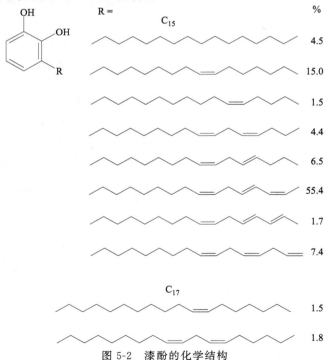

(a) 腰果酚　　　　　(b) 腰果酸　　　　　(c) 强心酚　　　　(d) 2-甲基强心酚

图 5-1　腰果酚、腰果酸、强心酚和 2-甲基强心酚的化学结构（$n=0\sim3$）

生漆致敏主要是由于漆科植物中所含有的漆酚。在我国以及东南亚，主要的漆科植物有中国漆树、日本野漆树和缅甸漆树。在北美洲，则广泛分布着被称作毒藤和毒橡树的漆科植物，由于其中的构成物质具有类似漆酚的化学结构，所以也非常容易引起过敏，据说在美国 50％以上的人对此过敏。漆酚是侧链具有 13 到 17 个碳的儿茶酚脂类化合物（图 5-2）。按照侧链不饱和度分别分为：饱和烷基（饱和）漆酚、单不饱和烷基（单烯）漆酚、二不饱和烷基（二烯）漆酚、三不饱和烷基（三烯）漆酚。还有从漆酚中分离的十七氢醌化合物。

图 5-2　漆酚的化学结构

5.2 漆酚致敏机理

一般能引起过敏反应的物质分子量在 1000 以下，称为半抗原。半抗原侵入皮肤后会和表皮中的蛋白质结合成为全抗原。由于漆酚有与表皮中蛋白质结合而成为全抗原的潜在能力，所以漆酚是一种半抗原。生漆过敏接触性皮炎主要有应激和发症两个过程。

5.2.1 应激过程

漆酚半抗原侵入皮肤后，被表皮中存在的朗格汉斯细胞（Langerhans cell）包围。被吞噬的半抗原被溶酶体细胞器中的蛋白质分解酶分解成抗原，形成抗原-组织适合性抗原复合体，被存在于 T 淋巴细胞表面的 T 细胞抗原受体所识别。利用识别的抗原情报，能与抗原发生特异反应的 T 淋巴细胞就会增殖。被感应的 T 淋巴细胞从淋巴结中排出到淋巴管和血管，循环到全身，完成了对外来异物的应激反应。

5.2.2 发症过程

当外来抗原再一次侵入已经被感应的个体的皮肤时，入侵部位皮肤的朗格汉斯细胞就被活化，把抗原信息提交给抗原特异的 T 淋巴增殖系统。获得抗原信息的 T 淋巴细胞被活化并增殖，在抗原入侵的部位攻击抗原而发生皮肤炎。Laurel Halloran 研究了生漆过敏接触性皮炎，结果表明间接接触漆酚也能够导致过敏性皮疹。生漆致敏通常指的是由生漆中油脂化合物直接接触皮肤引起的过敏性皮炎。生漆树脂是免疫学中的半抗原物质，渗入皮肤时会产生一种酶催化的氧化物，催化漆酚为亲电体的邻位醌，氧化生成的 O-醌类衍生物对亲核试剂较为敏感，可以和细胞膜内的角蛋白或蛋白质合形成完整的抗原（如图 5-3）。通过结合位点——儿茶酚环 4、5 或 6 位的 C 原子，具有亲电性的邻醌类分子能和蛋白质形成免疫蛋白。

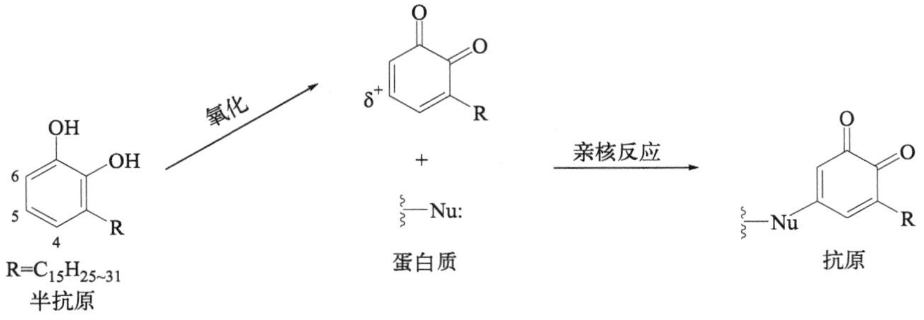

图 5-3 生漆漆酚和蛋白质在皮肤的反应

皮炎致敏在应激阶段，漆酚半抗原渗入皮肤形成蛋白质-半抗原的混合物，被朗格汉斯细胞捕捉，传递给 T 淋巴细胞，诱导 T 淋巴细胞的敏化反应。在发症阶段，半抗原再一次进入皮肤，结合之前形成的蛋白质-半抗原混合物。效应细胞释放一种淋巴因子的化学介质。该淋巴因子可作用于不同的靶点，如巨噬细胞、淋巴球和其他类细胞（可释放针对 L 细胞的细胞毒素），临床表现为过敏性皮炎、红疹和肿胀。漆酚过敏机理如图 5-4 所示。

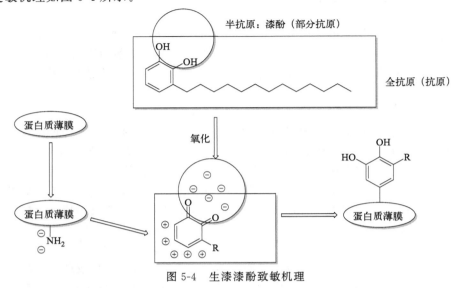

图 5-4　生漆漆酚致敏机理

5.3　漆树分泌物致敏症状

　　漆树花、果、叶、皮及木材均含有易致敏的漆酚和多种挥发性致敏物，在漆树分布的地区，漆树经营过程和生漆采收应用中都会引起接触性过敏现象。在接触漆树或割漆、生漆加工及漆艺制作过程中，都会引起不同体质的人群肌肤过敏，其症状与耐受程度存在明显差异。漆酚过敏一般表现为皮炎，人体接触漆酚部位出现痱状或风团状皮疹，并伴有灼热、肿胀、奇痒难忍；当皮疹加重后表现为水疱渗液、溃烂、化脓，并感骨底奇痒难受之苦，少数重症患者还会出现低热、头昏、头痛、大便秘结、腹泻等全身性症状；重症患者一般 2～3 天达到高峰，1～2 周可以康复。为了提高对生漆的耐受度，部分生漆工作者采用舔生漆的方式来提高对生漆过敏耐受性，其中约30％的人能有效获得生漆过敏耐受性，同时产生抗体对生漆不再过敏。

5.4　脱敏方法

5.4.1　脱敏原理

　　漆树及漆树提取物含有致敏性漆酚，常用去除致敏物的方法可分为物理法（热处理、通氧和有机溶剂萃取）和微生物发酵法。
　　（1）热处理方法　利用漆酚容易高温氧化聚合的特点，通过高温破坏漆酚的化学结构。韩国专利（1999-56704）报道漆树用170℃热风干燥4h以上，在105～200℃下用水提取1～24h，过滤及浓缩，可达到去除漆树有毒物质的目的。韩国专利（2000-31328）公开了在100～240℃的高温中直接或间接进行10～50min的加热处理，利用水或醇等有机溶剂提取漆树制备低敏漆树提取物的方法。韩国专利（2001-28569）中公开了将漆树与水一起放入装有回流装置和通气装置的加热炉中通气2h，同时进行加热，从而除去漆酚的方法。

（2）有机溶剂萃取　利用溶剂进行萃取除去漆酚，韩国专利（2002-23439）中公开了将漆树经过热空气干燥和溶剂提取的方法去除漆酚。专利（US2008、0233223）中公开了将漆树经过乙醇水溶液提取，提取物用无水乙醇溶解萃取，再经过正己烷反复萃取除去漆酚的方法。

（3）微生物发酵法　利用微生物菌种进行生物发酵降解漆树中的漆酚，Chio等人采用白蜡地层孔菌对漆树提取物进行直接生物发酵，提取物中的漆酚从154.15mg/100g降至10.73mg/100g，过敏物质的去除率达到93%。李贞淑等人公开了一种利用微生物发酵法去除漆酚的方法，漆树经过蒸煮后，接种米曲霉、白曲霉、黑曲霉等菌种，在发酵35h后，用60℃的水提取2次，得到漆树提取物，经过HPLC和GC分析均未检测到漆酚，漆酚被完全降解。对于生漆加工及漆艺制作过程中漆酚致敏，通常采用植物油或中药涂拭法、化学修饰和生物免疫法达到脱敏效果。

5.4.2　化学修饰法

根据漆酚的结构特点，漆酚的化学修饰主要基于对漆酚酚羟基、漆酚侧链不饱和烷基、漆酚邻苯二酚环的4、5或6位的C原子进行化学基团的保护或修饰，修饰后的漆酚过敏性明显弱于原来的漆酚。一般情况下，酚羟基醚化后的漆酚及侧链烃基上双键减少的漆酚致敏性明显减弱，致敏强弱排列如下，三烯漆酚＞二烯漆酚＞单烯漆酚＞3-烷基饱和漆酚＞4-烷基饱和漆酚＞丙基邻苯二酚＞甲基邻苯二酚＞邻苯二酚（图5-5）。

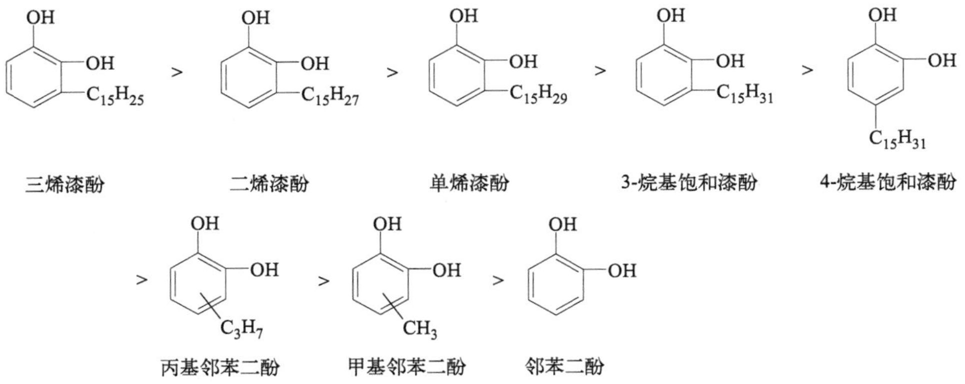

图5-5　漆酚结构与致敏强弱的关系

可见，邻苯二酚母体结构加长烃基是致敏的根源，酚羟基醚化后毒性变小，烃基上双键越多越易致敏。漆酚的化学修饰法根据修饰部位和官能团的不同，具体分为漆酚邻苯二酚羟基结构修饰、漆酚侧链烷基的化学结构修饰和漆酚与蛋白质结合部位修饰。

（1）漆酚邻苯二酚羟基结构修饰　漆酚羟基易与蛋白质结合形成抗原而表现致敏症状。通过对漆酚邻苯二酚羟基结构修饰，使羟基被保护的漆酚不能成为抗原，可避免漆酚酚羟基和氧原子接触，规避漆酚过敏反应。何源峰对 $C_{15}\sim C_{17}$ 漆酚的两个活泼邻位酚羟基进行结构修饰，合成缩醛漆酚，产物无过敏性，还具有很好的抗菌抗氧化功能。缩醛改性原理如图 5-6 所示，生漆漆酚具有邻苯二酚的结构，在二氯甲烷和苛性钠的作用下，发生亲核取代反应，生成邻苯二酚缩甲醛（图 5-6）。为了防止反应过程中副反应的发生，可通过逐步滴加氢氧化钠以及使用足量二甲基亚砜（DM-SO）溶剂的方法以降低邻苯二酚阴离子的浓度；该反应产物为缩醛产物结构，故将漆酚的缩醛改性物命名为缩醛漆酚，以便于与漆酚缩甲醛高分子改性涂料区分（图5-7）。

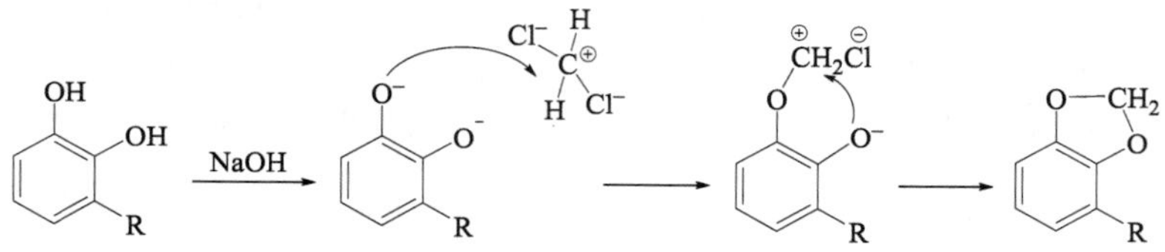

图 5-6　漆酚缩醛反应原理

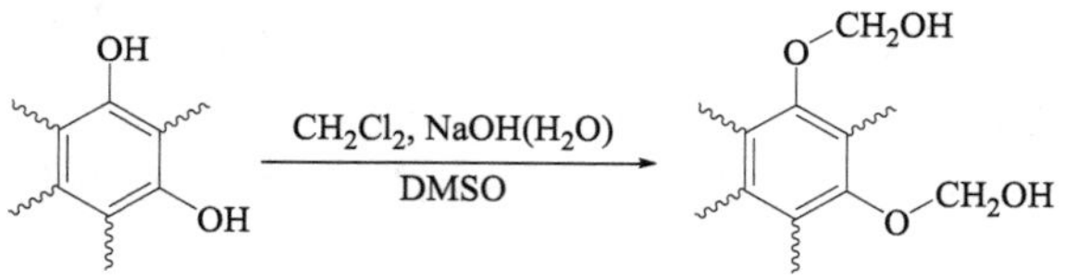

图 5-7　聚合及氧化漆酚的缩醛反应

齐志文采用磺（醚）化、卤化、硼酸酯化、Pechmann 反应等方法对漆酚苯环上两个邻位的酚羟基进行醚化、酯化、磺化等改性，生成系列漆酚衍生物，其衍生物过敏毒性小于原来的邻苯二酚漆酚。如图 5-8 所示。

另外，其他漆酚活性羟基衍生物如图 5-9 所示。

（2）漆酚侧链烷基的化学结构修饰　漆酚侧链具有共轭双键，可进行氧化、环加成等反应，可引入羧基、酮基、羟基等基团。Roberts 等通过在漆酚侧链尾部引入 α-亚甲基-γ-丁内酯基团，合成了 α-亚甲基-γ-丁内酯漆酚衍生物，结果表明其对皮肤致敏性明显降低；Jefferson 等以甲基醚漆酚为原料，分别通过侧链烷基的氧化反应、缩醛反应等，合成了甲基醚漆酚乙二醇、甲基醚漆酚乙酸酯和甲基醚漆酚缩丙酮衍生物；何源峰等以亚甲基醚漆酚为原料，与马来酸酐进行 Diels-Alder 反应，再通过水

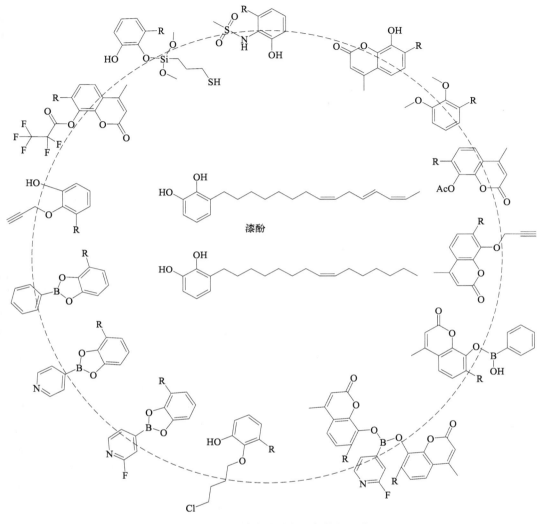

漆酚

图 5-8　抗过敏漆酚羟基保护衍生物

图 5-9　漆酚活性羟基衍生物的化学结构

解反应，在漆酚侧链尾部引入邻二甲酸环己烯结构，合成了侧链二羧基漆酚衍生物；周昊进一步利用缩醛漆酚侧链不饱和双键，将异羟肟酸部分引入，设计合成甲基醚漆酚侧链二羧基漆酚衍生物（图 5-10）。

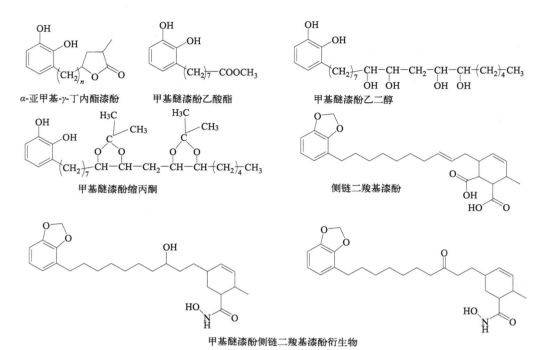

α-亚甲基-γ-丁内酯漆酚　　　甲基醚漆酚乙酸酯　　　　　甲基醚漆酚乙二醇

甲基醚漆酚缩丙酮　　　　　　　　　　　侧链二羧基漆酚

甲基醚漆酚侧链二羧基漆酚衍生物

图 5-10　漆酚中侧链烷基的化学修饰

（3）漆酚与蛋白质结合部位修饰　漆酚和蛋白质的结合部位可以是漆酚邻苯二酚环的 4、5 或 6 位碳原子（图 5-11）。蛋白质的氨基通常选择与环的 5 位碳原子结合，而蛋白质的硫醇基则选择在环的 6 位碳原子上结合。当漆酚侵入皮肤表皮被氧化成为 O-醌后，醌环的 4、5 或 6 位碳原子与蛋白质结合而成为抗原是漆酚引起接触性皮炎的原因。若是醌环的 4、5 或 6 位被置换得越多，漆酚与蛋白质结合的概率就越小；若是置换部位被大的基团，如丁基取代就会妨碍其他位点的结合而表现为结合位点减少，蛋白质就不能与被修饰的漆酚结合形成抗原，从而避免过敏。

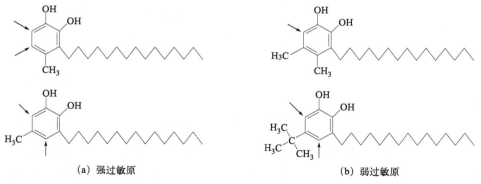

（a）强过敏原　　　　　　　　　　　　　（b）弱过敏原

图 5-11　蛋白质结合部位

关于漆酚和蛋白质的结合研究，日本明治大学陆榕合成了数种化合物，使漆酚邻苯二酚环上的 4 位或 5 位被甲基和丁基置换。利用这些化合物进行了斑贴实验和淋巴球刺激实验（图 5-12），结果显示邻苯二酚环的 4 位或 5 位上只有一个部位被甲基所置换的 4-甲基饱和漆酚或 5-甲基饱和漆酚的斑贴实验显示了与饱和漆酚大约同等的阳性反应；而与此相比，邻苯二酚环的 4 位和 5 位两处被甲基所置换的 4,5-二甲基饱和漆酚以及 5 位上被比甲基更大的丁基所置换的 5-丁基饱和漆酚在斑贴实验上几乎没有反应；4-甲基饱和漆酚在淋巴球刺激实验中也只有微弱的反应，与斑贴实验中得到的结果相似。因此，在漆酚邻苯二酚环的 4 或 5 位碳原子被甲基或丁基置换后，漆酚就很难再与蛋白质发生结合，从而达到脱敏作用。

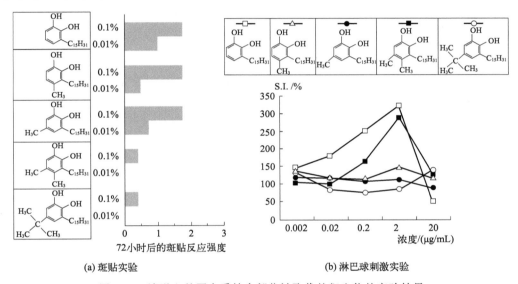

(a) 斑贴实验   (b) 淋巴球刺激实验

图 5-12　漆酚上的蛋白质结合部位被取代的衍生物的实验结果

日本明治大学宫腰哲雄团队研究了邻苯二酚环 3 位碳原子上 C_{15} 饱和漆酚和 4 位上 C_{15} 饱和漆酚两种化合物与蛋白质结合的过敏反应，结果表明 4-C_{15} 饱和漆酚上的蛋白质结合部位更少，斑贴实验和淋巴球刺激实验也证明了 4-C_{15} 饱和漆酚的过敏反应比 3-C_{15} 饱和漆酚的过敏反应要弱得多（图 5-13）。

不同产地和品种的生漆，漆酚邻苯二酚环的 3 位或 4 位烃基侧链与蛋白质结合能力不同。中日韩漆树漆酚为 3-C_{15} 和 C_{17} 烃基取代的邻苯二酚化合物，越南虫漆酚为 4-C_{17} 烃基取代的邻苯二酚及 3-C_{17} 烃基取代的单酚化合物，缅甸漆酚是 3-C_{17} 烷基末端为苯环和 4-C_{17} 二烯烷烃。因此，根据漆酚与蛋白质的结合部位及侧链的 C＝C 不饱和度，可以推测漆酚的致敏度大小为中国漆酚＞缅甸漆酚＞越南虫漆酚。中国林业科学院林产化学工业研究所（简称中国林科院林化所）王成章团队对漆酚邻苯二酚环的 4、5 或 6 位碳原子结合位点进行化学修饰，设计了一系列新型漆酚衍生物。虽然没有进行斑贴实验和淋巴球刺激实验，但这些新型漆酚衍生物与漆酚苯环 4 或 5 位被甲基和丁基置换的衍生物相似，很难与蛋白质发生结合，从而也可达到脱敏作用。对漆酚的 6 位碳原子进行化学修饰如图 5-14。

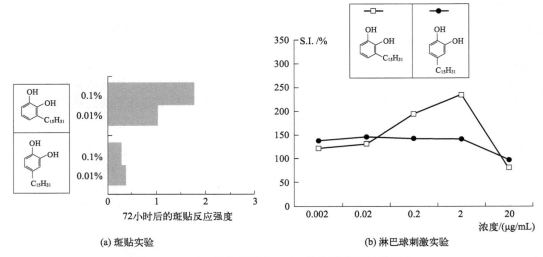

(a) 斑贴实验　　　　　　　　　　(b) 淋巴球刺激实验

图 5-13　4-C_{15} 饱和漆酚和 3-C_{15} 饱和漆酚的过敏反应

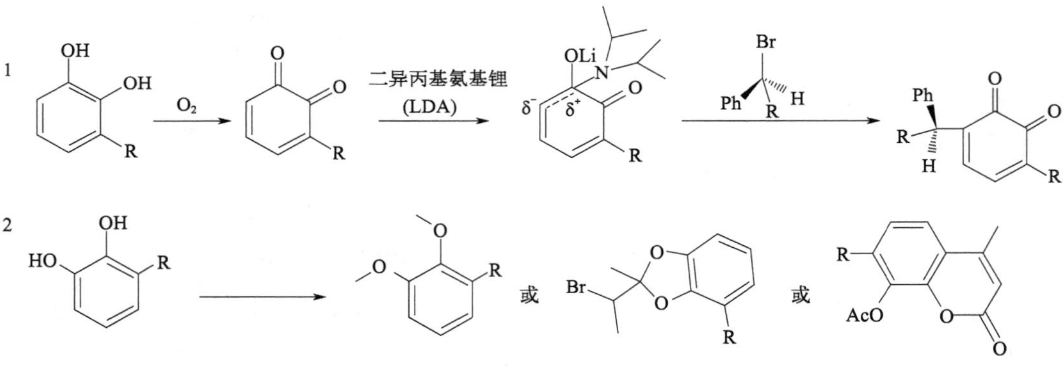

图 5-14　漆酚 6 位碳原子的化学修饰
（R 为三烯漆酚烷烃侧链）

一种高效的催化剂能够促进漆酚衍生物的 Pechmann 缩合反应，设计一系列漆酚衍生物，如图 5-15。

周昊首先对漆酚两个活泼邻位酚羟基进行保护，合成缩醛漆酚，再将异羟肟酸部分引入漆酚烷烃侧链中，同时通过 Glide 对接筛选化合物，在漆酚苯环 6 位引入—F、—Cl、苯甲酰胺基、氨基、羟基或硝基，设计了一系列带有不同电负性或不同苯环空间位阻的取代基的新型漆酚衍生物（图 5-16），产物无过敏性，还可显著增加漆酚基分子同 HDAC2 靶点的结合力。

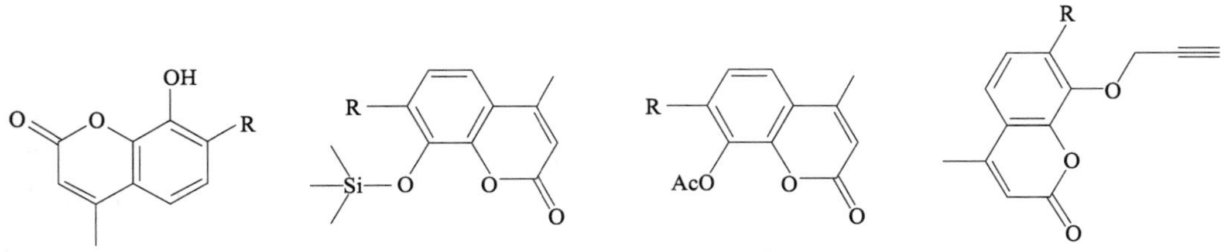

图 5-15　漆酚 Pechmann 反应衍生物

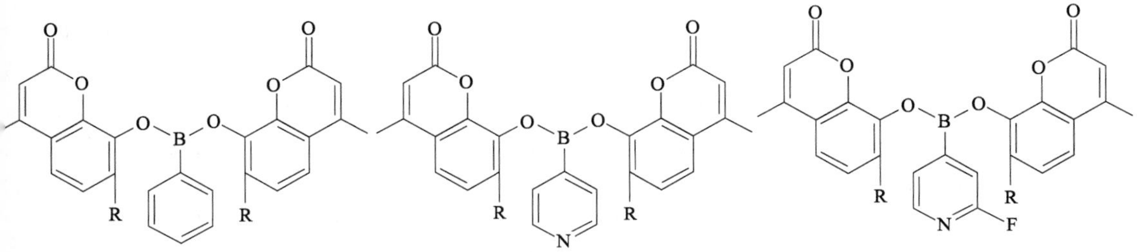

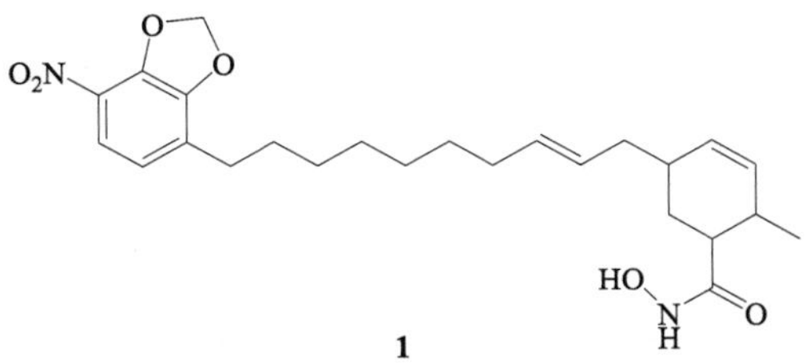

图 5-16　不同取代基的新型漆酚衍生物

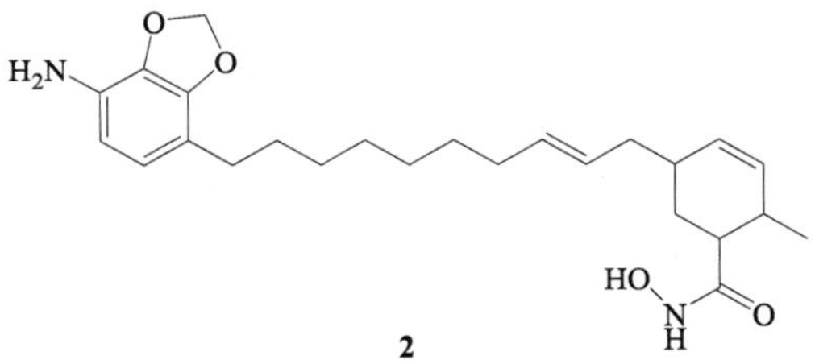

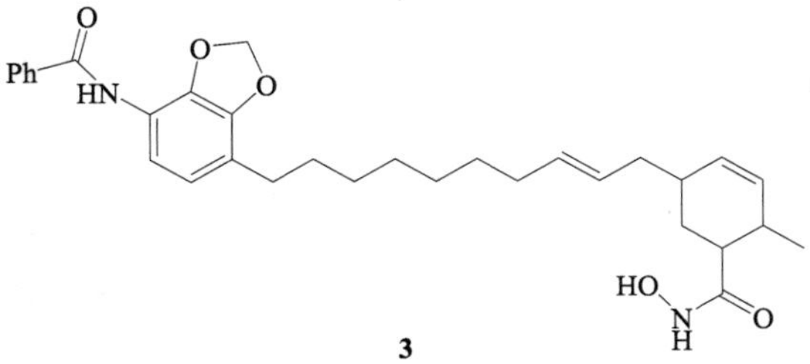

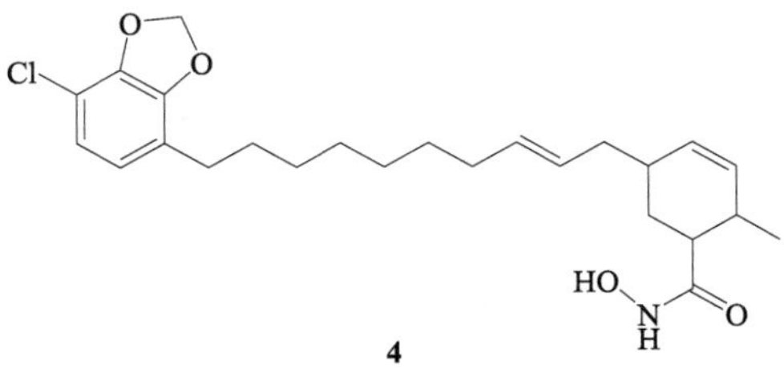

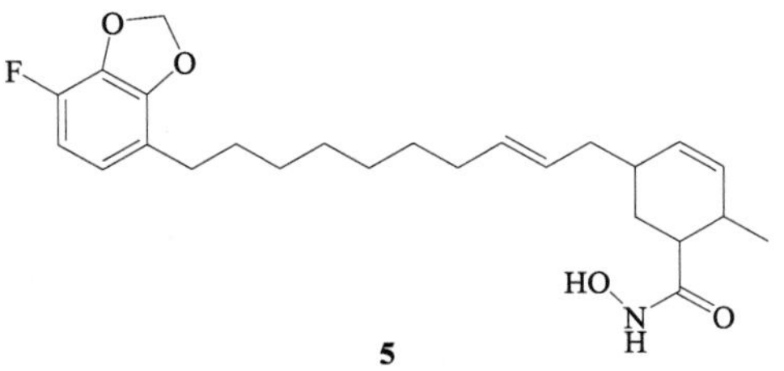

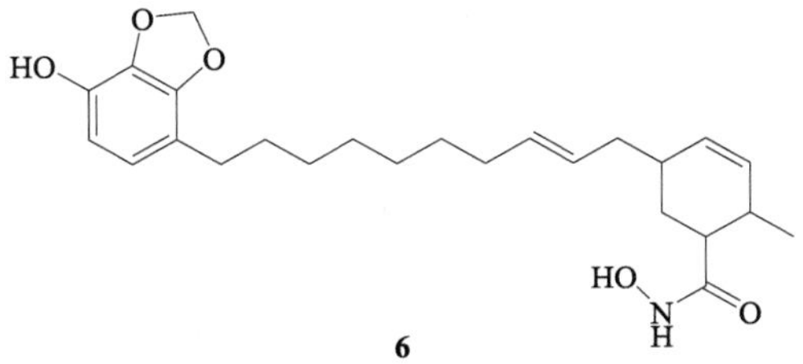

5.4.3 生物免疫方法

采用皮肤涂抹、经口、气道或静脉注射等方式，使漆酚、漆酚糖苷衍生物、药物或疫苗等进入动物或人体内，使动物或人的免疫系统发生应激反应，得到漆酚特异的 T 淋巴细胞增殖系统，再次和漆酚接触不产生应激反应，能够诱导出漆酚过敏耐受性。

（1）皮肤接触应激脱敏法　漆酚苯环上不同的结合位点可以结合不同的蛋白质，使 T 淋巴细胞发生应激反应。实际上，根据从漆酚过敏患者中得到的漆酚特异的 T 淋巴细胞增殖系统的研究报告可知，对漆酚特异的 T 淋巴细胞不是一种而是数种。即使只有一种半抗原，如漆酚，若是被应激的淋巴细胞有数种的话，过敏的程度也会有所不同。日本明治大学利用豚鼠进行动物实验，在 10 只豚鼠的耳朵上涂了应激量的漆酚后将其平分为两组。第一组的豚鼠在应激处理一个星期之后，每星期在腹部涂一次漆酚以引起诱发反应，第二组的豚鼠只是在应激后的第五个星期和第十个星期在腹部涂一次漆酚。第一组的豚鼠在应激处理一个星期后在漆酚涂布部位发生了过敏反应。第二组的豚鼠在五个星期和第十个星期后都产生了过敏反应。这说明皮肤涂抹漆酚，无论时间长短都会产生应激过敏反应。但是，第一组的豚鼠应激处理一星期后再反复涂布漆酚五到六个星期后，过敏就几乎都不产生了。第二组应激反应发生十个星期后，即使在每次涂布的豚鼠腹部对侧涂上漆酚，同样也不产生过敏。这说明在耳部涂上漆酚产生应激的豚鼠，皮肤继续接触漆酚就不产生应激或弱应激，可达到脱敏效果。

同样以 6 只豚鼠为一组实验，分别在各组豚鼠的耳朵上涂上 4-C_{15} 饱和漆酚和 3-C_{15} 饱和漆酚使豚鼠的免疫系统对漆酚发生应激反应，一段时间后再涂抹漆酚，其过敏性明显减弱。对于持续接触生漆的人群，在首次接触生漆后被应激引起过敏，但是这种过敏反应在和生漆的持续接触过程会逐渐减弱，即产生了耐受性。因此，人体通过自身免疫系统对生漆直接皮肤接触产生应激反应后，即使再接触生漆也不产生应激反应，也不会产生过敏反应，即皮肤接触应激脱敏。

（2）经口或气道应激脱敏法　经口或气道应激脱敏是致敏原通过皮肤以外的器官如消化道等进入体内所引起。如在美国的印第安人群中，会通过进食常春藤或毒漆树（漆科类植物）的叶子来产生对过敏的耐受性。有些生漆和漆艺工作者通过舔食或鼻吸生漆而对过敏产生耐性；也有一些生漆工作者在生漆涂布的过程中，对干燥的漆膜进行研磨，吸入未聚合的漆酚粉尘，其与体内蛋白质结合使得 T 淋巴球发生比较弱的应激反应。

采用 Maximization 的方法，将抗原和一种被称为"辅助"的物质一起注射到实验动物的皮内组织，与涂布耳朵的方法相比，漆酚与体内蛋白质能产生更强烈的应激反应。然后每一星期在豚鼠腹部涂布漆酚。结果显示，耳朵涂布弱应激的实验动物再通过皮肤接触漆酚才诱导出了脱敏，而 Maximization 法较强应激的实验动物，只经皮肤没有诱导出脱敏。同样用上述两种方法来分别应激的实验动物，不仅经皮肤还同时经口投入，结果显示两种方法应激的实验动物都脱敏了。因此，如果对漆酚产生弱应激的话，只要和生漆经过皮肤继续接触就能产生耐受性，而对漆酚强烈应激并产生了严重的过敏，仅仅继续和生漆接触不能产生耐受性，必须还要通过舔食生漆或吸入混有漆酚的粉尘等才能获得耐受性，达到脱敏。

在实际情况中经口内服漆酚及其药物提高抗敏的报道不多。生漆过敏发生率高的美国，一直致力于对漆酚过敏诱导耐受性的研究。有实验报道，让受试者内服从常春藤和毒漆树中分离精制的漆酚，或是直接服用常春藤和毒漆树漆酚来获得对漆酚过敏的耐受性。虽然有一定的过敏抑制效果，但有的效果不能持续，有的由于副作用而产生了全身过敏，有的漆酚不能被吸收而直接被排泄导致肛门周围产生了过敏。为了减轻内服漆酚所产生的副作用，制成了乙酸酯经口服用来试诱导漆酚过敏耐受性。虽然在豚鼠实验中能够很好地诱导出漆酚过敏的耐受性，但是在人体实验中没有达到理想效果，或许是漆酚和乙酸酯在水中不能溶解导致其在消化道不能很好吸收的原因。

（3）静脉注射应激脱敏法　静脉注射应激脱敏法是采用漆酚糖苷静脉注射应激，对生漆产生过敏耐受性。漆酚是不溶于水的脂类油状物，将亲水性葡萄糖和漆酚组合得到水溶性的漆酚衍生物，即漆酚连接不同分子量的葡萄糖制备成漆酚糖苷衍生物（图5-17）。

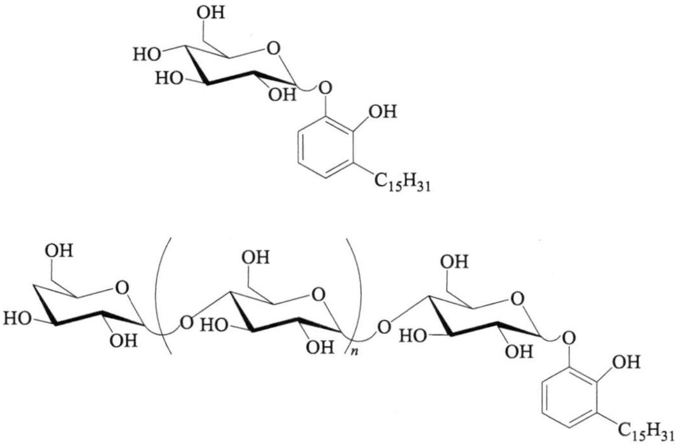

图 5-17　漆酚糖苷衍生物的化学结构

只与一个或两个葡萄糖结合的漆酚仍较难溶于水，与四聚体或四聚体以上的葡萄糖结合，获得了具有良好水溶性的漆酚葡萄糖衍生物，可以经由消化道吸收，因此可以将漆酚葡聚糖制备成注射剂。

首先进行豚鼠的静脉注射：一组豚鼠通过耳部静脉注入1-α-吡喃葡萄糖基-3-十五烷基儿茶酚（1-α-glucopyranosyl-3-pentadecylcatechol，GPDC）和PDC-G4，另一组豚鼠则作为对照组无处置。静脉注射两个星期后用1％的十五烷基儿茶酚（PDC）在耳朵涂布使豚鼠发生应激反应，再过一个星期后检查过敏情况。静脉注射豚鼠组几乎都没有发生过敏，而无处置的对照组则发生了强烈的漆酚过敏。也就是说，通过静脉注射漆酚糖苷能够使豚鼠诱导出对漆酚过敏的耐受性。但是在还没有得到充分安全确认的前提下，对人体来说，还不能采用直接静脉注射漆酚糖苷衍生物的方法来脱敏。

5.4.4　民间治疗漆树过敏方法

根据临床表现以及接触史进行诊断，治疗上首先是口服一些抗过敏的药物，比如维生素 C、氯雷他定、甘草酸苷片、葡萄糖酸钙等，同时局部可以用一些抗组胺类的药膏，比如地塞米松软膏、硫酸锌油等。

民间有一些治疗漆树过敏的方法。如果是轻微过敏，采用薄荷冰水清洁皮肤，具有镇静、减轻瘙痒的效果。如果过敏比较严重，可以在过敏皮肤上涂抹一些凡士林，能有效减轻过敏导致的皮肤症状。还可以考虑在患处皮肤位置涂抹柠檬汁，可以有效改善过敏表现。另外可以考虑使用针灸理疗进行治疗，可在最短的时间内消除皮肤中的毒素，有见效快、副作用小、安全性高的特点。

民间还采用植物进行治疗，如将杜仲叶、八棱麻叶、韭菜等捣烂，取汁外涂生漆过敏部位，或将棉球蘸上蜂蜜、植物油或矿物油均匀涂抹患处，经过 4~5 天治疗，患部自然干瘪，全部愈合，并恢复接近正常皮肤颜色。

民间还有预防漆树过敏的方法，在容易起斑疹的手、脖子、脸等露出的部位涂抹植物油及矿物油，穿着长袖上衣、长裤、手套、帽子等行动，使野漆树或漆树不直接碰到皮肤表面。一些特殊的行业，如生漆和漆艺工作者不可避免需要接触生漆，有必要考虑采取预防生漆过敏的措施，例如加强施工现场的通风、穿戴好劳动保护用品、必须裸露的人体部分涂抹油脂一类保护膏等以尽量减少皮肤裸露、减少人体沾漆的可能性。如一旦感染了漆疮就应该及时治疗，治愈以后还应注意休息，忌食刺激性的食物如烟、酒和辛辣食品。通常人感染漆疮三四次后体内就会产生对生漆的抗体而不再产生漆疮。

参考文献

[1] 杨剑婷，吴彩娥. 白果致过敏成分及其致敏机理研究进展[J]. 食品科技，2009(6)：282-286.
[2] 江泽军，金芬，王静，等. 食品中烷基酚类物质污染现状、来源及其检测技术研究进展[J]. 食品与发酵工业，2016(6)：220-229.
[3] 王鹏程，白燕荣，蒲发荣. 北京地区有毒植物调查[J]. 北京农业，2011.
[4] 杨剑婷，吴彩娥. 白果致过敏成分及其致敏机理研究进展[J]. 食品科技，2009(6)：282-286.
[5] 朱伟. 以鸡蛋试验法检测银杏叶提取物中烷基酚类的毒性[J]. 国外医药(植物药分册)，2002.
[6] 杨小明，陈钧，钱之玉. 烷基酸的生物活性研究进展[J]. 中草药，2003.
[7] 景文祥. 腰果壳制备高纯度腰果酚及活性炭的研究[D]. 中南林业科技大学，2015.
[8] Lu R. Lacquer chemistry and applications[M]. Amsterdam：Elsevier，2015.
[9] 晁菲，邵杨，魏朔南. RP-HPLC-MS 分析漆叶中漆酚类化合物[J]. 中国野生植物资源，2011

（01）：57-60.

［10］ 郭丽芳，范卫新. 过敏性接触性皮炎免疫反应机制的研究进展［J］. 国外医学：皮肤性病学分
册，2004.

［11］ 陈虹霞. 漆树黄酮提取物的化学特征及生物活性研究［D］. 北京：中国林业科学研究院，2016.

［12］ 齐志文，王成章，蒋建新. 漆酚的生物化学活性及其应用进展［J］. 生物质化学工程，2018（4）：
60-66.

［13］ 何源峰. 生漆漆酚的结构修饰及生物活性的研究［D］. 北京：中国林业科学研究院，2013.

第**6**章
漆酚衍生物合成及其生物活性

6.1 漆酚类似物合成方法

　　漆酚是一种邻苯二酚结构的衍生物，由饱和漆酚、单烯漆酚、双烯漆酚和三烯漆酚等异构体组成，其侧链为直链的烃类。不同品种及产地生漆漆酚的组成及结构不尽相同。在中国毛坝生漆漆酚中，三种不同饱和度漆酚含量分别为：三烯漆酚（57.9％），二烯漆酚（18.3％），单烯漆酚（21.2％）及饱和漆酚组成（3.6％），同时也含有少量的 C17 漆酚；中国毛坝生漆漆酚的结构及含量如图 6-1 所示。

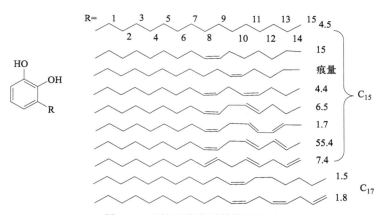

图 6-1　毛坝生漆漆酚结构及含量

　　漆酚及其类似物的合成的研究始于 19 世纪后期，用于漆酚合成的初始原料大致可分为藜芦醛、邻苯二酚醚衍生物和呋喃化合物等，利用这些物质可设计出各种有机合成反应使侧链延长而获得漆酚类似物。常见合成方法如下。

6.1.1　二烯漆酚合成

　　1990 年，Bestmann 等报道了利用维蒂希（Wittig）反应合成双键在 8 位和 11 位二烯漆酚。根据这种分段合成原理，以藜芦醚为原料可以合成出双键在 8 位和 11 位二烯漆酚，具体方法如下。

　　（1）合成芳香族部分　藜芦醚在正丁基锂（n-BuLi）的存在下和 1,8-二溴辛烷反应，生成在 3 位有溴辛烷取代的藜芦醚，然后脱甲基而换成乙酰保护基。接着，侧链的溴辛烷部分通过卤素交换反应进行碘化，再通过 DMSO 的氧化作用完成芳香族部分的合成，如图 6-2。

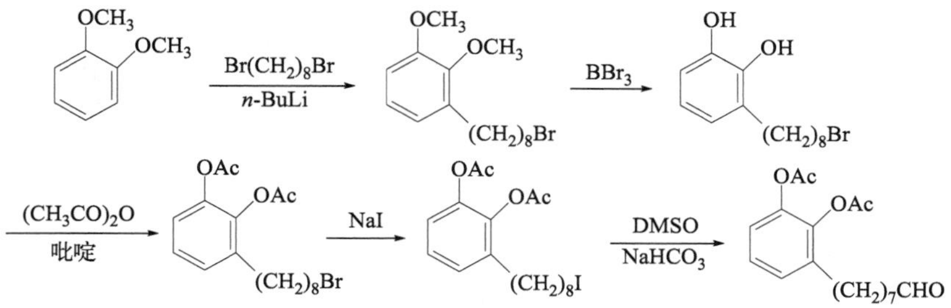

图 6-2　从藜芦醚出发合成二烯漆酚的芳香族部分

（2）合成侧链部分　以 1-羟基-3-丁炔为原料，利用 Grignard 反应，在 Pd 的存在下选择性催化加氢等反应来合成，如图 6-3。

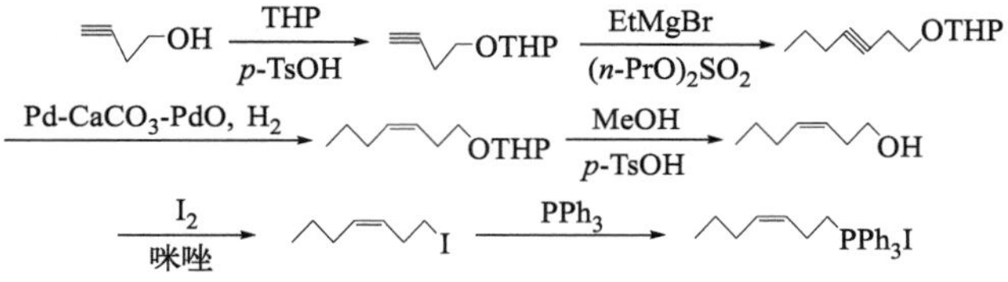

图 6-3　从 1-羟基-3-丁炔出发合成二烯漆酚的侧链部分

（3）合成二烯漆酚　利用 Wittig 反应使合二为一，最后脱乙酰化就可以得到二烯漆酚，如图 6-4。

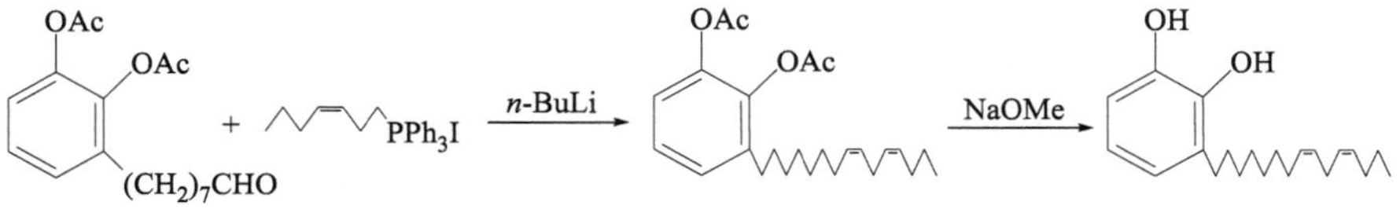

图 6-4　利用维蒂希反应合成二烯漆酚

由于越南漆酚的邻苯二酚核上的 4 位也结合有不饱和侧链，1989 年，Sargent 等也报道了利用 Wittig 反应来合成含有 8(Z) 位和 11(Z) 位双键结构，侧链为 4-位取代的越南漆酚的方法。

6.1.2　三烯漆酚合成

三烯漆酚是漆酚中的主要成分，绝大部分的侧链具有 8 位顺式（Z）、11 位反式（E）、13 位顺式（Z）类型的双键结构。也存在着少量其他构型，如 8Z、11E、13E 或 8Z、11Z、14 等结构。在对生漆的研究的初级阶段，和二烯漆酚合成法类似，三烯漆酚也是通过 Wittig 反应合成的。近年来，则以来源丰富且价格便宜的腰果酚为原料，利用格氏试剂进行反应之后，再通过 Dakin 反应制得三烯漆酚，如图 6-5。

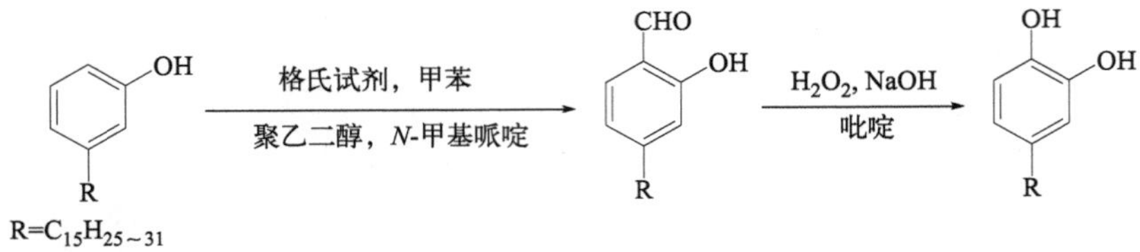

图 6-5　漆酚类似物的合成

此外，还包括一些传统的合成手段：

（1）傅-克反应　1970 年，九州工业大学 Terada 研究了以傅克反应制备漆酚及其类似物，试验选用邻苯二酚和油酸为原料，在氯化锌、四氯化锡或氯化铝催化下，发生傅-克加成反应。反应过程中有较大的空间位阻，副反应多，导致了转换率较低。Terada 应用该法制备了一种以漆酚为原料的成膜材料，并对产物的结构进行表征，结果表明产物的成膜性能和天然生漆类似。

（2）取代-加氢反应　John H. P. 以 2,3-邻苯二酚苯甲醛为原料，应用甲醚化保护得到甲醚化苯甲醛，经过半缩醛反应在侧链连接六碳醇，溴化后与锂化辛炔亲核取代形成侧链三不饱和漆酚，经过弱化的加氢催化剂 Pd-BaSO$_4$ 选择性氢化，得到单不饱和漆酚。

（3）弗里斯重排　1985 年，澳大利亚科学家 Alan Jefferson 以邻苯二酚为原料通过酯化反应，得到邻苯二酚单酯，产物在紫外光催化下，反应生成 3-十五酮邻苯二酚。研究表明，邻苯二酚单酯在热催化下生成对位产物，然而反应过程中副产物多，需要进一步的氢化才能合成最终产物漆酚。

（4）Wittig 合成　饱和漆酚相对于不饱和漆酚更容易合成。1915 年，真岛利行等报道了利用藜芦醛制备饱和漆酚类似物的方法：利用藜芦醛和乙酸酯进行缩合反应得到 2,3-二甲氧基肉桂酸酯，再还原得到 2,3-二甲氧基苯丙酸酯，然后氯酰化得到 2,3-二甲氧基苯丙酸酰氯；对十二醇进行脱水得到十二烯，然后溴化再脱溴化氢（HBr）得到十二炔钠；2,3-二甲氧基苯丙酸酰氯和十二炔钠反应生成 2,3-二甲氧苯丙酸十二炔醚，再在铂的存在下催化加氢还原成饱和体，然后进行克莱门森（Clemmensen）还原即得漆酚二甲基醚，最后脱甲基就得到饱和漆酚，如图 6-6。虽然该方法能够制得含不同侧链结构的各种漆酚组分，但是原料昂贵、合成步骤长、产物得率低等缺点限制了其在化学合成漆酚领域的发展。

此外，Dawson 也报道了以藜芦醚为原料来合成饱和漆酚的方法。先使藜芦醚和 n-BuLi 反应生成藜芦醚锂化物，然后和溴化十五烷反应生成漆酚二甲基醚，再脱甲基就得到饱和漆酚，如图 6-7。

1956 年，Dawson 报道了利用苄基作保护基来合成单烯漆酚的成功例子。以藜芦醛为原料，在碳酸钾的存在下和苄溴反应生成 2,3-二苄基藜芦醛，然后和带有双键结构的 1-氯-7-十四烯反应，再脱水，最后还原脱保护而得到单烯漆酚，如图 6-8。

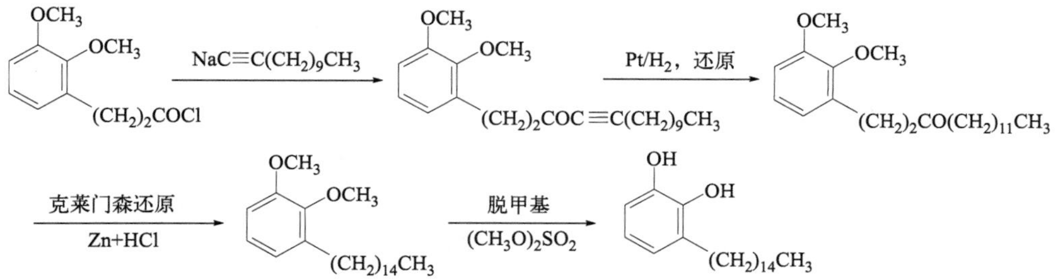

图 6-6　真岛利行法合成饱和漆酚

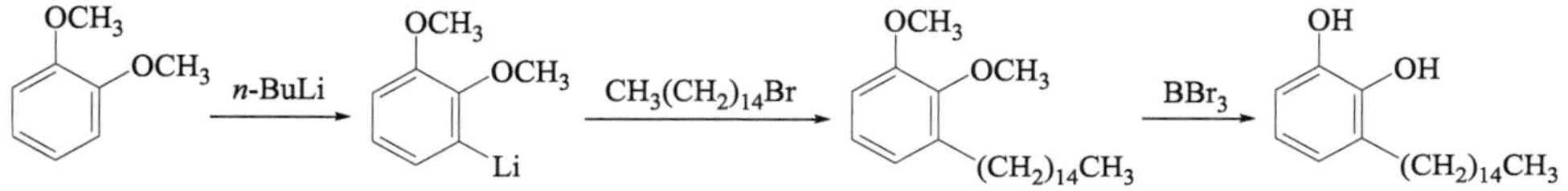

图 6-7　Dawson 法合成饱和漆酚

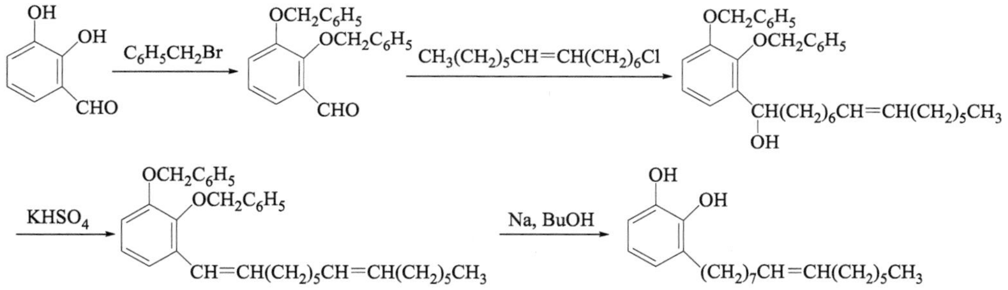

图 6-8　Dawson 法合成单烯漆酚

二烯漆酚中的双键主要在 8 位和 11 位，三烯漆酚中的双键则主要在 8、11 和 13（或 14）位。在合成二烯、三烯漆酚等拥有复杂侧链的化合物时，可利用 Wittig 反应分别合成芳香族部分和侧链部分，最后通过维蒂希反应合二为一而得到不饱和漆酚衍生物，如图 6-9。

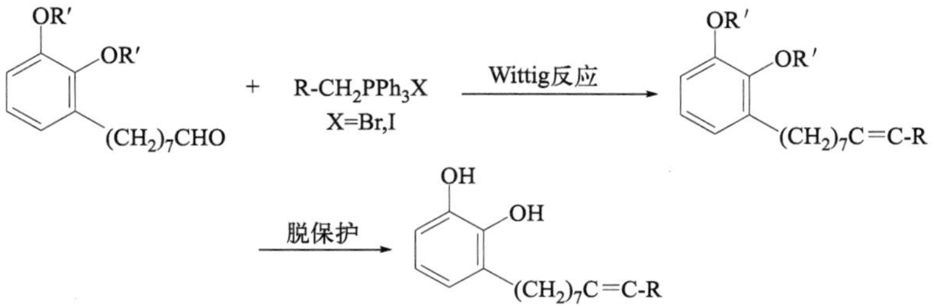

图 6-9　Wittig 反应合成多烯漆酚

6.2 漆酚衍生物的合成

6.2.1 Pechmann 型衍生物合成

由于漆酚存在邻位双酚羟基，经 Pechmann 反应，在酸性条件下能形成漆酚基 Pechmann 衍生物，其结构与香豆素（具有良好的抗肿瘤活性）结构相似，理论上具备较好的抗生活性。可采用硅胶柱层析分离技术获得纯化合物单烯漆酚 **1** 和三烯漆酚 **2**，然后合成化合物三烯漆酚的 Pechmann 衍生物 **3**，如图 6-10。

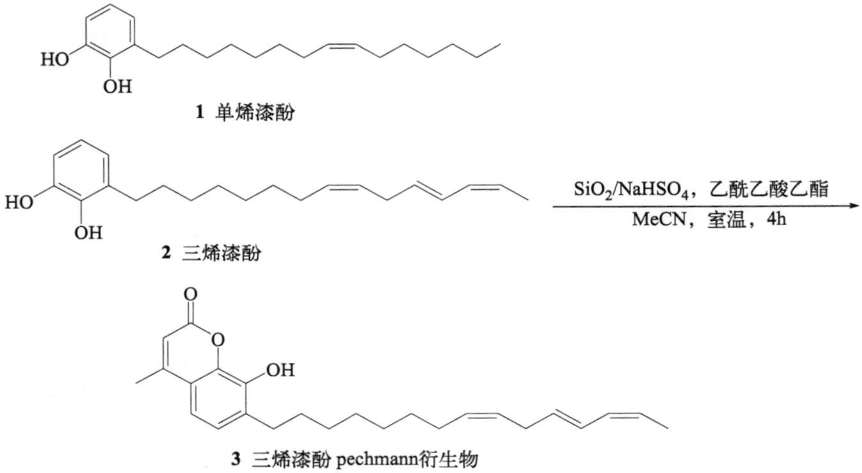

图 6-10 漆酚及其 Pechmann 衍生物合成

表 6-1 化合物 1、2、3 抗 HepG2 活性

化合物浓度 /(μmol/L)	**1** (IC$_{50}$=29.3μmol/L)		**2** (IC$_{50}$=55.5μmol/L)		**3** (IC$_{50}$=27.1μmol/L)		紫杉醇 (IC$_{50}$=7.9ng/mL)	
	HepG2 细胞培养 72h	抑制率 /%	HepG2 细胞培养 72h	抑制率 /%	HepG2 细胞培养 72h	抑制率 /%	HepG2 细胞培养 72h	抑制率 /%
阴性对照	0.986±0.032	—	0.986±0.032	—	0.973±0.027	—	0.799±0.035	—
200	0.010±0.003	98.99	0.005±0.002	99.46	0.020±0.007	97.94	0.071±0.014	91.11
100	0.019±0.003	98.07	0.016±0.003	98.41	0.045±0.003	95.38	0.211±0.024	73.59
50	0.239±0.012	75.76	0.883±0.027	10.48	0.264±0.045	72.87	0.262±0.015	67.21
25	0.554±0.017	43.81	0.935±0.001	5.14	0.672±0.029	30.94	0.283±0.019	64.58

化合物浓度/(μmol/L)	1 (IC$_{50}$=29.3μmol/L)		2 (IC$_{50}$=55.5μmol/L)		3 (IC$_{50}$=27.1μmol/L)		紫杉醇 (IC$_{50}$=7.9ng/mL)	
	HepG2细胞培养72h	抑制率/%	HepG2细胞培养72h	抑制率/%	HepG2细胞培养72h	抑制率/%	HepG2细胞培养72h	抑制率/%
12.5	0.643±0.009	34.79	0.952±0.013	3.48	0.722±0.023	25.80	0.302±0.023	62.20
6.25	0.749±0.010	24.04	0.958±0.023	2.81	0.913±0.019	6.17	0.452±0.010	43.43
3.13	0.883±0.015	10.45	0.96±0.018	2.67	0.934±0.038	4.01	0.533±0.012	33.29
1.56	0.924±0.046	6.29	0.973±0.040	1.35	0.951±0.015	2.26	0.633±0.010	20.78
0.78	0.975±0.028	1.12	0.976±0.017	1.05	0.968±0.042	0.51	0.690±0.020	13.64

具有刚性苯环骨架、烷烃侧链的 C$_{15}$ 单（三）烯漆酚及具有香豆素结构的 C$_{15}$ 三烯漆酚 Pechmann 衍生物均可较好地抑制 HepG2 细胞的增殖活性。在低浓度作用时（<100μmol/L），化合物 1、2、3 和紫杉醇是以剂量依赖型的方式抑制 HepG2 细胞增殖（表 6-1）。采用 SPSS17.0 统计软件中"probit"分析进行统计分析，得到化合物 1、2 和 3 的半数抑制浓度 IC$_{50}$ 依次为 29.3μmol/L，55.5μmol/L，27.1μmol/L，紫杉醇为 7.9ng/mL（9.25×10^{-3}μmol/L）。考虑到紫杉醇作为传统抗癌药物，其抗癌细胞增殖的机理是紫杉醇能特异性地结合 β 蛋白，促进自身稳定性的增加，使癌细胞在有丝分裂期停滞，从而阻止癌细胞的正常分裂。但抗癌细胞增殖的同时对机体本身具有较大的毒副作用且价格高昂，而漆酚毒性远小于紫杉醇；故拟以来源广泛的漆酚基化合物 1、2、3 和紫杉醇配合使用，以达到协同抗癌的功效。基于上述结果，进行药物协同实验（表 6-2）。

表 6-2 化合物 1、2、3 与紫杉醇协同抗 HepG2 活性

配合比例/[(μmol/L)∶(ng/mL)]	A(1∶TAXOL=1∶1)			配合比例/[(μmol/L)∶(ng/mL)]	B(1∶TAXOL=0.5∶1)		
	HepG2细胞培养72h	抑制率/%	CI值		HepG2细胞培养72h	抑制率/%	CI值
阴性对照	0.819±0.024	—	—	阴性对照	0.819±0.024	—	—
29.3∶7.9	0.147±0.050	82.05	0.703	14.65∶7.9	0.180±0.017	78.02	0.475
14.65∶3.95	0.259±0.025	68.38	0.542	7.32∶3.95	0.323±0.011	60.56	0.478
7.32∶1.98	0.433±0.015	47.13	0.557	3.66∶1.98	0.510±0.004	37.73	0.682
3.66∶0.988	0.581±0.005	29.06	0.652	1.83∶0.988	0.661±0.024	19.29	1.194
1.83∶0.494	0.687±0.050	16.12	0.869	0.916∶0.494	0.720±0.026	12.09	1.323
0.916∶0.247	0.742±0.038	9.40	1.043	0.458∶0.247	0.762±0.043	6.96	1.625

配合比例/ [(μmol/L)：(ng/mL)]	C(1：TAXOL=0.25：1)			配合比例/ [(μmol/L)：(ng/mL)]	D(2：TAXOL=1：1)		
	HepG2 细胞培养 72h	抑制率/%	CI 值		HepG2 细胞培养 72h	抑制率/%	CI 值
阴性对照	0.890±0.031	—	—	阴性对照	0.890±0.031	—	—
7.32：7.9	0.191±0.039	78.54	0.303	55.5：7.9	0.080±0.018	91.01	0.622
3.66：3.95	0.380±0.023	57.30	0.434	27.75：3.95	0.409±0.021	54.04	0.874
1.83：1.98	0.548±0.026	38.43	0.584	13.88：1.98	0.572±0.016	35.73	0.895
0.916：0.988	0.683±0.038	23.26	0.810	6.938：0.988	0.708±0.025	20.45	1.140
0.458：0.494	0.725±0.011	18.54	0.615	3.469：0.494	0.787±0.029	11.57	1.461
0.229：0247	0.803±0.025	9.78	0.922	1.734：0.247	0.798±0.017	10.34	0.876

配合比例/ [(μmol/L)：(ng/mL)]	E(2：TAXOL=0.5：1)			配合比例/ [(μmol/L)：(ng/mL)]	F(2：TAXOL=0.25：1)		
	HepG2 细胞培养 72h	抑制率/%	CI 值		HepG2 细胞培养 72h	抑制率/%	CI 值
阴性对照	0.941±0.014	—	—	阴性对照	0.941±0.014	—	—
27.75：7.9	0.251±0.012	73.33	0.614	13.88：7.9	0.302±0.016	67.91	0.533
13.88：3.95	0.468±0.015	50.27	0.742	6.938：3.95	0.484±0.015	48.57	0.630
6.938：1.98	0.634±0.007	32.62	0.898	3.49：1.98	0.672±0.002	28.59	1.078
3.469：0.988	0.761±0.048	19.13	1.198	1.734：0.988	0.798±0.006	15.20	1.737
1.734：0.494	0.859±0.036	8.71	2.251	0.867：0.494	0.852±0.006	9.56	1.941
0.867：0.247	0.855±0.042	9.14	1.040	0.434：0.247	0.886±0.011	5.84	2.125

配合比例/ [(μmol/L)：(ng/mL)]	G(3：TAXOL=1：1)			配合比例/ [(μmol/L)：(ng/mL)]	H(3：TAXOL=0.5：1)		
	HepG2 细胞培养 72h	抑制率/%	CI 值		HepG2 细胞培养 72h	抑制率/%	CI 值
阴性对照	0.918±0.025	—	—	阴性对照	0.918±0.025	—	—
27.1：7.9	0.223±0.003	75.71	0.750	13.55：7.9	0.290±0.016	67.41	0.652
13.55：3.95	0.400±0.009	56.43	0.779	6.775：3.95	0.467±0.030	49.13	0.782
6.775：1.98	0.559±0.021	39.11	0.801	3.388：1.98	0.673±0.022	26.69	1.362
3.388：0.988	0.739±0.026	19.50	1.324	1.694：0.988	0.751±0.012	18.19	1.352
1.694：0.494	0.78±0.020	15.03	1.010	0.847：0.494	0.795±0.043	13.40	1.135
0.847：0.247	0.812±0.05	11.55	0.769	0.432：0.247	0.834±0.022	9.15	1.061

配合比例/ [(μmol/L)： (ng/mL)]	I(3：TAXOL＝0.25：1)			配合比例/ [(μmol/L)： (ng/mL)]	I(3：TAXOL＝0.25：1)		
	HepG2 细 胞培养72h	抑制 率/%	CI 值		HepG2 细 胞培养72h	抑制 率/%	CI 值
阴性对照	0.972±0.027	—	—	0.847：0.988	0.812±0.031	16.46	1.535
6.775：7.9	0.360±0.029	62.96	0.641	0.432：0.494	0.886±0.023	8.85	2.190
3.388：3.95	0.521±0.009	46.40	0.757	0.247：0.247	0.895±0.019	7.92	1.312
1.694：1.98	0.720±0.005	25.93	1.332				

注：A、B、C 分别代表单烯漆酚 1 和紫杉醇配比对 HepG2 的抑制作用；D、E、F 分别代表三烯漆酚 2 和紫杉醇配比对 HepG2 的抑制作用；G、H、I 分别代表三烯漆酚 Pechmann 型衍生物 3 和紫杉醇配比对 HepG2 的抑制作用。

单烯漆酚 1 同紫杉醇配合作用，分别构成了 A、B、C 三组，以 A 组为例，单烯漆酚 1 协同紫杉醇采用其 IC_{50} 值稀释相同倍数的比例混合（即对单烯漆酚 1 的 IC_{50} 值 $29.3\mu mol/L$ 和紫杉醇的 IC_{50} 值 $7.9ng/mL$ 稀释相同的倍数），分别增加单烯漆酚 1 和紫杉醇的浓度，对 HepG2 肿瘤细胞抑制结果表明，当单烯漆酚 1 同紫杉醇配比为 $14.65\mu mol/L$：$3.95ng/mL$ 时，联合用药对 HepG2 肿瘤细胞抑制率达到了 68.38%；继续增加两者化合物浓度达到 $29.3\mu mol/L$：$7.9ng/mL$ 时（此时均为各自的 IC_{50} 值浓度），联合用药对 HepG2 肿瘤细胞抑制率达到了 82.02%，CI 值（combi-nationalIndex，CI，计算协同指数，CI<1 表示协同效应，CI≈1 和 CI>1 分别表示加性和拮抗性）达到了 0.703，此时 A 组中单烯漆酚 1 同紫杉醇的协同抑制率及 CI 值在 A、B、C 三组中均最高。

三烯漆酚 2 同紫杉醇配合作用，分别构成了 D、E、F 三组，以 D 组为例，三烯漆酚 2 同紫杉醇采用其 IC_{50} 值稀释相同倍数的比例混合（即对其单烯漆酚 2 的 IC_{50} 值 $55.5\mu mol/L$ 同紫杉醇的 IC_{50} 值 $7.9ng/mL$ 稀释相同的倍数），分别增加三烯漆酚 2 和紫杉醇的浓度，对 HepG2 肿瘤细胞抑制结果表明，当三烯漆酚 2 同紫杉醇配比为 $27.75\mu mol/L$：$3.95ng/mL$ 时，联合用药对 HepG2 肿瘤细胞抑制率达到了 54.04%；继续增加浓度达到 $55.5\mu mol/L$：$7.9ng/mL$ 时（均为各自的 IC_{50} 值浓度），联合用药对 HepG2 肿瘤细胞的抑制率及 CI 值在 D、E、F 三组中均最高，分别为抑制率 91.01%、CI 值 0.622。单纯对比 A、D 两组，可以发现在相同用药水平下，单烯漆酚展现出更好的联合抑制 HepG2 细胞增殖的能力。

三烯漆酚 Pechmann 衍生物 3 同紫杉醇配合作用，分别构成了 G、H、I 三组，以 G 组为例，三烯漆酚 Pechmann 衍生物 3 同紫杉醇，均采用其 IC_{50} 值稀释相同倍数的比例混合（即对三烯漆酚 Pechmann 衍生物 3 的 IC_{50} 值 $27.1\mu mol/L$ 同紫杉醇的 IC_{50} 值 $7.9ng/mL$ 稀释相同的倍数），分别增加三烯漆酚 Pechmann 衍生物 3 和紫杉醇的浓度，对 HepG2 肿瘤细胞抑制结果表明，当三烯漆酚 Pechmann 衍生物 3 同紫杉醇配比为 13.55μmol/L∶3.95ng/mL 时，联合用药对 HepG2 肿瘤细胞抑制率达到了 56.43%；继续增加浓度达到 27.1μmol/L∶7.9ng/mL 时（均为各自的 IC50 值浓度），联合用药对 HepG2 肿瘤细胞的抑制率及 CI 值在 G、H、I 三组中均最高，抑制率为 75.71%，CI 值为 0.750。单纯对比 G、H、I 三组，我们发现降低三烯漆酚 Pechmann 衍生物 3 的比例，例如三烯漆酚 Pechmann 衍生物 3 在 H 组中降低为 6.775μmol/L∶3.95ng/mL，其对 HepG2 肿瘤细胞抑制率为 49.13%；在 I 组中降低为 3.388μmol/L∶3.95ng/mL，其对 HepG2 肿瘤细胞抑制率为 46.40%；相比 G 组中，三烯漆酚 Pechmann 衍生物 3 与紫杉醇比例为 13.55μmol/L∶3.95ng/mL 时，其抑制率相近，并未出现大幅度降低。

通过 CI-Fa 关系图（CI 协同指数用 Calcusyn 软件计算，CI<1 表示协同效应，CI≈1 和 CI>1 分别表示加性和拮抗性；Fa 是分析两种药物是否具有协同药效的联合指标），结合协同药物抗 HepG2 细胞增殖抑制图像中细胞形态出现萎缩凋亡，图 6-11 表明了漆酚化合物与紫杉醇协同作用的效果较好。具体结论见表 6-3：

① 当 Fa>30% 时，三个实验组均与紫杉醇具有协同作用。

② a 组：当化合物 1 与紫杉醇的比例为 7.32μmol/L∶7.9ng/mL 时，协同作用增强，CI 值达 0.303。

③ b 组：CI 值随 Fa 的增加而降低，这表明协同作用更加明显。当化合物 2 与紫杉醇的比例为 13.88μmol/L∶9ng/mL 时，CI 值达 0.533，协同作用显著；当 Fa<30% 时，两种物质之间存在一定的拮抗作用。

④ c 组：CI 值随 Fa 值的增加而降低，这表明协同作用更加明显。当化合物 3 与紫杉醇的比例为 6.775μmol/L∶7.9ng/mL 时，协同作用强，CI 值为 0.641；当 Fa<30% 时，两种物质之间存在一定的拮抗作用。

表 6-3　化合物与紫杉醇协同用药效果

实验组别	Fa<30%	Fa>30%	最小 CI 值
a：1 和紫杉醇	—	协同增强	0.303
b：2 和紫杉醇	拮抗作用	协同增强	0.533
c：3 和紫杉醇	拮抗作用	协同增强	0.641

漆酚致敏作用限制了它的运用领域，但也拓宽了其在抗菌性能和抗病毒领域的应用。当前，基于可再生资源的化学利用，是绿色可持续化学的基本要求之一。漆酚烯烃侧链拥有较强的脂溶性，漆酚对小鼠体内肿瘤坏死因子-α 和 IL-1β 的水平、酒精诱导下小鼠脂肪变性程度、小鼠肝脏细胞活性，都有积极作用，有益于酒精性肝病（ALD）的治疗，还可帮助调整 SIRT（类似于去乙酰化酶）抑制剂的活性。漆酚经过修饰后，可成为一种优良的林源药物先导物。漆酚基 D-A 衍生物马来酸酐单元具有较好的抗病毒活性和较强的生物活性，特别在杀菌、抑制邻磷酸酶和病毒预防上表

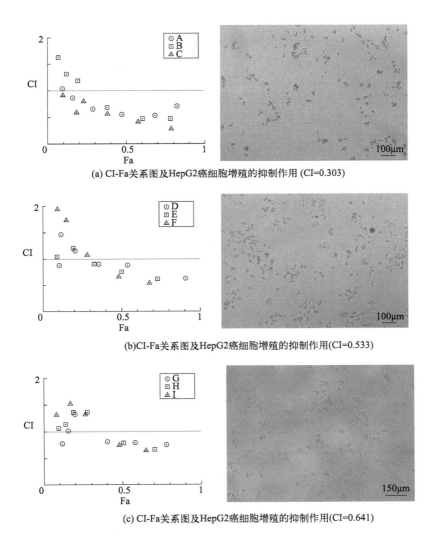

(a) CI-Fa关系图及HepG2癌细胞增殖的抑制作用 (CI=0.303)

(b)CI-Fa关系图及HepG2癌细胞增殖的抑制作用(CI=0.533)

(c) CI-Fa关系图及HepG2癌细胞增殖的抑制作用(CI=0.641)

图 6-11　CI-Fa 关系图及 HepG2 癌细胞增殖的抑制作用

现出色。对漆酚基 D-A 衍生物的体外抑制 HepG2 细胞增殖活性进行筛选，针对减毒增效效果较好的漆酚基 D-A 衍生物，以分子对接评分、蛋白质免疫印迹法等手段辅助进行简要说明。

6.2.2　漆酚三氮唑衍生物合成

目前，1/3 以上的抗肿瘤药物来源于植物。漆酚衍生物对 HDAC2 和 HDAC8 具有良好的结合作用，是重要的抗肿瘤药物先导物。漆酚的苯环结构和 C15 烷烃直链结构与 SAHA（庚烷异羟肟酸，HDAC2 抑制剂）的结构相似性，可以寻找一些新的漆酚衍生物作为潜在的 HDAC2 选择性抑制剂，为抗肿瘤治疗寻找更有价值的候选药物先导物。三氮唑类化合物作为常见药效团，具有抑制肿瘤细胞增殖、诱导白血病和乳腺癌细胞凋亡的作用；也是各种阴离子、中性分子，甚至生物大分子受体官能团，因为氮原子及其富含电子配合物的主要结构很容易与金属离子结合，并且具有更强的阳离子捕获能力。三氮唑环通过氢键与阴离子形成超分子，或由于其负电子特性，形成的阴离子易发生络合反应。此外，Pechmann 结构和马来酸酐单元结构具有很强的生物活性，特别在杀菌方面。将三氮唑引入漆酚分子可以增加漆酚衍生物的抗癌活性，这为漆酚酚羟基保护和合成漆酚衍生物的分子多样性提供了思路，如图 6-12、表 6-4。

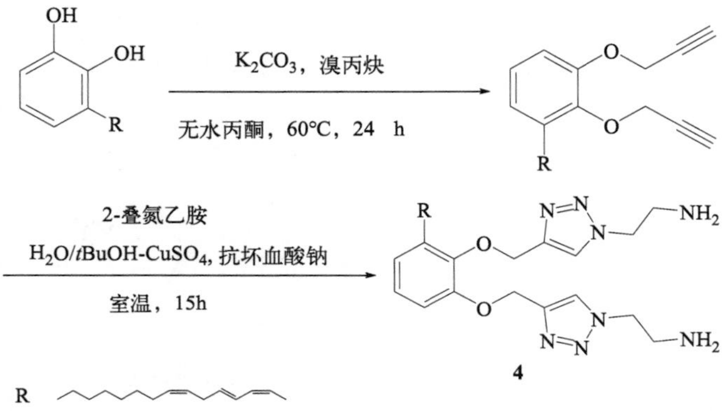

图 6-12 新型 C15 三烯漆酚衍生物 4

表 6-4 化合物 4 的流式细胞分析

序号	项目	流式细胞术分析
a	细胞周期 PI 单染	细胞阻滞在 G0/G1
b	Annexin-V FITC/PI 双染细胞凋亡	47.87％凋亡率（12μmol/L）
c	JC-1 染色线粒体膜电位	53.82％红色荧光在 12μmol/L
d	钙离子浓度	细胞内钙离子浓度上升

（1）细胞周期 PI 单染　PI 单染法检测细胞周期碘化吡啶（propidium）是一种双链 DNA 荧光染料。用碘化吡啶染色后，用流式细胞仪测定细胞内 DNA 含量，并根据 DNA 含量的分布，进行细胞周期和凋亡分析。由表 6-5 和图 6-13 可知，随着药物浓度的增加，HepG2 细胞周期分布发生了明显变化。与空白对照组相比，化合物 **4** 各剂量组 G0/G1 期细胞比例逐渐增加，S 期细胞比例有所下降，G2/M 期细胞比例也有所下降。这说明化合物 **4** 可阻断 G0/G1 期细胞。

表 6-5　化合物 4 对细胞周期的影响

浓度/(μmol/L)	G1/%	S/%	G2/%
CON	48.06	35.8	16.14
1	54.48	29.72	15.79
3	60.17	26.19	13.64
12	65.80	20.40	13.79

注：CON 为空白组对照。

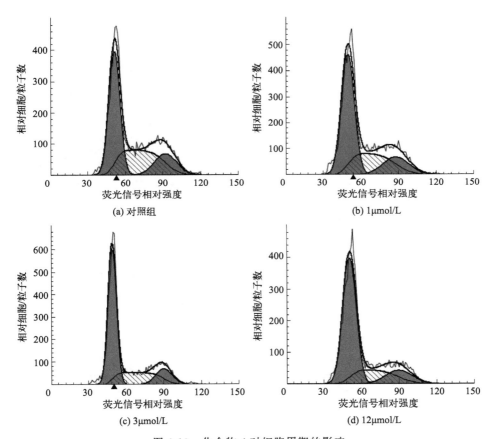

图 6-13　化合物 4 对细胞周期的影响

（2）Annexin-V FITC/PI 双染细胞凋亡　AnnexinV 是一种钙依赖的磷脂结合蛋白，与磷脂酰丝氨酸有很高的亲和力，被认为是检测早期细胞凋亡的敏感指标之一。AnnexinV 用荧光素（EGFP，FITC）和碘化丙啶（PI）标记，可作为荧光探针，用荧光显微镜或流式细胞仪检测细胞凋亡。3 种浓度（1μmol/L、3μmol/L、12μmol/L）的化合物 4 作用于 HepG2 细胞 72 h 后，用流式细胞仪检测细胞凋亡率的变化，结果见表 6-6 和图 6-14。12μmol/L 组细胞凋亡率明显高于对照组，且呈剂量依赖型。3

种浓度的细胞凋亡率分别为 15.73%、32.60% 和 47.87%。

表 6-6　化合物 4 对 HepG2 细胞凋亡的影响

浓度/(μmol/L)	UL/%	UR/%	LL/%	LR/%	凋亡比例/%
CON	0.63	2.44	94.78	2.16	4.60
1	1.56	6.35	82.71	9.38	15.73
3	0.07	16.18	67.33	16.42	32.60
12	3.24	10.19	48.91	37.68	47.87

注：UL 为坏死细胞比例；UR 为晚期凋亡细胞比例；LL 为正常细胞比例；LR 为早期凋亡细胞比例。

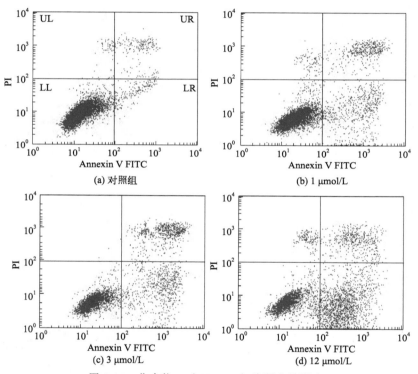

图 6-14　化合物 4 对 HepG2 细胞凋亡的影响

（3）JC-1 染色线粒体膜电位　　JC-1 作为一种荧光探针，能快速、灵敏地检测细胞、组织或纯化线粒体膜电位的变化。线粒体膜电位被破坏是细胞早期凋亡的信号，随着膜电位的完全丧失，细胞色素 C 逐渐释放，导致凋亡酶的级联效应。通过分析 FL2-H 通道红色荧光的减少，即 UR 象限比例的减少，来判断化合物对细胞增殖的抑制作用，结果见表 6-7 和图 6-15。对照组（UR：94.20%，LR：5.8%）和 12μmol/L 实验组（UR：46.18%，LR：53.82%）细胞被化合物 4 刺激后，UR 象限比例减少，表现为膜电位下降、细胞凋亡率上升。

表 6-7　化合物 4 对线粒体膜电位的影响

浓度/(μmol/L)	UR 红色荧光强度/%
CON	94.20
1	83.28
3	71.86
12	46.18

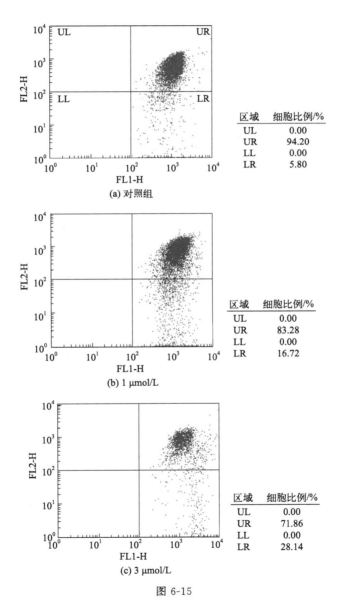

图 6-15

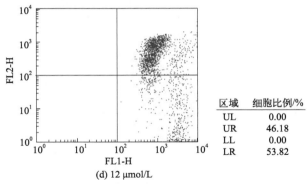

区域	细胞比例/%
UL	0.00
UR	46.18
LL	0.00
LR	53.82

(d) 12 μmol/L

图 6-15　化合物 **4** 对线粒体膜电位的影响

（4）钙离子浓度　实验证实了细胞凋亡与胞质 Ca^{2+} 浓度升高之间具有相关性。氟-3 染色测定钙浓度的试验结果表明（表 6-8 和图 6-16），与空白对照组相比，化合物 **4** 诱导细胞凋亡，钙离子浓度右移，表明细胞内钙浓度升高，这也意味着细胞正在发生凋亡。

表 6-8　化合物 **4** 对钙离子浓度的影响

浓度/(μmol/L)	平均值/(μmol/L)
CON	31.00
1	65.01
3	94.39
12	136.80

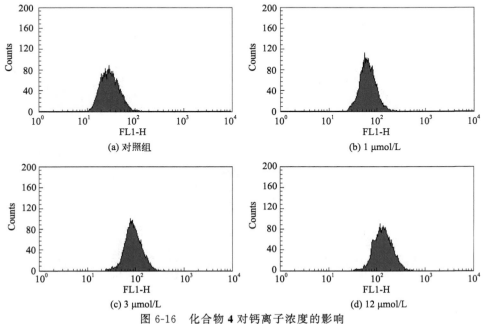

图 6-16　化合物 **4** 对钙离子浓度的影响

参考文献

[1] Watanabe H, Fujimoto A, Takahara A. Characterization of catechol-containing natural thermosetting polymer "urushiol" thin film[J]. Journal of PolymerScience Part A: Polymer Chemistry, 2013, 51(17): 3688-3692.

[2] 李林. 漆树树皮结构与树皮及生漆化学成分研究[D]. 西安: 西北大学, 2008.

[3] 张飞龙, 李钢. 生漆的组成结构与其性能的关系研究[J]. 中国生漆, 2000, 19(3): 31-38.

[4] 程永现, 何江波, 吕青. 漆酚化合物、其药物组合物及其制备方法和应用: CN 101805246A[P]. 2010-08-18.

[5] Ireda Y, Yasuno H, Sato A, et al. Oral and epicutaneous desensitizaton in urushiol contact dermatitis in guinea pigs sensitized by two methods of different sensitizing potency[J]. Contact Dermatitis, 1998, 39: 286-292.

[6] Shornick L P, de Togni P, Mariathasan S, et al. Mice deficient in IL-1beta manifest impaired contact hypersensitivity to trinitrochlorobenzone[J]. The Journal of Experimental Medicine, 1996, 183(4): 1427-1436.

[7] Polak L. Immunological aspects of contact sensitivity[J]. Monographs in Allergy, 1980, 15, 170.

[8] Halloran L. Developing dermatology detective powers: Allergic contact dermatitis[J]. The Journal for Nurse Practitioners, 2014, 10(4): 284-285.

[9] Hachisuka J, Ross S E. Understanding the switch from pain-to-itch in dermatitis[J]. Neuroscience Letters, 2014, 579: 188-189.

[10] Mizutani H, Tada-Oikawa S, H Y, Mechanism of apoptosis induced by doxorubicin through the generation of hydrogen peroxide[J]. Life Sci, 2005, 76(13): 66.

[11] Watanabe H, Fujimoto A, Takahara A. Characterization of catechol-containing natural thermosetting polymer "urushiol" thin film[J]. Journal of Polymer Science Part A: Polymer Chemistry, 2013, 51(17): 3688-3692.

[12] Xie Y, Zhang J, Liu W, et al. New urushiols with platelet aggregation inhibitory activities from resin of Toxicodendron vernicifluum[J]. Fitoterapia, 2016, 112: 38-44.

[13] Hong S H, Suk K T, Choi S H, et al. Anti-oxidant and natural killer cell activity of Korean red ginseng (Panax ginseng) and urushiol (Rhus vernicifera Stokes) on non-alcoholic fatty liver disease of rat[J]. Food Chem Toxicol, 2013, 55: 586-591.

第7章
漆酚基异羟肟酸类 HDAC 抑制剂的合成和抗肿瘤活性

7.1 异羟肟酸类 HDAC 抑制剂结构与药效基团

典型的异羟肟酸类 HDAC 抑制剂结构按功能可分为三部分：表面识别区（CAP）、连接区（Linker）和锌离子结合区（ZBG）。表面识别区主要由疏水片段构成，通常是苯环衍生物，连接区为脂肪链，锌离子结合区的功能基团为异羟肟酸，如图 7-1 所示。伏立诺他（SAHA）是异羟肟酸型 HDAC 抑制剂的代表化合物，是第一个获得美国 FDA 批准可临床使用的，主要在临床上用于治疗皮肤 T 细胞淋巴瘤，具有很好的临床应用效果；曲古柳菌素（TSA）是第一个被发现的天然 HDAC 抑制剂，它对 HDAC 的抑制作用在纳摩尔水平；其他已临床使用或临床研究的异羟肟酸类抑制剂，如间羧基肉桂酸双羟肟酸（CBHA）、吡唑酰胺和 3-Cl-UCHA 等，均有很好的 HDAC 抑制和抗肿瘤活性。

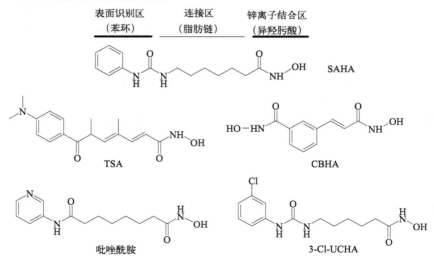

图 7-1　异羟肟酸类 HDAC 抑制剂

研究表明异羟肟酸基团是 HDAC 抑制剂的关键药效基团，可直接与 HDAC 酶的 Zn^{2+} 结合，从而有效抑制 HDAC 的活性。Suzuki 等将 TSA 结构中的异羟肟酸基团羧酸化，结果其 HDAC 抑制活性全无，说明异羟肟酸是抑制活性所必需的；Zhang 等通过在秋水仙碱分子中引入异羟肟酸基团，合成了一系列新颖的化合物，结果表明，这些化合物都表现出很好的 HDAC 抑制作用（$IC_{50} = 0.44 \sim 0.83 \mu mol/L$）；Chen 等通过在麦考酚酸（MAP）中引入异羟肟酸结构合成了新化合物，酶活实验结果表明，新化合物可有效抑制 HDAC 的活性（$IC_{50} = 0.95 \mu mol/L$）。研究发现异羟肟酸类 HDAC 抑制剂的连接区脂肪链长短和双键数目与 HDAC 抑制活性有关，增加碳链长度会使化合物对 HDAC 的抑制活性增强，最适合的碳链长度为 12 个碳左右，增加双键数目也可使 HDAC 抑制活性增强，王宛荞等将伏立诺他结构中的碳链缩短，其 HDAC 抑制活性明显降低（IC_{50} 由 10.95 增加到 $21.04 \mu mol/L$）；Sailhamer 等在 SAHA 类似物的连接区碳链上增加了双键，其 HDAC 抑制活性明显提高。此外，研究还发现 HDAC 抑制剂的表面识别区苯环上引入磺胺、酰胺、含氮杂环、卤素等基团可增强 HDAC 抑制活性，刘冰等合成了磺胺基羟肟酸类 HDAC 抑制剂（$IC_{50} = 0.14 \mu mol/L$），它的抑制活性高于 SAHA（$IC_{50} = 0.29 \mu mol/L$）；Guerrant 等在 TSA 苯环上引入噻吩，其 HDAC 抑制活性可提高 8 倍；Paris 等发现在其合成的 HDAC 抑制剂苯环上引入 Br、Cl、F 时，可增加抑制活性；Zuo 等在 SAHA 类似物中引入芳酰胺基团，其 HDAC 抑制活性可提高 10 倍。

7.2 漆酚基 HDAC 抑制剂设计

漆酚结构类似于异羟肟酸类 HDAC 抑制剂 SAHA，不饱和漆酚结构中已具备表面识别区（苯环）和连接区（脂肪链），但是还缺少 HDAC 抑制关键结构单元锌离子结合区（异羟肟酸），如图 7-2 所示。

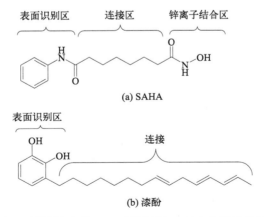

图 7-2 异羟肟酸型 HDAC 抑制剂 SAHA 和漆酚的结构

可以通过在漆酚的表面识别区（苯环）和连接区结构单元（烷基链）引入位阻和电性效应不同的药效基团，获得系列漆酚基异羟肟酸类 HDAC 抑制剂。周昊等根据 SAHA 的结构特点，以三烯漆酚为先导化合物，基于 HDAC 抑制剂结构中三种不同功能部位，设计了三个系列的新型漆酚衍生物（图 7-3）。首先，在漆酚烷基侧链的尾部引入异羟肟酸基团，得到锌离子结合区结构单元；同时，为阻止漆酚的氧化聚合，漆酚的邻二酚羟基分别用亚甲基缩醛、苯甲基醚、甲基醚和乙酸酯基团取代，得到第一个系列的漆酚衍生物——化合物 **1～4**。其次，在漆酚的烷基侧链中引入羟基、羰基、氨基和甲醚基团，得到第二个系列漆酚衍生物——化合物 **5～8**。第三，为了研究苯环上各种取代基对漆酚 HDAC 抑制活性的影响，在苯环中引入了不同供电子基团或吸电子基团，或具有不同体积位阻的基团，获得第三个系列漆酚衍生物——化合物 **9～30**。苯环取代基包括卤素（F、Cl、Br）、含氟基团（三氟甲基、三氟甲氧基）、含氮杂环基团（噻唑、噁唑、吡唑、嘧啶、噻二唑、三氮唑）、磺酰氨基（甲磺酰胺基、苯磺酰氨基）、酰胺基（甲酰氨基、苯甲酰氨基）、甲基、甲氧基、苄氧基、氨基、二甲氨基、羟基和硝基。

表面识别区、连接区和 Zn^{2+} 结合区基团是 HDAC 抑制剂的三大基本药效功能团。分子模型研究表明，HDAC 抑制剂可结合在 HDAC 活性中心的口袋中，其 Zn^{2+} 结合结构单元可在口袋末端与金属离子 Zn^{2+} 螯合，从而达到 HDAC 抑制活性，因此锌离子结合基团对 HDAC 抑制活性至关重要。异羟肟酸基常被用作 Zn^{2+} 结合基团，其结构中的两个氧原子与 Zn^{2+} 有极好的螯合作用。研究表明漆酚虽然具有抑制 HDAC 的活性，但结构中不含 Zn^{2+} 结合基团，使其 HDAC 抑制活性较低。

因此，漆酚通过 D-A、水解和缩合反应，在三烯烷基漆酚侧链尾部引入异羟肟酸基团，不仅可使其靶向作用于 HDAC 酶口袋部位，与 HDAC 酶中的锌离子有效螯合，达到选择性抑制 HDAC 酶的效果，而且可改善不饱和漆酚的生物相容性，提高不饱和漆酚对 HDAC 酶的识别及结合强度，增强其 HDAC 抑制效果。同时，考虑到漆酚的邻二酚羟基易引起氧化聚合，导致漆酚结构不稳定，通过引入不同的醚化或酯化基团，对两个相邻的酚羟基进行了化学结构修饰。一方面，希望得到结构稳定的漆酚衍生物，防止在随后的漆酚结构修饰过程中的氧化聚合。另一方面，希望研究不同醚化或酯化基团取代邻二酚羟基对漆酚衍生物 HDAC 抑制活性的影响。

漆酚基异羟肟酸衍生物的连接区结构单元是具有 10 个碳原子的长链烷基。HDAC 抑制剂的连接区结构在其生物活性中起重要作用。在 HDAC 蛋白结构的疏水通道周围存在大量氨基酸残基，通过在连接区结构单元引入一些含氮或含氧基团，可增加氢键的相互作用，从而提高化合物和配体的结合效应。基于这种思路，设计将羟基、羰基、氨基或甲氧基等基团引入到漆酚异羟肟酸衍生物的烷基链上，可占据 HDAC 活性口袋并赋予化合物更好的结合性能。

表面识别区是 HDAC 抑制剂的另一重要结构单元，可显著影响化合物对 HDAC 的总体结合亲和力和选择性。HDAC 抑制剂的 CAP 部位可以选择性地与 HDAC 活性口袋入口处边缘部位的氨基酸残基相互作用。因此，对抑制剂的 CAP 部位基团进

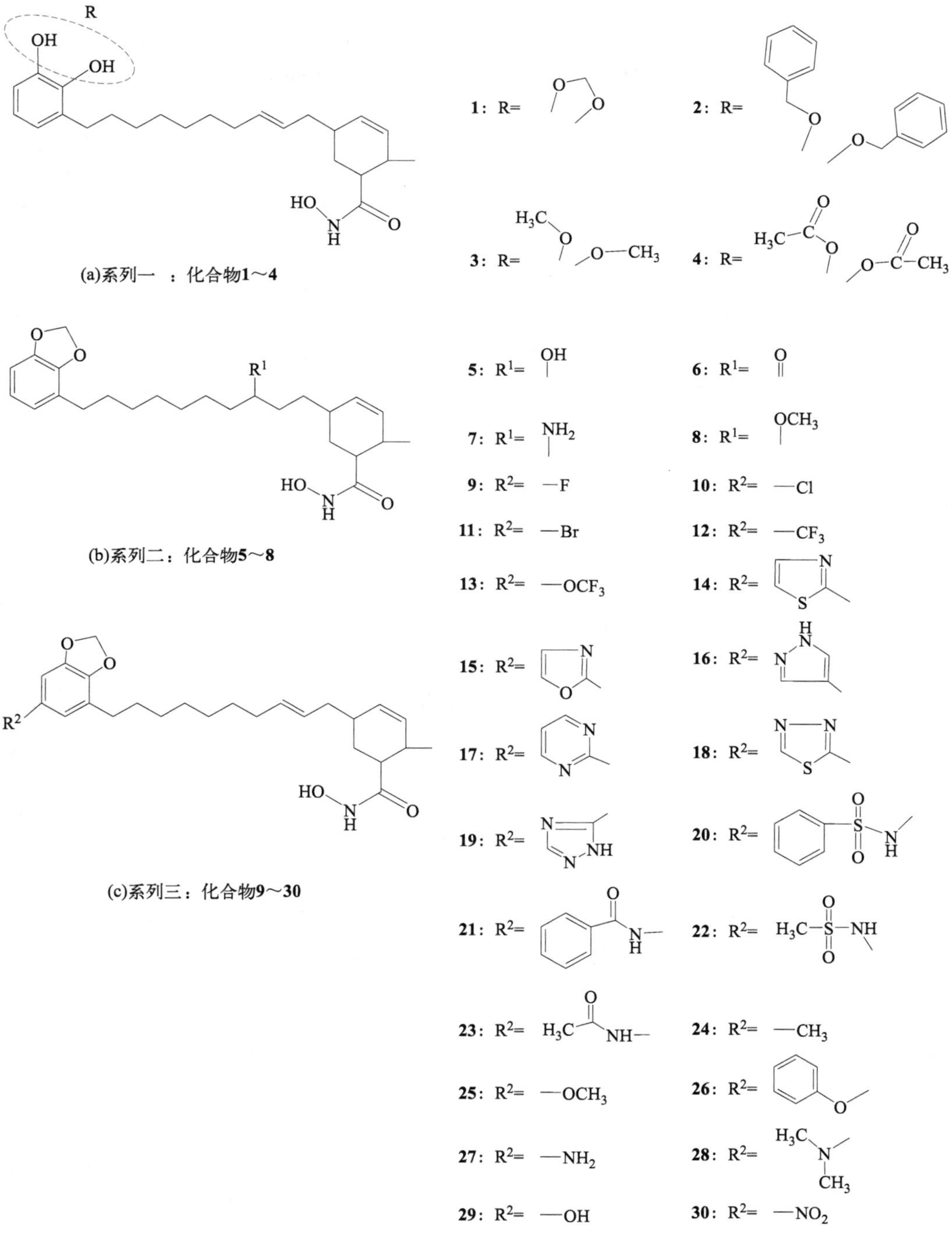

(a)系列一：化合物1～4

1：R= （甲氧基甲醚结构）

2：R= （二苄氧基结构）

3：R= H₃C—O—、—O—CH₃

4：R= H₃C—C(=O)—O—、—O—C(=O)—CH₃

(b)系列二：化合物5～8

5：R¹= —OH

6：R¹= =O

7：R¹= —NH₂

8：R¹= —OCH₃

9：R²= —F

10：R²= —Cl

11：R²= —Br

12：R²= —CF₃

13：R²= —OCF₃

14：R²= （2-甲基噻唑基）

(c)系列三：化合物9～30

15：R²= （2-甲基噁唑基）

16：R²= （甲基吡唑基）

17：R²= （2-甲基嘧啶基）

18：R²= （甲基噻二唑基）

19：R²= （甲基三唑基）

20：R²= （N-甲基苯磺酰胺基）

21：R²= （N-甲基苯甲酰胺基）

22：R²= H₃C—S(=O)₂—NH—

23：R²= H₃C—C(=O)—NH—

24：R²= —CH₃

25：R²= —OCH₃

26：R²= （苯氧甲基）

27：R²= —NH₂

28：R²= —N(CH₃)₂

29：R²= —OH

30：R²= —NO₂

图 7-3　新型漆酚衍生物结构

行设计修饰对改善 HDAC 抑制剂的活性和选择性具有重要作用。许多研究表明，在 CAP 引入取代基可以显著提高 HDAC 抑制剂对蛋白的结合亲和力、选择性和特异性。同时，具有不同电子性质、空间位阻或疏水性的这些取代基显示出对 HDAC 的抑制活性的不同影响。许多研究表明，在 HDAC 抑制剂表面识别区引入含氮杂环基团（例如，噻唑、吡唑、嘧啶、噻二唑、三氮唑）可显著增加其选择性和抑制活性。N、O 和 S 原子和富含电子的含氮杂环可以与 HDAC 活性位点边缘部位的氨基酸残基形成 π-π 键和氢键相互作用。Wegener 等报道 TSA 苯环上的三氟甲基或三氟甲氧基可使其 HDAC 抑制活性提高 2 倍。一些研究表明，在 CAP 引入氨基、甲磺酰胺或酰胺基团可以显著增加 HDAC 抑制活性。此外取代基的空间位阻体积也会影响 HDAC 抑制活性；Zhang 等人发现 SAHA 的苯磺酰胺衍生物比它的甲磺酰胺基衍生物抑制活性更强。此外，在 CAP 引入供电子或吸电子基团或较小体积位阻的基团，例如甲基、甲氧基、羟基或硝基也可增加 HDAC 的抑制活性。为了进一步增加漆酚的结合亲和性、选择性和抑制活性，我们将具有不同电子性、空间位阻和疏水性特征的取代基引入到漆酚异羟肟酸衍生物的苯环中，并用计算机模拟其抑制活性。

7.3 分子对接筛选

HDAC 抑制剂（HDACIs）被认为是一种新型的抗肿瘤药物。HDACIs 可提高组蛋白乙酰化水平，并诱导肿瘤细胞周期阻滞、分化和凋亡。许多 HDACIs 已经开发出来，并在临床前和临床试验中显示较好治疗效果。TSA 是一种有效的天然异羟肟酸 HDAC 抑制剂，而 SAHA 是 2006 年 FDA 批准的第一个治疗晚期皮肤 T 细胞淋巴瘤的 HDAC 抑制剂。此外，许多其他小分子药物，如 PXD-101、LBH-589、MM-232 和 CUDC-101，都应用于治疗不同癌症不同阶段的临床试验中。然而，这些 HDACIs 大多是泛抑制剂，它们的副作用可能限制它们在临床中的进一步应用，如腹泻、电解质变化和心律失常等。因此，为减少非靶向作用带来的副作用，急需开发不同类别和亚型选择性的 HDAC 抑制剂。HDAC2 和 HDAC8 属于Ⅰ类亚型，高度保守，它们在大多数实体和血液肿瘤中过量表达，并且与预后不良密切相关，但在固定内皮细胞和正常器官中没有发现。因此，通过选择性靶向作用于 HDAC2 和 HDAC8 并抑制其活性已成为癌症治疗的研究热点。

分子对接和分子动力学模拟在设计和虚拟筛选新的生物活性分子在药物开发方面具有重要作用。分子对接有助于设计和合成高效率和特异选择性的酶抑制剂；分子动力学模拟可提供了解酶抑制剂的作用机制和效力。近年来，结合分子对接与分子动力学模拟技术已成功地应用于合理的 HDAC 抑制剂设计中，以提高初始对接效果，有助于了解抑制机制；周昊等采用分子对接和动力学模拟等手段对设计的漆酚基异羟肟酸衍生物的 HDAC2 和 HDAC8 抑制活性进行虚拟筛选，通过评分函数评价所设计的漆酚基异羟肟酸衍生物对 HDAC2 和 HDAC8 活性口袋的结合亲和力和选择性，并选择那些得分相对较高的漆酚衍生物进行分子对接和分子动力学模拟，以进一步探索这些化合物在原子水平上与 HDAC 酶的结合模式和相互作用，筛选出一些 HDAC2 和 HDAC8 抑制活性好的漆酚基异羟肟酸衍生物，可作为潜在的 HDAC2 和 HDAC8 的选择性抑制剂，以寻找更有价值的抗肿瘤治疗候选药物。

7.3.1　Glide 评分

周昊等对所设计的 30 种漆酚衍生物的 HDAC2 和 HDAC8 抑制活性进行虚拟筛选，采用 Glide 程序将化合物分子分别与 HDAC2 和 HDAC8 蛋白晶体结构进行对接。所有对接化合物均按 Glide 评分函数进行评分，以确定哪些漆酚衍生物能够很好地与 HDAC2 和 HDAC8 的活性口袋结合，从而具有潜在的抑制活性。同时选择具有较高 Glide 评分的配体化合物进一步分析其结合方式和与关键氨基酸的相互作用。Glide 评分函数是基于蛋白质和配体之间的氢键、静电相互作用、范德华力、疏水作用等作用力，评估和筛选活性化合物和非活性化合物的优良算法模型。

表 7-1 显示了 30 种漆酚衍生物与 HDAC2 的 Glide 评分。化合物 **1**、**5**、**6**、**9**、**10**、**19**、**21**、**23**、**29** 和 **30** 获得较高的分数，为 -7.655 至 -8.474。这 10 种化合物都能很好地与 HDAC2 活性口袋结合，异羟肟酸基团与 Zn^{2+} 形成金属螯合，并能与氨基酸残基形成两个以上的氢键作用。化合物和 HDAC 结合中的氢键和疏水相互作用在稳定复合物和增加结合亲和力方面起着重要作用。对于第一系列化合物 **1~4**，化合物 **1** 的 Glide 分数最佳，并且发现亚甲基缩醛基团作为电正性基团更有效，这可能是因为如果存在两个苯甲氧基或甲醚基或乙酸酯基团，则有可能存在空间位阻。在第二系列化合物 **5~8** 中，化合物 **5** 和 **6** 具有较高的 Glide 分数，这表明将供电子基团（羟基或羰基）引入到漆酚的烷基侧链中有助于增强漆酚与 HDAC2 的结合亲和力，因为这些基团可以与氨基酸残基形成更强的氢键。在第三系列化合物 **9~30** 中，化合物 **9**、**10**、**19**、**21**、**23**、**29** 和 **30** 的 Glide 分数较高，表明在苯环上添加 F、Cl、三氮唑、苯甲酰胺基、甲酰胺基、羟基或硝基取代基可显著提高其 Glide 分数，这些基团可以通过氧原子、氮原子和卤素原子与周围氨基酸残基形成 π-π 相互作用和氢键。

表 7-2 显示了 30 种漆酚衍生物与 HDAC8 的 Glide 评分。化合物 **1**、**5**、**6**、**7**、**8**、**9**、**10**、**20**、**21**、**22**、**27** 和 **29** 获得较好的分数，为 -8.111 至 -10.232。这 12 种化合物均能很好地与 HDAC8 活性口袋结合。结果表明，第二个系列的化合物 5-8 比第一个和第三个系列化合物有更高的 Glide 评分，因为漆酚烷基侧链上的供电子基团（羟基、羰基、氨基或甲基醚）能在 HDAC8 活性口袋的管道部位与氨基酸残基形成更强的氢键，从而有效提高漆酚与 HDAC8 的结合亲和力。此外，在第一系列化合物 **1~4** 中，化合物 **1** 的 Glide 评分最高，表明亚甲基缩醛基团作为一个电正性基团更有效，这可能是因为如果存在两个苯甲氧基或甲基醚或乙酸酯基团，可能存在空间位阻。在第三个系列化合物 **9~30** 中，化合物 **9**、**10**、**20**、**21**、**22**、**27** 和 **29** 的 Glide 分数较高，表明在苯环上加入 F、Cl、甲磺酰胺、苯甲酰胺、氨基或羟基等取代基可提高 Glide 分数。原因可能是这些基团可以通过氧、氮和卤素原子与 HDAC 8 活性中

心边缘的氨基酸残基形成 π-π 键或氢键相互作用。

表 7-1　所设计的漆酚衍生物与 HDAC2 的 Glide 评分（化合物 1～30）

化合物	Glide 打分 /(kcal/mol)	化合物	Glide 打分 /(kcal/mol)	化合物	Glide 打分 /(kcal/mol)
1	−7.914	11	−7.044	21	−8.474
2	−4.859	12	−6.310	22	−4.935
3	−3.786	13	−6.607	23	−8.178
4	−7.031	14	−4.288	24	−6.277
5	−7.724	15	−6.258	25	−5.123
6	−7.788	16	−6.258	26	−4.634
7	−6.260	17	−4.242	27	−7.627
8	−7.532	18	−5.131	28	−6.210
9	−7.994	19	−7.999	29	−7.655
10	−8.079	20	−5.861	30	−7.946

注：1kcal=4.185kJ。

表 7-2　所设计的漆酚衍生物与 HDAC8 的 Glide 评分（化合物 1～30）

化合物	Glide 打分 /(kcal/mol)	化合物	Glide 打分 /(kcal/mol)	化合物	Glide 打分 /(kcal/mol)
1	−8.111	11	−8.033	21	−9.022
2	−7.199	12	−7.907	22	−8.269
3	−7.542	13	−7.715	23	−7.913
4	−7.371	14	−7.459	24	−8.067
5	−10.232	15	−7.402	25	−7.889
6	−9.635	16	−7.402	26	−6.630
7	−9.583	17	−7.989	27	−8.218
8	−9.230	18	−7.103	28	−7.290
9	−8.177	19	−8.022	29	−8.524
10	−8.278	20	−8.152	30	−7.957

7.3.2　分子对接模拟

为了深入了解这些化合物与 HDAC2 和 HDAC8 之间的相互作用，选择了 Glide 分数较高的化合物用于对接模拟研究，以阐明结合过程，例如氢键相互作用和疏水作用。图 7-4 所示是化合物 1、5、6、9、10、19、21、23、29、30 分别与 HDAC2 的分子对接模型。由图可看出所有化合物都成功对接到了 HDAC2 活性口袋中。化合物 5、6、9、10、29 和 30 显示出相似的结合模式，其脂族链占据了活性口袋中长而窄的管道，异羟肟酸基团位于该管道底部，这 6 种化合物异羟肟酸基团中的羟基和羰基可以与 His145 和 Tyr308 形成氢键，并与 Zn²⁺ 形成螯合。另外，化合物 **5** 的苯基可与 Hie33 形成 π-π 相互作用，化合物 **6** 脂肪链上的羰基可与 Hie183 形成氢键，化合物 **10** 和 **29** 的亚氨基可与 His146 形成氢键，化合物 **29** 苯环上的羟基可与 Tyr29 形成氢键，化合物 **30** 的硝基可与 Glu103 和 Asp104 形成氢键。化合物 **21** 和 **23** 的对接模式显示其结构中苯酰胺基或甲酰胺基中的羰基氧可与 Zn²⁺ 进行螯合，同时化合物 **21** 结构中的亚甲基乙缩醛、异羟肟酸和氨基基团部分可与 Hie183、Asp104 和 Gly154 形成氢键，化合物 **23** 结构中的异羟肟酸和氨基基团部分可与 Asp104、Glu103 和 Gly154 形成氢键。除了这些氢键相互作用之外，化合物 **21** 结构中的苯亚甲基醚和苯酰胺基部分可与 Hie183、Phe155 和 His146 形成 4 个 π-π 相互作用，并且化合物 **23** 的苯基可与 Hie183 和 Phe155 形成 2 个 π-π 相互作用。化合物 **19** 可通过苯环上的三氮唑基团与活性位点 Zn²⁺ 形成双齿螯合，并且通过其三唑和异羟肟酸基团与 Phe279、Gly273、Gly277 和 Gly154 进行氢键相互作用。此外，化合物 **19** 的三氮唑和苯环结构可与 Hie183、Tyr308、His146 和 Phe155 形成 5 个 π-π 相互作用。结果表明当三氮唑或酰胺基部分被引入到表面识别区结构单元时，酰胺基团的羰基氧或三氮唑基团的氮可以与 Zn²⁺ 形成螯合，而不是异羟肟酸基团的羟基。同时，引入三氮唑或酰胺基团可形成更多氢键和 π-π 相互作用。由此可推断将这些基团引入漆酚衍生物的 CAP 结构单元将增强其与 HDAC2 配体活性口袋的相互作用，并进一步增强HDAC2 抑制活性。

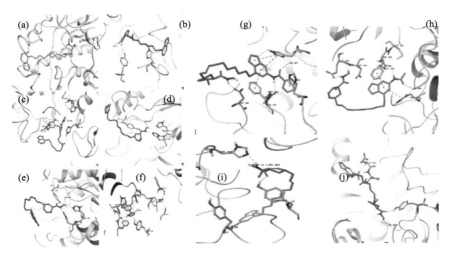

图 7-4　10 种化合物（最佳姿势，棕色棒）在 HDAC2 活性部位的分子对接模型
[蛋白质为灰色丝带；相互作用的残基被标记在复合物中；氢键被描绘成黄色虚线；疏水相互作用被描述为绿色虚线；Zn²⁺ 配位键描述为红色虚线。(a)：化合物 **1**；(b)：化合物 **5**；(c)：化合物 **6**；(d)：化合物 **9**；(e)：化合物 **10**；(f)：化合物 **19**；(g)：化合物 **21**；(h)：化合物 **23**；(i)：化合物 **29**；(j)：化合物 **30**]

图 7-5 所示是化合物 **5**、**6**、**7**、**8**、**9**、**10**、**21**、**22**、**27**、**29** 分别与 HDAC8 的分子对接模式图。可以看出 10 种化合物都可成功地对接到 HDAC8 活性口袋中。化合物 **7**、**9**、**10**、**22**、**27** 和 **29** 显示出了相似的结合模式，它们的脂肪链占据了 HDAC8 活性口袋中长而窄的管道，表面识别区与活性口袋边缘，异羟肟酸结构单元位于管道底部。这 6 种化合物的异羟肟酸基团中羟基和羰基可与 Gly140 和 His143 形成氢键，并可与 Zn^{2+} 形成螯合作用。此外，化合物 **9**、**10**、**22** 和 **27** 的亚甲基缩醛基团可与 Phe 152 形成氢键，化合物 **7** 的异羟肟酸基团中亚胺可与 Gly151 形成氢键，化合物 **29** 的苯环上的羟基可与 Tyr 154 形成氢键。

化合物 **5**、**6** 和 **8** 的对接模式图表明其连接区结构单元上的羟基、羰基或甲基醚基团的氧原子可与 Zn^{2+} 进行螯合。同时，3 种化合物中的亚甲基缩醛基团可与 Lys33 和 Ala32 形成氢键，化合物 **5** 和 **6** 通过羟基或羰基基团可与 His142 形成氢键。除了这些氢键作用外，化合物 **8** 的苯环结构还可与 Tyr154 形成 π-π 相互作用。化合物 **21** 通过苯环上的酰胺基团可与活性位点 Zn^{2+} 形成螯合，并可通过酰胺和异羟肟酸基团与 Gly151 和 Tyr306 形成氢键。因此在连接区结构单元中引入羟基、羰基或甲基醚基团，或在表面识别区引入酰胺基，可使酰胺基的羰基氧或脂肪链上的氧与 Zn^{2+} 形成螯合。

根据对接模拟结果看出 10 种化合物都能与 Zn^{2+} 螯合，且形成相同数量的氢键。然而属于第二系列的化合物 **5**、**6**、**7**、**8** 与 HDAC 8 具有更高的结合亲和力，这 4 种化合物在苯环上不存在取代基，而是在连接区结构单元引入了羟基、羰基、氨基或甲基醚基团，我们推测这些含氧或含氮基团可以在连接区通道周围与氨基酸残基形成稳定的氢键，对提高与 HDAC 8 的结合亲和力和抑制 HDAC8 的活性起到重要作用；此外，与异羟肟酸中羟基形成的 Zn^{2+} 配位键相比，连接区结构中氧原子形成的 Zn^{2+} 配位键可能更稳定，这对提高 HDAC8 的抑制活性同样重要。对于属于第三系列的化合物 **21**、**29**、**10**、**22**、**27** 和 **9**，化合物 **21** 与 HDAC8 的结合能力比其他 5 种化合物强得多，在化合物 **21** 中，苯甲酰胺基被引入表面识别区结构单元的苯环中，苯甲酰胺基不仅可与 HDAC 8 活性位点边缘的氨基酸残基形成稳定的氢键，而且可与 Zn^{2+} 形成较强的螯合作用，显著提高了结合亲和力和 HDAC 8 的抑制活性。在先前的研究中也显示了同样的结果，即在天然化合物 TSA 的苯环中引入了苯甲酰胺基，结果其 HDAC8 的抑制活性提高了 10 倍。化合物 **29**、**10**、**22**、**27** 和 **9** 具有相似的氢键作用和 Zn^{2+} 螯合模式，与 HDAC 8 也有差不多的结合亲和力；羟基、-Cl、甲磺酰胺基、氨基和-F 基团分别被引入到 5 种化合物的苯环中，这些具有较小空间位阻的基团可使苯环上的 π-电子密度增大，因此这些化合物与 HDAC 8 活性中心边缘氨基酸残基之间的疏水相互作用更强，有助于提高 HDAC 8 的抑制活性。这些研究结果表明，引入卤素、甲磺酰胺、氨基、羟基或酰胺基团可以形成更稳定的氢键或 π-π 相互作用，而将这些基团引入漆酚衍生物的表面识别区将增强其与 HDAC 8 配体结合口袋的相互作用，从而进一步增强 HDAC 的抑制活性。

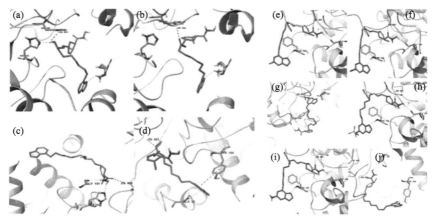

图 7-5　10 种化合物（最佳姿势，棕色棒）在 HDAC8 活性部位的分子对接模型［蛋白质为灰色丝带；相互作用的残基被标记在复合物中；氢键被描绘成黄色虚线；疏水相互作用被描述为绿色虚线；Zn^{2+} 配位键描述为红色虚线。(a)：化合物 **5**；(b)：化合物 **6**；(c)：化合物 **7**；(d)：化合物 **8**；(e)：化合物 **9**；(f)：化合物 **10**；(g)：化合物 **21**；(h)：化合物 **22**；(i)：化合物 **27**；(j)：化合物 **29**］

7.4　分子动力学模拟

选择化合物 **4**、**5**、**6**、**9**、**10**、**19**、**21**、**23**、**29** 和 **30** 与 HDAC2 进行分子动力学模拟，选择化合物 **5**、**6**、**7**、**8**、**9**、**10**、**21**、**22**、**27** 和 **29** 与 HDAC8 进行分子动力学模拟。为了评价 HDAC2-化合物复合物体系与 HDAC8-化合物复合物体系在以时间为函数条件下的稳定性和柔性，在明确的水合环境中对各复合物体系分别进行了 20ns 的分子动力学（MD）模拟。从轨迹稳定性、氢键动力学、HDAC2 和 HDAC8 构象柔性等方面对 MD 模拟结果进行了分析。

7.4.1　RMSD 值分析

分析所有复合物 Cα、C 和 N 原子的均方根偏差（RMSD），以确定 MD 模拟过程中轨迹的稳定性。图 7-6 是化合物（**1**，**5**，**6**，**21**，**23**，**10**，**19**，**9**，**29**，**30**）与 HDAC2 对接形成的复合物在整个模拟过程中 RMSD 值随时间的变化情况（与能量最小化的起始结构相比）。小波动和骨架原子恒定 RMSD 值表示系统具有很好的稳定性。如图所示，在初始阶段 RMSD 波动之后，所有复合物达到平衡并且在后面的 MD 模拟期间都保持稳定，这意味着复合物体系折叠为比起始结构更稳定的构象。化合物 **21**、**23** 和 **10** 的配合物体系在 5ns 的模拟之后达到平衡，平均 RMSD 值分别为 1.78Å、1.41Å 和 2.10Å（1Å＝10^{-10} m）。化合物 **9**、**1**、**19**、**29** 和 **30** 的配合物体系分别在 1ns、2 ns 、4ns、3.5 ns 和 8ns 后达到平衡状态，它们的平均 RMSD 值分别

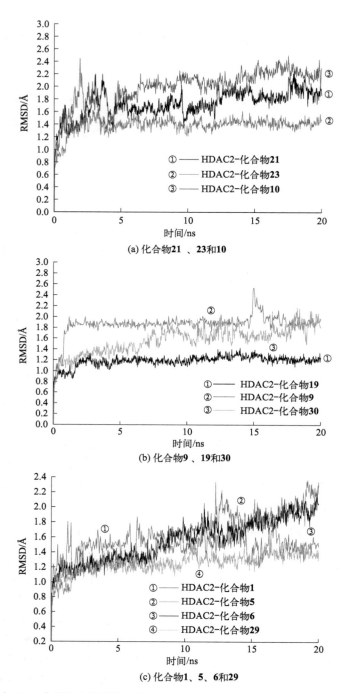

(a) 化合物21、23和10

(b) 化合物9、19和30

(c) 化合物1、5、6和29

图 7-6　在 20ns 分子动力学模拟过程中 HDAC2-化合物复合物的 RMSD 值变化情况

为 1.90Å、1.54Å、1.22Å、1.29Å 和 1.72Å。化合物 **9** 的配合物体系在 15～16ns 期间内显示出明显的波动，表明配体在活性位点的空间拟合导致了构象变化，在这波动之后，一直保持平衡状态直到模拟时间结束。化合物 **5** 和 **6** 的配合物体系在 1ns 的模拟之后达到平衡，随后在 1～8ns 期间保持稳定，平均 RMSD 值分别为 1.23Å、1.29Å，但是在 8ns 以后 RMSD 值波动较大，呈上升趋势，可能是因为化合物 **5** 和 **6** 的配合物体系稳定性较差。

　　图 7-7 是化合物（**5**，**6**，**7**，**8**，**9**，**10**，**21**，**22**，**27**，**29**）与 HDAC8 对接形成的复合物在整个模拟过程中 RMSD 值随时间变化情况（与能量最小化的起始结构相比）。如图所示，在初始阶段 RMSD 波动之后，所有复合物体系达到平衡并且在后面的 MD 模拟期间都保持稳定，表明这些复合物体系折叠为比起始结构更稳定的构象。经过 0.3～1.0ns 后化合物 **6**、**21**、**29**、**22** 和 **9** 的配合物体系都达到平衡状态，平均 RMSD 值分别为 1.60Å、1.12Å、1.13Å、1.67Å 和 1.07Å。化合物 **5**、**7**、**8**、**10** 和 **27** 的配合物体系分别在 7.6ns、5.0ns、5.9ns、3.0ns 和 3.1ns 后达到平衡，其平均 RMSD 值分别为 1.42Å、1.57Å、1.44Å、1.29Å 和 2.03Å。研究结果发现化合物 **5**、**9**、**10**、**21** 和 **29** 的复合物体系平均 RMSD 值和波动都相对低于化合物 **6**、**7**、**8**、**22** 和 **27** 的复合物体系；低 RMSD 值和小波动表明在模拟过程中，化合物和蛋白质的构象没有变化或变化很小，表明初始对接结构的合理性和稳定性。此外，化合物 **27** 的复合物体系在 13～15ns 期间内表现出明显的波动，表明配体在活性位点的空间拟合导致了构象变化，在这波动之后，一直保持平衡状态直到模拟时间结束。以上结果表明，这些复合物体系的动态平衡稳定性是可靠的，并且这些轨迹的快照可收集用于进一步分析。此外，复合物体系的稳定性还支持了对接结果的可信度。

7.4.2　RMSF 值分析

　　为了验证模拟过程中各个氨基酸的稳定性和柔性，分别分析了 HDAC2-化合物和 HDAC8-化合物复合物体系中骨架原子的均方根波动值（RMSF）。图 7-8 是化合物（**1**，**5**，**6**，**9**，**21**，**23**，**10**，**19**，**29**，**30**）与 HDAC2 对接形成的复合物中各个氨基酸的 RMSF。所有复合物体系均具有相似的 RMSF。虽然某些复合物中的某些氨基酸残基的波动比其他复合物大得多，但活性位点中氨基酸残基，特别是 HDAC2 通道底部的残基（His145、His146、Gly154、Glu103、Hie183、Asp104、Tyr297、Gln254 和 Tyr308）构象变化都很小。这表明在 HDAC2 中，当酶与抑制剂结合时，一些氨基酸可能远离其正常位置，但对于活性位点上的氨基酸，与抑制剂结合可能使其刚性增强。图 7-9 是化合物（**5**，**6**，**7**，**8**，**9**，**10**，**21**，**22**，**27**，**29**）与 HDAC8 对接形成的复合物中各个氨基酸的 RMSF。所有复合物均具有相似的 RMSF。虽然某些复合物中氨基酸残基的波动比其他复合物大得多，但活性位点中氨基酸残基的构象变化很小，特别是 Hie147、Tyr121、Phe175、Hip110、Phe119、Tyr273、Lys21、Gly118、Gln230、Leu122、Gly269 和 Gly107 残基表现出很小的 RMSF 值，表明这些氨基酸残基是刚性的，可以形成氢键、疏水和 Zn^{2+} 螯合作用。这一结果表明，HDAC8

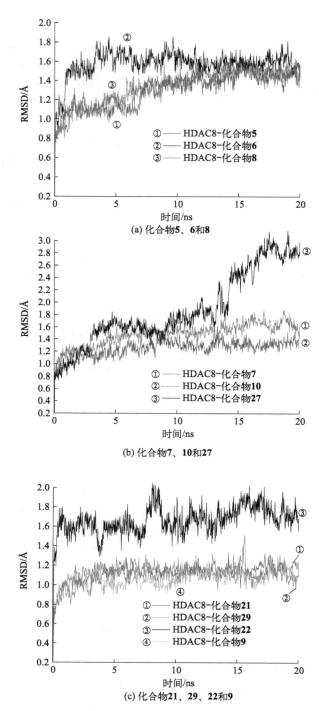

图 7-7　在 20ns 分子动力学模拟过程中 HDAC8-化合物复合物的 RMSD 值变化情况

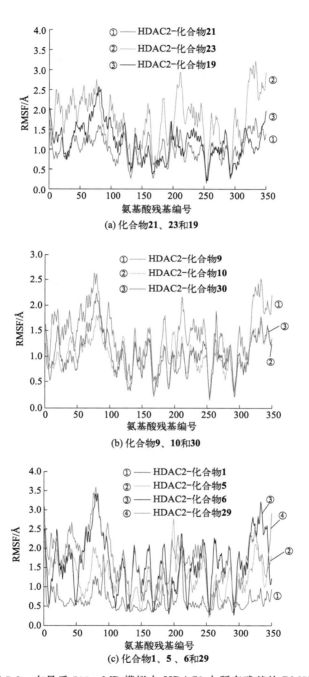

图 7-8 在最后 500psMD 模拟中 HDAC2 中所有残基的 RMSF

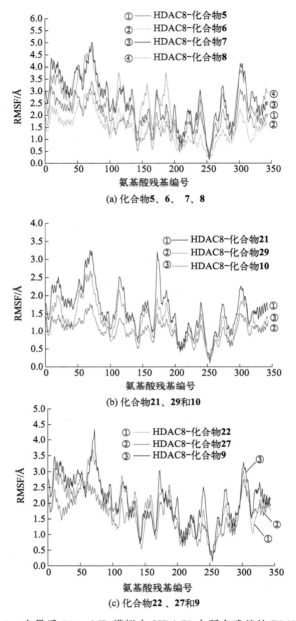

(a) 化合物5、6、 7、8

(b) 化合物21、29和10

(c) 化合物22 、27和9

图 7-9   在最后 500psMD 模拟中 HDAC8 中所有残基的 RMSF 值

活性部位的这些关键氨基酸在结合效应中起着关键作用。一般认为在 HDAC8 中，当酶与抑制剂结合时，一些氨基酸可能远离其正常位置，但对于处于活性位点的氨基酸，与抑制剂结合可以增强刚性。同时，化合物 5、10、21 和 29 结合口袋中氨基酸残基的 RMSF 低于其他化合物，表明化合物 5、10、21 和 29 与 HDAC8 的活性口袋结合更紧密，与 RMSD 的研究结果一致。

7.4.3 氢键作用分析

配体与蛋白质之间的氢键作用对于稳定配体-蛋白质复合物是非常重要的。在 MD 模拟过程中，分别对化合物-HDAC2 复合物和化合物-HDAC8 复合物体系进行了氢键分析。表 7-3 是化合物（**1**，**5**，**6**，**29**，**21**，**23**，**10**，**19**，**9**，**30**）与 HDAC2 对接的复合物体系的氢键分析结果，表明化合物 **21** 和 **23** 的 O 原子和 N 原子可与 Gly143（氢键占有率分别为 33.1% 和 22.0%）和 Glu92（氢键占有率分别为 14.3% 和 68.4%）形成稳定的氢键作用，化合物 **19** 和 **30** 的 O 原子可分别与 Ser 342 和 Asp93 形成稳定氢键作用，占有率分别为 59.6% 和 55.8%。化合物 **5** 和 **10** 的 O 原子可与 Gly 143（氢键占有率分别为 89.2% 和 65.1%）、Tyr 297（氢键占有率分别为 56.4% 和 54.6%）和 Hie 172（氢键占有率分别为 43.8% 和 51.1%）形成较强的氢键作用；化合物 **6** 的 O 原子可与 Tyr 297 和 Hie 172 形成稳定氢键作用，占有率分别为 54.4% 和 41.8%；化合物 **29** 的 O 原子可与 Tyr 297、Gln20 和 Gly 143 形成较强的氢键作用，占有率分别为 93.0%，79.0% 和 72.6%；化合物 **9** 的 O 原子和 N 原子可与 Hie134 和 Gln 254 形成较弱的氢键作用，占有率分别为 18.4% 和 29.1%，化合物 **1** 的 O 原子可与 Leu265 和 Gly 296 形成较弱的氢键作用，占有率分别为 14.6% 和 16.2%。

表 7-3　MD 模拟过程中化合物与 HDAC2 活性位点之间的氢键作用

化合物	供体	受体	占有率/%
21	Compd. 21：N2	Gly143：O	33.1
	Compd. 21：O5	Glu92：OE2	14.3
	Compd. 21：O5	Gln20：O	9.4
23	Compd. 23：N1	Glu92：O	68.4
	Compd. 23：N2	Gly143：O	22.0
	Compd. 23：O5	Gln20：OE1	9.8
19	Ser342：OG	Compd. 19：O3	59.6
	Compd. 19：O4	Asn269：OD1	37.1
	Gly262：N	Compd. 19：O4	30.3
	Compd. 19：N2	Gly143：O	10.6
6	Tyr297：OH	Compd. 6：O3	54.4
	Hie172：NE2	Compd. 6：O4	26.8
	Hie172：NE2	Compd. 6：O3	15.0
29	Tyr297：OH	Compd. 29：O3	93.0
	Compd. 29：O5	Gln20：O	79.0
	Compd. 29：O4	Gly143：O	72.6

化合物	供体	受体	占有率/%
9	Compd. 9:N1	Hie134:ND1	18.4
	Compd. 9:O4	Gln254:OE1	29.1
	Compd. 9:O4	Gly293:O	10.6
	Compd. 9:O4	Asp168:OD1	10.1
10	Compd. 10:O4	Gly143:O	65.1
	Tyr297:OH	Compd. 10:O3	54.6
	Hie172:NE2	Compd. 10:O3	51.1
30	Compd. 30:O4	Asp93:OD2	55.8
	Hie172:NE2	Compd. 30:O6	10.6
5	Compd. 5:O4	Gly143:O	89.2
	Tyr297:OH	Compd. 5:O3	56.4
	Hie172:NE2	Compd. 5:O4	29.3
	Hie172:NE2	Compd. 5:O3	14.5
1	Gly296:N	Compd. 1:O4	16.2
	Compd. 1:O4	Leu265:O	14.6

注：Compd. 指化合物。

　　表 7-4 是化合物（**5**，**6**，**7**，**8**，**9**，**10**，**21**，**22**，**27**，**29**）与 HDAC8 对接的复合物体系的氢键分析结果，结果表明，化合物 **5** 和 **7** 的 O 原子可与 Hie147 形成较强氢键作用（占有率分别为 75.3% 和 60.6%），并且与 Tyr121 和 Hip110 形成稳定氢键作用，占有率分别为 20.3% 和 53.2%；化合物 **6** 和 **8** 的 O 原子可分别与 Phe175 和 Tyr121 形成较弱氢键作用，占有率分别为 23.4% 和 19.8%。化合物 **21** 的 O 和 N 原子可分别与 Tyr273 和 Lys21 形成较强氢键作用，占有率 94.83% 和 72.7%。化合物 **9**、**22**、**27** 和 **29** 的 O 和 N 原子可与 Gly269（占有率分别为 49.8%，85.2%，25.0% 和 58.8%）、Gly107（占有率分别为 16.5%，50.2%，22.5% 和 51.0%）、Gln230（占有率分别为 40.7%、32.0%、84.5% 和 40.2%）和 Phe119（占有率分别为 28.0%、25.0%、20.9% 和 20.2%）形成稳定氢键作用；化合物 **10** 的 O 原子可与 Gln230 和 Hip110 形成较强氢键作用，占有率分别为 98.8% 和 64.3%。根据结果，我们发现在 MD 模拟过程中形成的氢键类型与分子对接的分析结果不同，可能是由于模拟过程中，化合物和 HDAC8 的构象出现偏移从而引起化合物与 HDAC8 之间氢键相互作用发生变化。此外，在这 10 个化合物中，化合物 **5**、**7**、**21**、**10**、**27**、**29** 和 **22** 可形成一个或两个具有超过 50% 占有率的氢键，这表明其与 HDAC8 具有更好的结合稳定性。

表 7-4　MD 模拟过程中化合物与 HDAC8 活性位点之间的氢键作用

化合物	供体	受体	占有率/%
5	Compd. 5:O5	Hie147:ND1	75.3
	Tyr121:N	Compd. 5:O1	20.3

化合物	供体	受体	占有率/%
7	Compd. 7:O4	Hie147:ND1	60.6
	Hip110:NE2	Compd. 7:O4	53.2
	Compd. 7:N2	Phe119:O	6.2
21	Compd. 21:O5	Tyr273:O	94.8
	Compd. 21:N1	Lys21:O	72.7
	Compd. 21:N2	Gly118:O	8.3
10	Compd. 10:O4	Gln230:OE1	98.8
	Hip110:NE2	Compd. 10:O4	64.3
	Phe119:N	Compd. 10:O2	31.2
	Compd. 10:N1	Gly107:O	16.7
27	Compd. 27:O4	Gln230:OE1	84.5
	Phe119:N	Compd. 27:O2	20.9
	Compd. 27:O4	Gly269:O	25.0
	Compd. 27:N1	Gly107:O	22.5
6	Compd. 6:O4	Phe175:O	23.4
	Compd. 6:N1	Phe175:O	9.4
8	Tyr121:N	Compd. 8:O1	19.8
	Leu122:N	Compd. 8:O1	8.2
29	Compd. 29:O4	Gly269:O	58.8
	Compd. 29:N1	Gly107:O	51.0
	Compd. 29:O4	Gln230:OE1	40.2
	Phe119:N	Compd. 29:O2	20.2
22	Compd. 22:O4	Gly269:O	85.2
	Compd. 22:N1	Gly107:O	50.2
	Gln230:NE2	Compd. 22:O4	32.0
	Phe119:N	Compd. 22:O6	25.0
9	Compd. 9:O4	Gly269:O	49.8
	Compd. 9:O4	Gln230:OE1	40.7
	Phe119:N	Compd. 9:O2	28.0
	Compd. 9:N1	Gly107:O	16.5

7.4.4 与锌离子配位状态分析

HDAC2 和 HDAC8 是一类活性依赖锌离子的酶，因此化合物螯合锌离子的能力是抑制该酶的前提条件。在 MD 模拟过程中的锌离子配位状态表明，所有化合物都能与锌离子进行螯合。在每个复合物体系中，Zn^{2+} 配位 5 或 6 个原子。在化合物（**1**，**5**，**6**，**29**，**21**，**23**，**10**，**19**，**9**，**30**）与 HDAC2 对接形成的复合物体系中，与 Zn^{2+}

配位的原子包括 Asp258 和 Asp170 的所有羧酸氧原子、His172 的 N 原子以及化合物的 O 或 N 原子，形成五配体或六配体形式（表 7-5）；化合物 1、9、19、21、23、29 与 Zn^{2+} 形成的配位键键长比其他化合物短，表明这 6 种化合物可与 Zn^{2+} 形成更强的配位作用，从而增强了它们的 HDAC2 抑制活性。在化合物（5，6，7，8，9，10，21，22，27，29）与 HDAC8 对接形成的复合物体系中，与 Zn^{2+} 配位的原子包括 Asp234、Asp23、Asp14 和 Asp145 的所有羧酸氧原子、Hie147 的 N 原子、Gly271 的 O 原子和化合物的 O 原子，从而形成五配体或六配体形式（表 7-6）。化合物 5、7、10、21、29 与 Zn^{2+} 形成的配位键键长比其他化合物短，表明这 5 种化合物可与 Zn^{2+} 形成更强的配位作用，从而增强了它们的 HDAC8 抑制活性。先前研究报道氢键作用和 Zn^{2+} 配位作用对于稳定复合物是至关重要的，这可能是这些化合物与 HDAC2 或 HDAC8 结合产生效力的原因。

表 7-5　在 HDAC2-化合物形成的配合物中锌离子与周围原子的平均键长　　单位：Å

化合物	键长							化合物原子
	Asp258：OD1	Asp258：OD2	Asp170：OD1	Asp170：OD2	Hie172：ND1	Gly295：O	Compd.	
21	1.69	1.86	1.79	1.84	2.13	—	2.03	O1
23	1.85	1.75	1.88	1.78	2.06	—	2.03	O1
10	1.78	1.82	1.88	1.79	2.12	—	3.02	O3
19	1.78	1.83	1.86	1.76	—	—	1.96	N3
9	1.78	1.83	1.87	1.77	2.11	—	1.89	O3
30	2.07	1.73	1.78	1.85	—	—	4.12	O4
5	1.80	1.76	1.88	1.89	2.06	—	3.12	O3
6	1.84	1.90	1.73	1.85	—	2.00	3.57	O3
29	1.97	1.87	1.81	1.86	—	—	2.43	O4
1	1.95	1.78	1.86	1.74	2.36	—	1.83	O3

表 7-6　在 HDAC8-化合物形成的配合物中锌离子与周围原子的平均键长　　单位：Å

化合物	键长							化合物原子
	Asp234：OD1	Asp234：OD2	Asp145：OD1	Asp145：OD2	Hie147：ND1	Gly271：O	Compd.	
5	1.77	1.88	1.77	1.90	—	—	1.83	O5
6	1.81	1.82	1.76	1.80	2.23	—	1.94	O5
7	1.76	1.83	1.74	1.85	—	2.10	1.88	O3
8	1.75	1.77	1.76	1.83	2.08	—	2.13	O5

化合物	键长							化合物原子
	Asp234：OD1	Asp234：OD2	Asp145：OD1	Asp145：OD2	Hie147：ND1	Gly271：O	Compd.	
9	1.78	1.79	1.85	1.79	—	—	1.97	O3
10	1.90	1.78	1.83	1.80	2.41	—	1.85	O3
21	1.88	1.80	1.86	1.84	2.19	—	1.88	O1
22	1.79	1.78	1.79	1.88	2.16	—	2.10	O3
27	1.77	1.83	1.78	1.84	2.07	—	2.21	O3
29	1.79	1.85	1.80	1.84	—	—	1.78	O3

7.4.5 结合自由能计算

采用 AmberTools 软件中的 MM/PBSA 方法计算配体与受体之间的结合自由能。每一个复合物都可以通过 MD 模拟对初始对接复合物结构生成一个轨迹，选择平衡态的轨迹来计算具有代表性的结合自由能。

为了更详细地了解化合物与 HDAC2 和 HDAC8 之间的相互作用，采用 MM/PBSA 方法计算了结合自由能。表 7-7 列出了化合物（**1**，**5**，**6**，**29**，**21**，**23**，**10**，**19**，**9**，**30**）与 HDAC2 的结合自由能（ΔG_{bind}）和能量组成的计算结果。与其他化合物的结合自由能相比，化合物 **1**、**21** 和 **23** 的结合自由能非常低，分别为 −10.56kcal/mol、−6.88kcal/mol 和 −12.98kcal/mol，这种负值的结合自由能表明复合物具有很高的结合亲和力和热力学稳定性。化合物 **5**、**6**、**29**、**10**、**19**、**9** 和 **30** 的结合自由能均为正值，这表明所形成复合物的热力学稳定性较低。因此，我们可以预测化合物 **1**、**21** 和 **23** 将具有最好的 HDAC2 抑制活性，这一结果与他们的对接评分结果是一致的。为了更好地了解哪一个能量项对计算的结合自由能影响最大，对四个单独的能量组分（ΔE_{vdw}，ΔE_{ele}，$\Delta G_{ele,sol}$ 和 $\Delta G_{np,sol}$）进行了比较。表 7-7 中的数据显示，分子间范德华能（ΔE_{vdw}）和静电自由能（ΔE_{ele}）为结合自由能提供了主要贡献，而极性和非极性溶剂自由能项（$\Delta G_{ele,sol}$ 和 $\Delta G_{np,sol}$）则对结合自由能起消极作用。此外，通过对非极性相互作用能（$\Delta E_{vdw}+\Delta G_{np,sol}$）和极性相互作用能（$\Delta E_{ele}+\Delta G_{ele,sol}$）的分析，发现 HDAC2 与化合物的结合主要是由有利的非极性相互作用能（−7.69～−25.97kcal/mol）驱动的，而极性相互作用能（7.06～43.46 kcal/mol）不利于配体结合。同时，化合物 **21**、**23**、**6** 和 **19** 的非极性相互作用能远高于其他化合物，分别为 −25.97kcal/mol、−20.04kcal/mol、18.36kcal/mol 和 −15.46kcal/mol，推测化合物 **21**、**23**、**6** 和 **19** 的大量的芳香基团以及与受体芳香残基形成的 π-π 叠加作用都对这一结果起到了贡献作用。

表 7-7　MD 模拟过程中化合物与 HDAC2 的结合自由能　单位：kcal/mol

化合物	ΔE_{vdw}	ΔE_{ele}	$\Delta G_{ele,sol}$	$\Delta G_{np,sol}$	ΔE_{MM}	ΔG_{SOLV}	ΔG_{bind}
21	−56.29	−56.74	75.83	30.32	−113.03	106.15	−6.88
23	−46.78	−63.89	70.95	26.74	−110.67	97.69	−12.98
10	−32.52	−36.48	52.79	18.57	−69.00	71.36	2.35
19	−46.41	−79.51	107.12	30.95	−125.92	138.06	12.15
9	−38.46	−64.60	80.22	25.75	−103.06	105.97	2.91
30	−18.49	−7.96	18.10	10.80	−26.45	28.90	2.45
5	−27.72	−32.20	47.54	18.24	−59.92	65.79	5.87
6	−38.57	−22.98	44.80	20.21	−61.56	65.00	3.44
29	−37.18	−35.76	79.22	23.86	−72.94	103.09	30.15
1	−36.69	−61.56	65.31	22.39	−98.25	87.69	−10.56

注：ΔE_{MM} 表示真空下分子力学自由能，ΔG_{SOLV} 表示溶剂化自由能。

表 7-8 列出了化合物（5、6、7、8、9、10、21、22、27、29）与 HDAC8 的结合自由能和能量组成的计算结果。与其他化合物的结合自由能相比，化合物 5、6、7、21、29、10、22、27 和 9 的结合自由能非常低，均为负值，这表明复合物具有很高的结合亲和力和热力学稳定性。化合物 8 的结合自由能为 8.66kcal/mol，正值表明所形成复合物的热力学稳定性较低。这一结果与分子动力学模拟结果是一致的。为了更好地了解哪一个能量项对计算的结合自由能影响最大，对四个单独的能量组分（ΔE_{vdw}，ΔE_{ele}，$\Delta G_{ele,sol}$ 和 $\Delta G_{np,sol}$）进行了比较。表 7-8 中的数据显示，分子间范德华能（ΔE_{vdw}）和静电自由能（ΔE_{ele}）为结合自由能提供了主要贡献，而极性和非极性溶剂自由能项（$\Delta G_{ele,sol}$ 和 $\Delta G_{np,sol}$）则对结合自由能起消极作用。此外，通过对非极性相互作用能（$\Delta E_{vdw} + \Delta G_{np,sol}$）和极性相互作用能（$\Delta E_{ele} + \Delta G_{ele,sol}$）的分析，发现 HDAC8 与化合物的结合主要是由有利的非极性相互作用能（−17.55 ～ −65.79kcal/mol）驱动的，而极性相互作用能（6.79～54.54kcal/mol）不利于配体结合。同时，化合物 9、29 和 10 的非极性相互作用能远高于其他化合物，分别为 −65.79kcal/mol、−61.42kcal/mol 和 −47.61kcal/mol，推测化合物 9、29 和 10 苯环上较小体积的基团（F、Cl 和羟基）以及与受体残基的强氢键作用都对这一结果起到了贡献作用。

表 7-8　MD 模拟过程中化合物（5，6，7，8，21，29，10，22，27，9）与 HDAC8 的结合自由能

单位：kcal/mol

化合物	ΔE_{vdw}	ΔE_{ele}	$\Delta G_{ele,sol}$	$\Delta G_{np,sol}$	ΔE_{MM}	ΔG_{SOLV}	ΔG_{bind}
5	−47.94	−60.62	70.54	27.97	−108.56	98.52	−10.05
6	−56.02	−48.26	72.43	30.71	−104.28	103.13	−1.15
7	−45.55	−65.55	77.49	29.66	−111.09	107.15	−3.94

化合物	ΔE_{vdw}	ΔE_{ele}	$\Delta G_{ele,sol}$	$\Delta G_{np,sol}$	ΔE_{MM}	ΔG_{SOLV}	ΔG_{bind}
8	−64.24	−29.47	71.03	31.35	−93.72	102.38	8.66
21	−53.56	−64.94	75.00	27.34	−118.50	102.34	−16.17
29	−46.18	−84.79	100.72	23.37	−130.97	124.10	−6.87
10	−51.99	−73.11	84.26	25.50	−125.10	109.76	−15.35
22	−50.68	−67.31	80.89	26.41	−117.99	107.30	−10.69
27	−44.40	−64.48	80.29	25.39	−108.88	105.68	−3.20
9	−43.11	−89.21	93.92	23.42	−132.32	117.34	−14.97

注：ΔE_{vdw}，ΔE_{ele}，$\Delta G_{ele,sol}$，$\Delta G_{np,sol}$，ΔE_{MM}，ΔG_{SOLV}，ΔG_{bind} 分别代表对接的吉布斯能量变化。

7.5 漆酚基 HDAC 抑制剂分子的合成

周昊等根据分子对接和动力学模拟虚拟筛选的结果，选择其中与 HDAC2 和 HDAC8 对接效果好且稳定结合的化合物进行化学合成，这些化合物共 11 个，分别是设计的化合物 1、5、6、9、10、19、21、22、27、29 和 30。以三烯漆酚为原料，通过对其邻二酚羟基进行醚化反应，阻断漆酚氧化聚合，再经 D-A、羟氨化、缩合等反应，在漆酚侧链尾部引入异羟肟酸基团，通过 Friedel-Crafts 酰基化、Schiemann（席曼）、氧化、还原等反应在其脂肪链引入羟基或羰基，在苯环中引入 F、Cl、氨基、磺胺基、三唑、苯甲酰胺基、羟基或硝基等药效功能基团，成功合成了 11 种新型亚甲基醚漆酚异羟肟酸衍生物。合成的目标化合物结构经 1H NMR、13C NMR、ESI-MS、IR 进行了确认，表明 11 种化合物均成功合成。下面详细介绍合成方法。

以三烯漆酚为起始原料，与二氯甲烷（DCM）和 NaH 进行醚化反应，生成亚甲基醚漆酚，可有效阻断漆酚的氧化聚合。利用漆酚烷基侧链的共轭双键与丙烯酸酯进行 D-A 反应，再通过水解得到具有环己烯甲酸结构的关键中间体 S1，将 S1 与四氢吡喃基羟胺（NH$_2$OTHP）、1-(3-二甲基氨基丙基)-3-乙基碳二亚胺盐酸盐（EDC. Cl）、4-二甲氨基吡啶（DMAP）、N,N-二异丙基乙胺（DIPEA）等试剂进行反应，即可得到侧链尾部具有异羟肟酸基团的目标化合物 1。为了考察漆酚苯环和脂肪链上引入功能基团对 HDAC 抑制活性的影响，合成了目标化合物 5、6、9、10、19、21、22、27、29 和 30。以中间体 S1 为原料，先与 mCPBA 反应，使脂肪链上的双键氧化成酮，再通过氢化铝锂还原成羟基，但同时 S1 侧链尾部的羰基也被还原成羟基，因此继续通过与 Jones 试剂进行氧化反应，与 NaBH$_4$ 进行还原反应得到中间体 S5，将 S5 与 NH$_2$OTHP 反应，即得到脂肪链上具有羟基结构的目标化合物 5。以中间体 S1 为原料，先与无水硝酸铜进行反应，使苯环上引入硝基，再与 NH$_2$OTHP 反应，即得到苯环上具有硝基结构的目标化合物 30。

对于化合物 27 的合成，以中间体 S1 为原料，与浓硝酸进行取代反应得到苯环上接有硝基基团的中间体 **S3**，通过加入无水氯化铵和锌粉，可将硝基还原成胺基，得到苯环带有胺基的重要中间体 **S4**，然后再与 NH_2OTHP 等试剂进行缩合反应，即得到苯环上具有胺基结构的目标化合物 **27**。对于化合物 **21** 和 **22** 的合成，都是以苯环带有胺基的中间体 **S4** 为原料，化合物 **21** 的合成是通过加入 TEA 和苯甲酰氯等酰基化反应试剂，进行 Friedel-Crafts 酰基化反应，可得到苯环带有苯甲酰胺基的目标化合物 **21**；化合物 **22** 的合成是通过加入 TEA 和 MsCl 等磺酰化反应试剂，进行磺酰基化反应，可得到苯环带有甲基磺酰胺基的目标化合物 **22**；对于化合物 **10**、**9** 和 **29** 的合成，都是以苯环带有胺基的中间体 **S4** 为原料，首先 **S4** 通过加入 HAc、HCl 和 $NaNO_2$ 进行 Schiemann（席曼）反应生成芳基重氮氟硼酸盐，通过将苯基重氮氟硼酸盐与 CuCl 反应，可得到苯环带有氯基的目标化合物 **10**；苯基重氮氟硼酸盐在加入甲苯、110℃反应条件下，可得到苯环带有氟基的目标化合物 **9**；通过将苯基重氮氟硼酸盐与醋酐反应，再通过水解可得到苯环带有羟基的目标化合物 **29**。

化合物 **6** 是以 **S1** 为原料，通过加入 DCM 和 mCPBA，可使烷基链上的双键进行环氧化，然后在酸性条件下迅速发生分子内重排，生成羰基，然后再与 NH_2OTHP 等试剂进行缩合反应，即得到脂肪链上具有羰基结构的目标化合物 **6**。化合物 **19** 的合成是以 **S1** 为原料，首先加入 $CHOCH_3Cl_2$，$SnCl_4$ 催化条件下在苯环上引入醛基，然后再加入 NaH_2PO_3 和 $NaCl_2O$ 使醛基氧化成羧基，加入 $SOCl_2$ 和 DMF，在通入氨气的条件下，使羧基转化为酰胺基，进一步与 $(CH_3O)_2CHN(CH_3)_2$ 反应后，再加入乙二醇二甲醚和水合肼进行反应，即可在苯环上引入三氮唑基团，最后再加入 LiOH、NH_2OTHP 等试剂，进行水解、缩合等反应，最终得到苯环带有三氮唑基的目标化合物 **19**。各化合物的合成路线如图 7-10 所示。

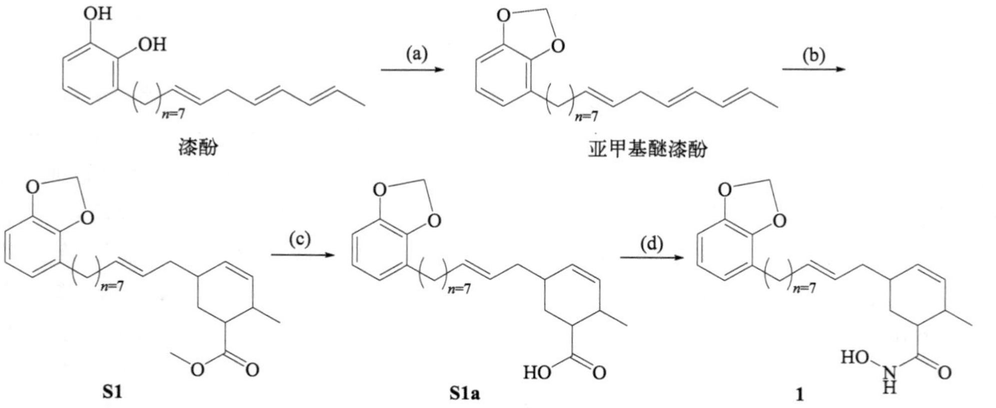

试剂与条件：（a）DCM，NaH，过夜；（b）丙烯酸，36h；（c）MeOH，KOH，2～4h；（d）ⅰ）NH_2OTHP，EDC.Cl，DMAP，DIPEA，室温，6h；ⅱ）HCl，MeOH，室温，过夜

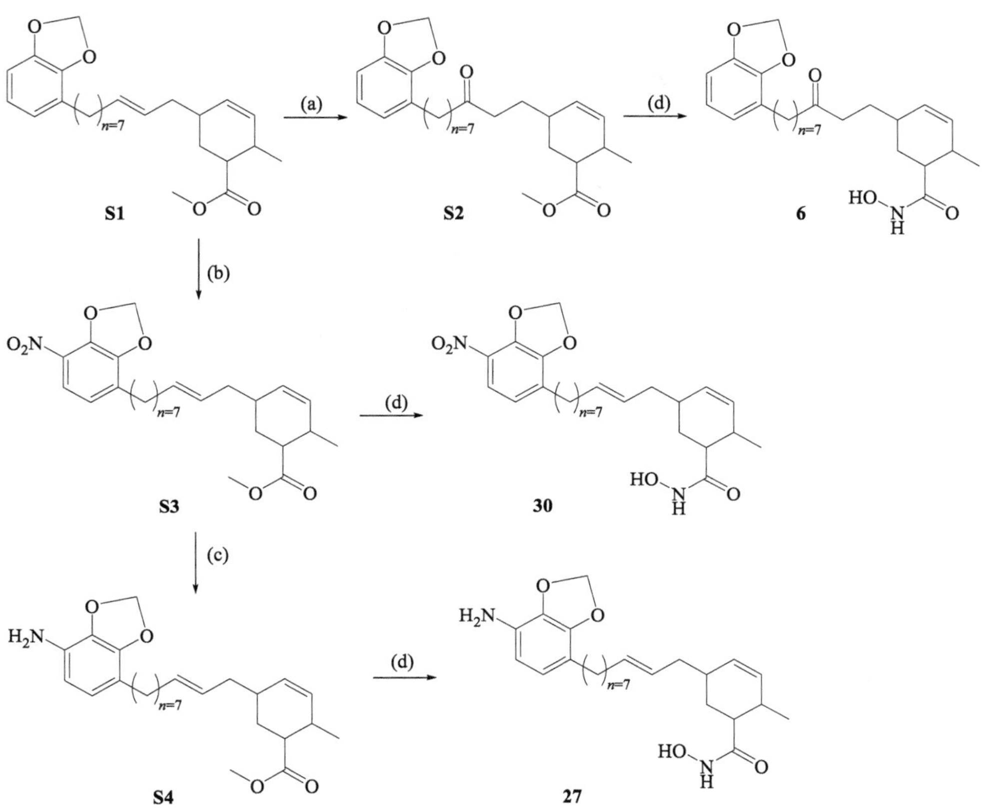

试剂与条件：(a) mCPBA，DCM，0℃，6h；(b) i) AC_2O，0℃，2h；ii) $Cu(NO_2)_2$，0℃，3h；(c) Zn，NH_4Cl，MeOH，0℃，20min；(d) i) MeOH，KOH，室温，2～4h；ii) NH_2OTHP，EDC.Cl，DMAP，DIPEA，室温，6h；iii) HCl，MeOH，室温，过夜

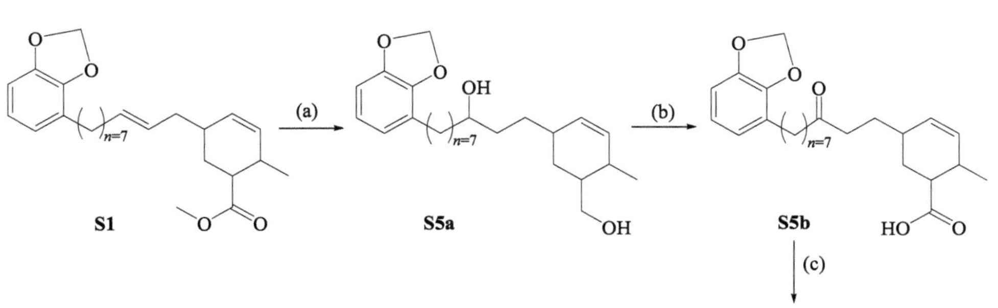

图 7-10

试剂与条件：（a）ⅰ）mCPBA，DCM，室温，过夜；ⅱ）LiAlH₄，THF，70℃，2h；（b）CrO₃，H₂SO₄，Acetone-H₂O，室温，30min（c）NaBH₄，MeOH，室温，30min；（d）ⅰ）NH₂OTHP，EDC.Cl，DMAP，DIPEA，室温，6h；ⅱ）HCl，MeOH，室温，过夜。

试剂与条件：（a）SnCl₄，CHOCH₃Cl₂，DCM，−40～0℃，4h；（b）NaClO₂，异戊烯，NaH₂PO₃，t-BuOH，H₂O，室温，3h；（c）ⅰ）SOCl₂，DMF，DCM，室温，1.5h；ⅱ）NH₃，−40℃，50min；（d）ⅰ）（CH₃O）₂CHN（CH₃）₂，80℃，4h；ⅱ）NH₂NH₂·H₂O，CH₃OCH₂CH₂OCH₃，80℃，4h；（e）ⅰ）MeOH，KOH，室温，2～4h；ⅱ）NH₂OTHP，EDC.Cl，DMAP，DIPEA，室温，6h；ⅲ）HCl，MeOH，室温，过夜

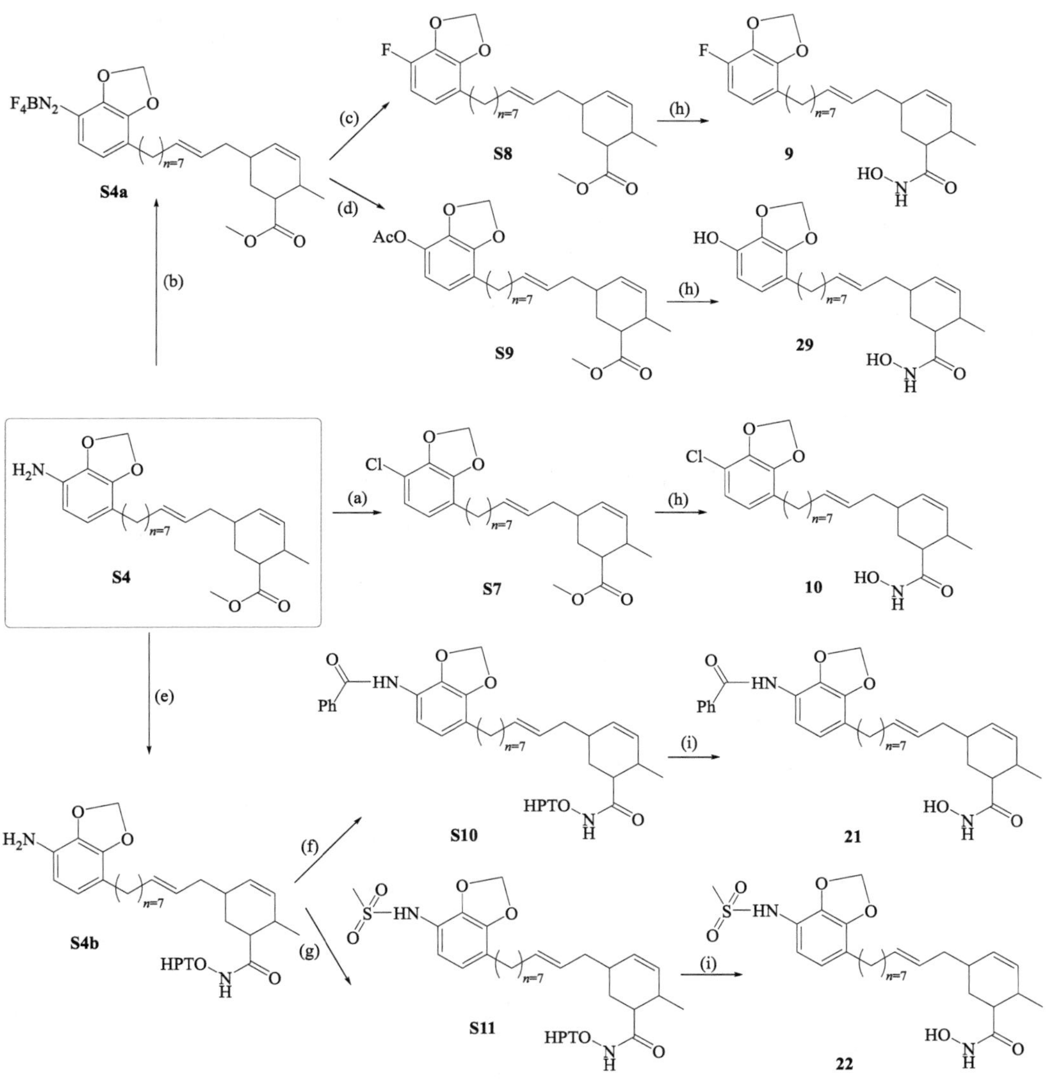

试剂与条件：（a）ⅰ）HAc，HCl，NaNO$_2$，0℃，1h；ⅱ）CuCl，HCl，HAc，70℃，5h；（b）HAc，HCl，NaNO$_2$，NaBF$_4$，-20℃，2h；（c）PhMe，110℃，1h；（d）HAc，Ac$_2$O，110℃，3h；（e）ⅰ）MeOH，KOH，室温，2～4h；ⅱ）NH$_2$OTHP，EDC.Cl，DMAP，DIPEA，室温，6h；（f）TEA，DCM，C$_7$H$_5$ClO，-40～0℃；（g）TEA，DCM，MsCl，-40～0℃；（h）ⅰ）MeOH，KOH，室温，2～4h；ⅱ）NH$_2$OTHP，EDC.Cl，DMAP，DIPEA，室温，6h；ⅲ）HCl，MeOH，室温，过夜；（i）HCl，MeOH，室温，过夜

图 7-10　11 种漆酚基异羟肟酸衍生物的合成路线

7.6　漆酚基 HDAC 抑制剂分子的抗肿瘤活性评价

　　周昊等为了验证漆酚基异羟肟酸衍生物的实际 HDAC 抑制效果和体外抗肿瘤活性，对所合成的这些化合物进行了体外生物活性评价。评价内容包括：化合物对 HDAC2 和 HDAC8 的抑制活性；对活性化合物 ADMET 性质的预测；化合物体外对肿瘤细胞增殖抑制活性。通过研究化合物的 HDAC2 和 HDAC8 抑制活性，筛选出活性较好的化合物，利用计算机对化合物的 ADMET 性质进行预测，推测其药代动力学性质，预测其成药潜力。采用 MTT 法评价不同化合物对肿瘤细胞的增殖抑制活性，初步阐明构效关系，并通过 Western Blotting 和流式细胞术等手段检测化合物对肿瘤细胞中组蛋白乙酰化的表达及肿瘤细胞凋亡和周期的影响，阐明漆酚衍生物抗肿瘤作用机制，为漆酚基衍生物结构优化和开发靶向抗肿瘤药物提供参考。

7.6.1　化合物对 HDAC2 和 HDAC8 的抑制活性

　　采用 HDAC 抑制活性检测试剂盒对 11 种漆酚基异羟肟酸衍生物分别进行了 HDAC2 和 HDAC8 抑制活性检测。选用 Enzo Life Sciences 公司的 HDAC 抑制活性检测试剂盒，以 IC_{50} 值为检测指标，以上市药物 SAHA 为阳性对照，对已合成的 11 种漆酚基异羟肟酸衍生物分别进行了 HDAC2 和 HDAC8 抑制活性检测，结果如表 7-9 所示。可以看出这些化合物对 HDAC2/8 均表现出了良好的抑制活性，化合物对 HDAC8 的抑制活性要优于 HDAC2，且化合物的 HDAC2/8 抑制活性随浓度的升高而逐渐上升。对于 HDAC2，化合物 5、6、9、10、21 和 29 显示比阳性药 SAHA 更好的抑制效果，其 IC_{50} 值分别为 135.36nmol/L、123.36nmol/L、96.89nmol/L、111.16nmol/L、145.07nmol/L 和 82.84nmol/L，表明苯环中引入 F、Cl、羟基和苯甲酰胺基，烷基链引入羟基或羰基都可增加化合物对 HDAC2 的抑制活性。对于 HDAC8，化合物 5、6、9、10、22 和 30 显示比阳性药 SAHA 更好的抑制效果，其 IC_{50} 值 分 别 为 19.38nmol/L、16.22nmol/L、20.62nmol/L、19.27nmol/L、17.44nmol/L 和 24.62nmol/L，表明苯环中引入 F、Cl、甲磺酰胺基和硝基，烷基链引入羟基或羰基都可增加化合物对 HDAC8 的抑制活性。

表 7-9　11 种漆酚衍生物对 HDAC2/8 的抑制活性 IC_{50} 值

化合物	IC_{50}/(nmol/L)		化合物	IC_{50}/(nmol/L)	
	HDAC2	HDAC8		HDAC2	HDAC8
1	204.40	28.42	**21**	145.07	30.53
5	135.36	19.38	**22**	216.02	17.44
6	123.36	16.22	**27**	239.71	34.47
9	96.89	20.62	**29**	82.84	34.91
10	111.16	19.27	**30**	210.67	24.62
19	172.22	41.36	SAHA	160.07	28.98

　　注：表中 IC_{50} 值代表偏差小于 10% 的三次实验的平均结果。

7.6.2　化合物 ADMET 性质预测

采用计算机软件对 11 种化合物的 ADMET 性质进行预测分析，评价其成药性，并与阳性药 SAHA 进行了比较。ADMET 性质测定主要针对化合物在 25℃水中水溶解度、血脑屏障的通透性、对细胞色素 P450 2D6 的抑制性、肝毒性、人类肠道吸收性、血浆蛋白结合率等六个方面，结果见表 7-10。

表 7-10　化合物的 ADMET 性质预测

| 化合物 | ADMET 预测 Prediction of ADMET | | | | | |
	25℃水中溶解度 $[\lg(S_w)]$	血脑屏障的通透性	对细胞色素 P450 2D6 抑制性	肝毒性	人类肠道吸收性	血浆蛋白结合率
1	-3.063	0.9718	False	False	0.9720	1.273
5	-3.158	0.9710	False	False	0.9577	1.297
6	-3.150	0.9714	False	False	0.9679	1.334
9	-3.232	0.9735	False	False	0.9721	1.261
10	-3.391	0.9732	False	False	0.9715	1.253
19	-2.827	0.9730	False	False	0.9677	1.265
21	-3.253	0.9715	False	False	0.9570	1.214
22	-2.960	0.9733	False	False	0.9531	1.300
27	-3.085	0.9715	False	False	0.9583	1.142
29	-2.828	0.9696	False	False	0.9680	1.250
30	-3.119	0.9722	False	False	0.9240	1.174
SAHA	-2.811	0.9762	False	False	0.7319	0.758

化合物的水溶性是其是否能成药的重要因素之一，药物分子在体内的分布、传送及跨膜都需要其具有一定水溶性。化合物水溶性以 $\lg(S_w)$ 值大小为评价标准：$\lg(S_w)$ 值小于 -8.0 代表极低，在 -8.0 到 -6.0 之间代表非常低，在 -6.0 到 -4.0 之间代表低，在 -4.0 到 -2.0 之间代表好，在 -2.0 到 0 之间代表最佳，大于 0 代表过高。结果表明 11 种化合物水溶性取值在 -4.0 到 -2.0 范围，都具有好的水溶性。血脑屏障（BBB）是一层细胞屏障，存在于生物体内，BBB 对保持大脑内外环境稳定性以及保护中枢神经系统具有重要作用，对药物在体内的代谢具有重要影响，是药物分子是否能进入大脑组织中发挥作用的关键。根据血脑屏障通透性评价标准，BBB 通透性＞5 表示非常高的渗透，1＜BBB 通透性＜5 表示高，0.3＜BBB 通透性＜1 表示中等，BBB 通透性＜0.3 表示低，结果表明 11 种化合物的均具有较好的血脑屏障通过率，与阳性药相当。CYP 是药物分子在体内的主要代谢酶，CYP 的酶活会受药物分子的抑制或诱导，细胞色素 P450（CYP450）是存在于肝脏微粒体中的一种酶，其是药物在体内生物转化的关键酶，CYP450 是药物分子在体内代谢稳定的重要

因素，少部分药物分子被 CYP450 作用代谢生成活性产物，大部分药物分子会通过 CYP450 的氧化还原作用使其药效减弱或消失，代谢生成效能低且容易被排出体外的产物。抑制或诱导 P450 肝药酶是导致药物相互作用产生的主要原因。True 代表对酶有抑制性，False 代表对 P450 酶无抑制性，由表 7-10 可知合成的 11 种漆酚衍生物均显示对 P450 肝药酶无抑制作用，因此我们可以推断漆酚衍生物作为药物使用在人体代谢过程中不会产生相互作用。

肝脏是药物在体内代谢的主要器官，如果药物使用错误就会损伤肝脏。药物分子在体内发挥药效的同时也会产生不良反应，情况严重时还会对肝脏产生毒性，从而损害肝脏。因此体内用药时要保证用药安全，对其是否有肝毒性足够重视，这样是为了减少药物引起的肝病发生。False 代表药物没有肝毒性，True 代表药物有毒性，结果表明所有化合物都没有肝毒性。药物在肠道的吸收好坏是其药效的重要因素，肠内酶及肠黏膜细胞通过对药物代谢及屏障作用而影响药物在肠道的吸收。人肠道吸收性（HIA）评价标准为 HIA＜0.3 表明吸收差，HIA＞0.3 表明吸收好，结果表明 11 种化合物在肠内的吸收情况都很好，且优于阳性药。药物分子在血浆内的血浆蛋白结合率是其与血浆蛋白结合的比率。药物进入体内会以一定的比率与血浆蛋白进行结合，药物分子会同时以结合型与游离型状态存在于血浆中。以游离型状态存在的药物分子才具有药效。由表 7-10 可知 11 种漆酚衍生物与血浆蛋白的结合率都较低，表明合成的漆酚衍生物作为药物在体内使用时都会以游离型存在的，不会与血浆蛋白结合，可以使药物在体内保持良好的药物活性。

7.6.3 体外抗肿瘤活性检测

（1）MTT 检测　通过 MTT 法分别测定了 11 种漆酚衍生物对四株肿瘤细胞（Hela 人宫颈癌细胞，A549 人非小细胞肺癌细胞，HCT116 人结肠癌细胞，MCF-7 人乳腺癌细胞）的抗增殖活性，结果如表 7-11 所示。大部分化合物对这四株肿瘤细胞均具有良好的抗肿瘤细胞增殖能力，其中对 MCF-7 细胞增殖抑制效果最好，其次是对 Hela 和 HCT-116 细胞抑制效果较好，对 A549 细胞抑制效果最差。在 $0.032\sim 100\mu mol/L$ 给药浓度条件下，化合物的抗肿瘤细胞增殖能力随浓度的升高而逐渐上升，说明化合物的浓度越大，对肿瘤细胞增殖的抑制能力越强。另外可以看出 11 种具有漆酚基异羟肟酸母核结构的化合物，随着取代基的不同，漆酚衍生物表现出的抗肿瘤增殖能力也是不同的，这说明不同功能取代基团对漆酚衍生物的抗肿瘤活性具有重要的影响。对于 Hela 细胞，化合物 **5**、**6**、**9**、**10**、**21** 和 **29** 显示出更显著的细胞增殖抑制活性，其 IC_{50} 值均低于阳性药 SAHA 的 IC_{50} 值 $30.33\mu mol/L$，尤其是化合物 **29** 抑制活性最为突出。对于 A549 细胞，化合物 **10** 和 **29** 显示出更显著的细胞增殖抑制活性，其 IC_{50} 值分别为 $18.96\mu mol/L$ 和 $9.58\mu mol/L$，化合物 **5**、**6** 和 **21** 对 A549 细胞抑制活性较差，其 IC_{50} 值均大于 $100\mu mol/L$，而化合物 **30** 对 A549 细胞几乎没有抑制活性；对于 HCT116 细胞，化合物 **6**、**9**、**10**、**19**、**22** 和 **27** 显示出更显著的细胞增殖抑制活性，其 IC_{50} 值均低于阳性药 SAHA 的 IC_{50} 值 $27.58\mu mol/L$，而化合

物 **29** 对 HCT-116 细胞抑制活性较差，其 IC_{50} 值大于 $100\mu mol/L$。对于 MCF-7 细胞，化合物 **1**、**5**、**6**、**9**、**10**、**22** 和 **30** 显示出更显著的细胞增殖抑制活性，其中化合物 **5**、**6**、**10**、**22** 和 **30** 的 IC_{50} 值远远低于阳性药 SAHA 的 IC_{50} 值 $17.36\mu mol/L$。在这 11 种化合物中，化合物 **6**、**9** 和 **10** 表现最为突出，其抗肿瘤广谱性和抑制活性都优于阳性药 SAHA。

通过对化合物结构与抑制活性进行比较分析，初步评价了 11 种漆酚基异羟肟酸衍生物的抗肿瘤构效关系，可以看到，苯环上的取代基决定主要的抑制活性强弱。比较漆酚基异羟肟酸母体结构中苯环和烷基链上不同位阻和电性取代基对化合物抑制活性的影响，发现当苯环中引入 F、Cl、氨基、硝基、甲磺酰胺基、三氮唑、苯甲酰胺基或羟基取代基，烷基链引入羟基或羰基都可增加化合物抗肿瘤活性，在这些苯环取代基中 F、Cl、硝基和羟基作为吸电子基，具有更好的抗肿瘤活性，位阻小的取代基比位阻大的取代基具有更好的抑制活性。苯环或烷基链上取代基抑制活性强弱顺序为 Cl＞F＞羟基＞羰基＞甲磺酰胺基＞硝基＞氨基＞三氮唑＞苯甲酰胺基。因此，在苯环上具有 Cl、F、硝基、羟基或甲磺酰胺基，烷基链上具有羰基或羟基的漆酚基异羟肟酸衍生物具有更好的 HDAC 抑制和抗肿瘤生物活性。

表 7-11　11 种漆酚衍生物对肿瘤细胞增殖的抑制活性 IC_{50} 值

化合物	R^1	R^2	$IC_{50}/(\mu mol/L)$			
			Hela	A549	HCT116	MCF-7
1	H	H	41.16	26.18	28.53	13.58
5	H	—OH	20.73	180.49	33.49	6.84
6	H	=O	18.04	137.22	25.91	5.22
9	—F	H	9.73	65.27	15.29	12.49
10	—Cl	H	16.44	18.96	14.33	6.24
19	(三唑基)	H	37.82	79.13	21.42	26.33
21	(苯甲酰胺基)	H	24.27	161.73	34.69	22.40
22	$H_3C-S(O_2)-NH$	H	52.58	39.27	23.80	5.38
27	—NH_2	H	89.82	39.91	12.24	26.36
29	—OH	H	2.47	9.58	108.07	26.71
30	—NO_2	H	86.69	ND	41.96	7.29
SAHA	—	—	30.33	5.31	27.58	17.36

注：表中 IC_{50} 值代表偏差小于 10％ 的三次实验的平均结果；ND 代表没有抑制活性。

（2）Western Blotting 检测　HDAC 的功能是催化乙酰化的核心组蛋白脱去乙酰基。组蛋白乙酰化修饰是表观遗传修饰的重要过程之一，HDAC 抑制剂（HDACI）能够抑制 HDAC 去乙酰化活性，诱导组蛋白乙酰化，从而诱导肿瘤细胞凋亡、阻滞细胞周期，引起自噬或坏死等方式杀死肿瘤细胞，达到肿瘤治疗的目的。为了进一步验证化合物在细胞中对 HDAC 抑制的作用机制，我们选择对 HCT116 抑制活性最好的化合物 **10** 和 **27**，采用 Western Blotting 方法研究化合物在 HCT116 细胞中对组蛋白 H3 和微管蛋白乙酰化水平的影响，并与阳性药 SAHA 进行比较。结果如图 7-11 所示，化合物 **27** 和 **10** 在浓度为 $0.6\mu mol/L$、$2\mu mol/L$ 和 $6\mu mol/L$ 时均可显著诱导组蛋白 H3 和 Tubulin 的乙酰化表达，且随着化合物浓度的上升，组蛋白 H3 和 Tubulin 的乙酰化程度随之上升。并且与阳性药 SAHA 相比，化合物 **10** 和 **27** 能够更加显著升高组蛋白 H3 和微管蛋白乙酰化水平，这与 MTT 试验结果是一致的，说明化合物 **10** 和 **27** 是通过抑制 HDAC，诱导组蛋白和微管蛋白超乙酰化，达到有效抗肿瘤效果。

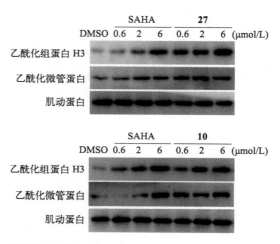

图 7-11　不同浓度条件下化合物 **10**、**27** 和 SAHA 在 HCT116 细胞中
对组蛋白 H3 和微管蛋白乙酰化水平的影响

（3）体外细胞凋亡和周期检测　为了测试对 HDAC 酶的抑制是否能够诱导肿瘤细胞的凋亡，使用流式细胞仪技术对化合物 **10** 和 **27** 进行了诱导 HCT116 肿瘤细胞凋亡试验，并与阳性药 SAHA 进行了比较。结果见表 7-12，可以看出给药 24h 后，化合物 **10**、**27** 和 SAHA 都能诱导肿瘤细胞的凋亡，其对 HCT116 细胞的凋亡率随给药浓度的增加而变大；在三种浓度（$0.6\mu mol/L$、$2\mu mol/L$ 和 $6\mu mol/L$）条件下，化合物 **10** 能够诱导 HCT116 肿瘤细胞从 7.04％到 13.35％的凋亡率；化合物 **27** 能够诱导 HCT116 肿瘤细胞从 8.22％到 18.32％的凋亡率；化合物 SAHA 能够诱导 HCT116 肿瘤细胞从 4.18％到 8.28％的凋亡率；结果表明化合物 **10** 和 **27** 诱导肿瘤细胞凋亡的能力要强于 SAHA，这和 MTT 试验结果是一致的。

因为肿瘤细胞的细胞循环停止与 HDAC 抑制作用有关，因此检测了漆酚衍生物对 HCT116 细胞周期的影响。分别用相同浓度的化合物 **10**、**27** 和 SAHA 作用于 HCT116 细胞 24h 后，通过 PI 染色和流式细胞术分别测定 G1、S 或 G2 期细胞的百分比，由图 7-12 可以看出，化合物主要使 HCT116 肿瘤细胞周期阻滞于 G1 和 S 期，提示漆酚衍生物抑制肿瘤细胞增殖的作用机制可能是抑制 G1 期蛋白质合成和阻断 S 期 DNA 的复制。

表 7-12　不同浓度化合物作用下 HCT116 肿瘤细胞的凋亡率

化合物	HCT116 肿瘤细胞的凋亡率/%		
	6μmol/L	2μmol/L	0.6μmol/L
10	13.35±0.91	9.89±0.33	7.04±0.52
27	18.32±0.54	11.62±0.80	8.22±0.41
SAHA	8.28±0.72	6.15±0.46	4.18±0.75

注：表中数值为三次试验的平均值，"±"后的数值表示标准偏差。

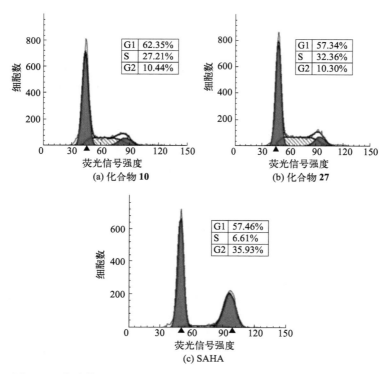

图 7-12　化合物 **10**、**27** 和 SAHA 对 HCT116 细胞周期影响检测结果

参考文献

［1］ Huang M L，Zhang J，Yan C J，et al. Small molecule HDAC inhibitors：Promising agents for breast cancer treatment［J］. Bioorganic Chemistry，2019，91：103184.

［2］ Mohammadi A，Sharifi A，Pourpaknia R，et al. Manipulating macrophage polarization and function using classical HDAC inhibitors：Implications for autoimmunity and inflammation［J］. Critical Reviews in Oncology/Hematology，2018，128：1-18.

［3］ Conte M，Palma R D，Altucci L. HDAC inhibitors as epigenetic regulators for cancer immunotherapy［J］. The International Journal of Biochemistry & Cell Biology，2018，98：65-74.

［4］ Suzuki T，Kouketsu A，Matsuura A，et al. Thiol-based TSA analogues as potent histone deacetylase inhibitors［J］. Bioorganic and Medicinal Chemistry Letters，2004，14（12）：3313-3317.

［5］ Zhang X，Zhang J，Tong L，et al. The discovery of colchicine-SAHA hybrids as a new class of antitumor agents［J］. Bioorganic and Medicinal Chemistry，2013，21（11）：3240-3244.

［6］ Chen L，Wilson D，Jayaram H N，et al. Dual inhibitors of inosine monophosphate dehydrogenase and histone deacetylases for cancer treatment［J］. Journal of Medicinal Chemistry，2007，50（26）：6685-6691.

［7］ 王宛荞，杨金玉，刘帅，等. 含丙二酰胺结构片段的硫醇类 HDAC 抑制剂的设计、合成及抗肿瘤活性研究［J］. 中国药物化学杂志，2015（2）：83-92.

［8］ Sailhamer E A，Li Y，Smith E J，et al. Acetylation：a novel method for modulation of the immune response following trauma/hemorrhage and inflammatory second hit in animals and humans［J］. Surgery，2008，144（2）：204-216.

［9］ 刘冰，陆爱军，廖晨钟，等. 磺胺基羟肟酸类 HDAC 抑制剂三维定量构效关系［J］. 物理化学学报，2005，21（3）：333-337.

［10］ Guerrant W，Patil V，Canzoneri J C，et al. Dual-acting histone deacetylase-topoisomerase I inhibitors［J］. Bioorganic & Medicinal Chemistry Letters，2013，23（11）：3283-3287.

［11］ Paris M，Porcelloni M，Binaschi M，et al. Histone deacetylase inhibitors：from bench to clinic［J］. Journal of Medicinal Chemistry，2008，51（6）：1505-1529.

［12］ Zuo M，Zheng Y W，Lu S M，et al. Synthesis and biological evaluation of N-aryl salicylamides with a hydroxamic acid moiety at 5-position as novel HDAC-EGFR dual inhibitors［J］. Bioorganic & Medicinal Chemistry，2012，20（14）：4405-4412.

［13］ Wegener D，Deubzer H E，Oehme I，et al. HKI 46F08，a novel potent histone deacetylase inhibitor，exhibits antitumoral activity against embryonic childhood cancer cells［J］. Anticancer Drugs，2008，19：849-857.

［14］ Zhang S，Huang W B，Li X N，et al. Synthesis，Biological evaluation，and computer-aided drug designing of new derivatives of hyperactivesuberoylanilide hydroxamic acid histone deacetylase inhibitors［J］. Chemical Biology & Drug Design，2015，86：795-804.

［15］ 周昊. 漆酚基异羟肟酸型 HDAC 抑制剂的设计合成、纳米胶束制备及抗肿瘤活性研究［D］. 中国林业科学研究院，2020.

第8章
漆酚基胶束制备、性能评价及抗肿瘤活性

8.1 负载漆酚异羟肟酸衍生物的 mPEG-PBAE 共聚物胶束设计、制备及性能评价

目前化疗是治疗癌症的常用方法，但传统的化疗药物存在水溶性差、非特异性分布、毒副作用大、生物利用度低以及肿瘤细胞的多重耐药性等问题，导致抗癌疗效低下，限制了其在临床上的应用。近年来纳米靶向药物传递系统的发展为解决这些问题提供了新的途径，其中，两亲共聚物胶束具有载药范围广、结构稳定性好、体内滞留时间长、生物相容性及组织渗透性均良好等优点而在靶向给药体系中备受青睐。共聚物胶束是由亲水性和疏水性单体组成的嵌段共聚物，两亲性嵌段共聚物可在水性介质中自组装形成稳定壳-核结构的纳米递送系统，其疏水性内核可作为水难溶性药物的贮库，亲水性外壳赋予胶束良好的水溶性和空间稳定性。两亲性共聚物中亲水性片段大都选用聚乙二醇（polyethyleneglycol，PEG），亲脂性片段一般由聚酯或聚氨基酸组成。目前已有部分抗肿瘤药物的胶束制剂如包载阿霉素的胶束（SP1049C），载紫杉醇的胶束（Genexol-PM），载表柔比星的胶束（NC-6300）等已被批准上市或处于临床试验阶段。

共聚物胶束作为靶向药物传递系统虽然具有很多优势，但也存在无法将药物定向输送到肿瘤细胞内并完成快速药物释放，不能控制药物的释放量为靶向位点提供有效的药物浓度等问题。刺激响应性胶束可根据内部刺激（如 pH、氧化还原电位、溶酶体酶）或外部刺激（如温度、磁场、光）快速响应，从而达到在靶位或在合适时间释放药物、提高治疗疗效的目的。其中具有 pH 响应性胶束是近年来的研究热点之一。与正常组织 pH 7.4 相比，肿瘤组织内部呈弱酸性环境，其 pH 介于 6.8～7.2，此外，肿瘤细胞内的酸性细胞器（内涵体与溶酶体）具有更低的 pH，其 pH 介于 4.5～6.5。基于这种 pH 差异，pH 响应性胶束可控制药物在肿瘤间质或酸性细胞器内释放，从而有效提高药物对肿瘤组织或细胞的靶向性。漆酚基异羟肟酸衍生物具有很好的 HDAC 抑制作用和抗肿瘤活性，为了提高漆酚基异羟肟酸衍生物的水溶性、生物相容性和肿瘤组织选择性，进一步提高其抗肿瘤活性，通过合成具有 pH 响应性的两

亲嵌段共聚物聚乙二醇-聚 β-氨基酯（mPEG-PBAE）作为载体材料，用于抗肿瘤活性物漆酚基异羟肟酸衍生物的包载和输送，选择化合物 **1** 为模型药物，采用透析法制备了负载漆酚衍生物的共聚物胶束，并对胶束的粒径、形貌、pH 响应性、载药和释药性、体外抗肿瘤药效等进行了分析。该载药胶束的制备可明显改善漆酚基异羟肟酸衍生物的水溶性，提高其组织选择性和生物利用度；并可针对肿瘤细胞 pH 响应性释放药物，达到靶向给药的目的，为漆酚衍生物靶向抗肿瘤药物制剂开发提供了重要的理论与应用基础。形成 pH 响应漆酚衍生物负载聚合物胶束的原理和 pH 触发的药物释放机制如图 8-1 所示。

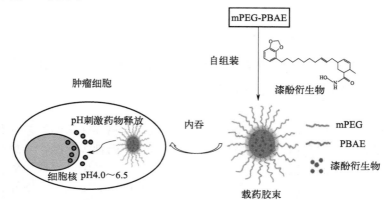

图 8-1　形成 pH 响应漆酚衍生物负载聚合物胶束的原理和 pH 触发的药物释放机制

8.1.1　两亲共聚物 mPEG-PBAE 的合成、表征与性能评价

（1）mPEG-PBAE 的合成和结构表征　如图 8-2 所示，采用一锅法合成无规共聚物 mPEG-PBAE，将氨基聚乙二醇（mPEG-NH$_2$）、疏水胺单体、5-氨基-1-戊醇和过量的 1,4-丁二醇二丙烯酸酯混合于 DMSO 中，聚合 24 小时，得到末端带丙烯酸酯的共聚物，然后加入 1,3-戊二胺与末端丙烯酸酯发生迈克尔加成反应得到末端带氨基的 mPEG-PBAE 共聚物。该合成方法操作简单，不需要复杂的分离纯化过程。通过选用不同分子量的 mPEG-NH$_2$（MW＝2000 或 5000）和不同疏水碳链长度的胺单体（十二胺或十四胺），分别合成了四种共聚物，分别命名为 mPEG$_{2000}$-PBAE-C$_{12}$、mPEG$_{2000}$-PBAE-C$_{14}$、mPEG$_{5000}$-PBAE-C$_{12}$ 和 mPEG$_{5000}$-PBAE-C$_{14}$。

采用傅里叶变换红外光谱（FT-IR）和核磁共振光谱（^{1}HNMR）对合成的四种聚合物结构进行了表征。从图 8-3（a）可以看出，四种共聚物在 1104～1109cm^{-1} 范围内的吸收峰为醚键（O—C—O）的特征吸收峰，在 1730～1732cm^{-1} 范围内的吸收峰为酯键（C=O）的伸缩振动吸收峰，表明形成了含酯键结构的嵌段共聚物。为了进一步确证化合物的结构，对合成的四种共聚物进行了^{1}H-NMR 表征，如图 8-3 所示，四种共聚物中化学位移 δ＝3.98、3.99 处的吸收峰归属于 PBAE 嵌段中与酯基相连的亚甲基质子峰（—COOCH$_2$—）；δ＝3.50 处的吸收峰归属于 mPEG 嵌段中与醚基

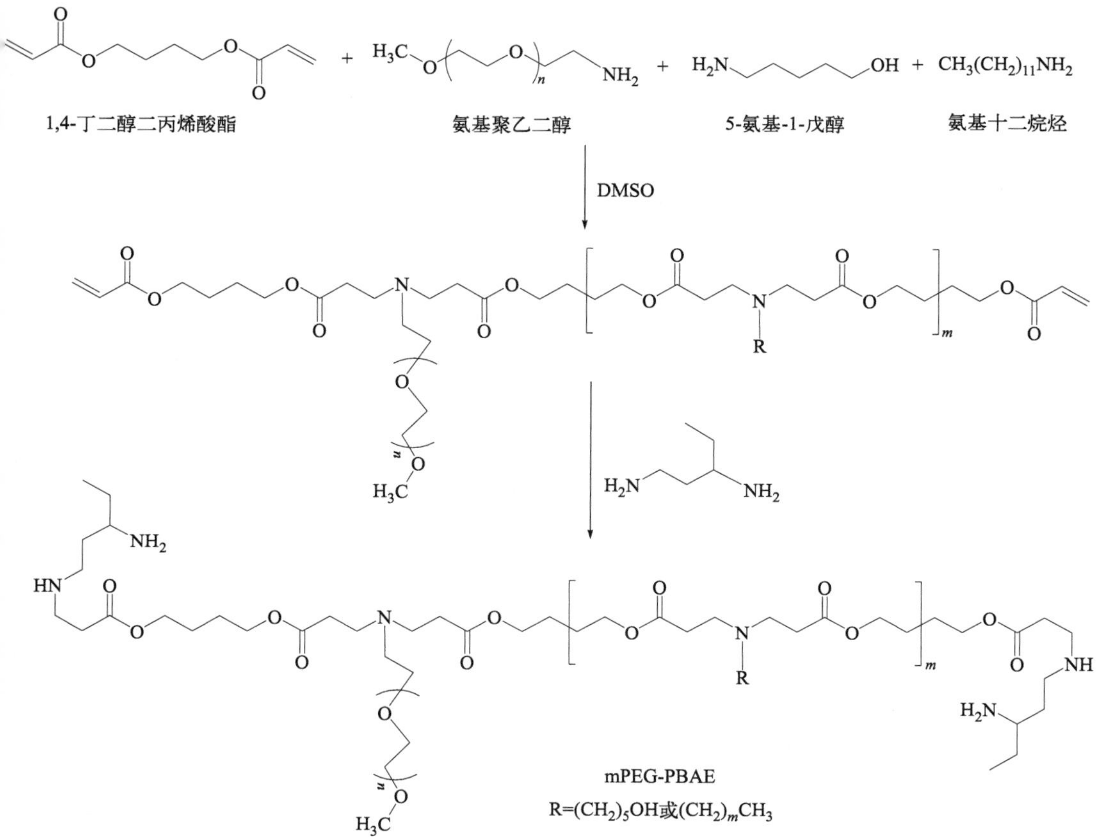

1,4-丁二醇二丙烯酸酯　　　　　氨基聚乙二醇　　　　　5-氨基-1-戊醇　　　氨基十二烷烃

mPEG-PBAE
R=(CH₂)₅OH或(CH₂)ₘCH₃

图 8-2　两亲共聚物 mPEG-PBAE 的合成路线

相连的亚甲基质子峰（—OCH₂CH₂—）；$\delta=3.30$ 处的吸收峰归属于甲氧基质子峰（—OCH₃）；$\delta=2.30\sim2.63$ppm 处的吸收峰归属于与氨基、亚氨基和季氨基相连的亚甲基、次甲基质子峰（—NHCH₂CH₂—，—NCH₂CH₂COO—和 NH₂CH—（CH₂）₂—）；$\delta=1.59$、1.60 和 1.17～1.22 处的吸收峰归属于亚甲基质子峰（—COOCH₂CH₂CH₂CH₂OOC—，—NCH₂CH₂CH₂—）；$\delta=0.78\sim0.84$ 处的吸收峰归属于共聚物末端甲基质子峰（—CH₂CH₃）；图中没有观察到化学位移为 5.5～6.0 的峰，表明丙烯酸酯完全反应，1,3-戊二胺偶联到了共聚物的末端。以上结果证明四种 mPEG-PBAE 共聚物成功合成。从合成产率看出，mPEG₅₀₀₀-PBAE-C₁₄ 共聚物产率最低，分析其原因可能是在反应过程中，分子量较小的共聚物更容易充分溶解，分子链在溶剂中更舒展，因此会有更多的端基暴露在外面。分子量越大的共聚物，各个臂上由于分子间相互作用力太大而使分子链互相缠绕在一起，端基也有可能被包埋，从而减少与反应物接触的机会；另外，分子量越大，空间位阻也越大，也会在一定程度上阻碍端基参加反应，也就是随着分子量的增加，官能团之间的碰撞概率会降低，因此反应的转化率降低。

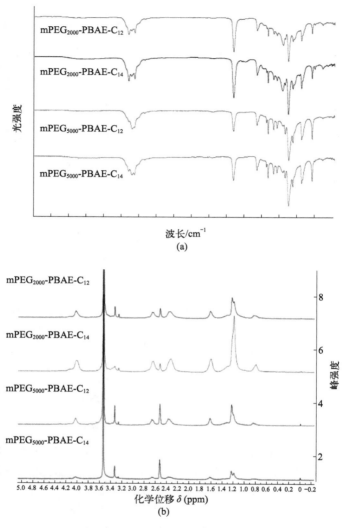

图 8-3　四种共聚物 IR（a）和[1]H-NMR（b）图谱

　　对所得的四种共聚物进行 GPC 分析，并确定其分子量及分子量分布。根据投料比确定 mPEG$_{2000}$-PBAE-C$_{12}$、mPEG$_{2000}$-PBAE-C$_{14}$、mPEG$_{5000}$-PBAE-C$_{12}$ 和 mPEG$_{5000}$-PBAE-C$_{14}$ 这四种共聚物的理论分子量分别是 7666、8920、10666、11920。表 8-1 给出了凝胶渗透色谱（GPC）测定的重均分子量（M_w）、数均分子量（M_n）和共聚物分子量分布系数（PDI），GPC 测定的四种共聚物重均分子量分别为 7395、8491、10395、11348，与设计的理论分子量相差不大。从 PDI 上看，共聚物分子量相对较为均一。

表 8-1 四种共聚物的理论组分、产率和分子量

样品	投料比/mol					产率/%	分子量/(g/mol)		
	PEG	BUDA	LA	HA	DAMP		M_w	M_n	PDI
mPEG$_{2000}$-PBAE-C$_{12}$	0.08	1.2	0.7	0.3	1.4	81.3	7395	5438	1.36
mPEG$_{2000}$-PBAE-C$_{14}$	0.08	1.2	0.7	0.3	1.4	80.4	8491	6336	1.34
mPEG$_{5000}$-PBAE-C$_{12}$	0.08	1.2	0.7	0.3	1.4	86.5	10395	8250	1.26
mPEG$_{5000}$-PBAE-C$_{14}$	0.08	1.2	0.7	0.3	1.4	78.6	11348	8866	1.28

（2）CMC 值测定 临界胶束浓度（CMC）是嵌段共聚物胶束作为药物载体的重要参数之一。要形成结构稳定的胶束，共聚物必须有较小的 CMC 值。在药物输送过程中，胶束常常被体液稀释，较低的 CMC 可以避免因此而产生的胶束解离现象。通过芘荧光探针法测定 mPEG-PBAE 共聚物胶束的 CMC。芘的荧光半衰期较长，可以有效形成激发状态，常被用作荧光探针。同时芘分子具有较强的疏水性，两亲性嵌段共聚物 mPEG-PBAE 在水溶液中自组装为胶束的过程中，芘分子就会由于疏水键的作用，被包封于胶束疏水性的内核中，从而引起荧光强度的变化。当聚合物浓度在临界胶束浓度以下时，芘分子游离于水环境中，芘在 383nm 处的荧光强度与在 373nm 处的荧光强度的比值（I_{383}/I_{373}）较小；当聚合物浓度在 CMC 以上时，共聚物分子形成胶束结构，同时将芘分子包封于胶束的疏水内核，激发波长红移，I_{383}/I_{373} 值较大。

以各共聚物浓度的对数为横坐标，I_{383}/I_{373} 的比值为纵坐标作图，如图 8-4 所示，I_{383}/I_{373} 值发生明显变化时的拐点浓度即为嵌段共聚物的 CMC。经计算可得，四种共聚物 mPEG$_{2000}$-PBAE-C$_{12}$、mPEG$_{2000}$-PBAE-C$_{14}$、mPEG$_{5000}$-PBAE-C$_{12}$ 和 mPEG$_{5000}$-PBAE-C$_{14}$ 的 CMC 分别为 37.58mg/L、31.70mg/L、18.25mg/L、27.61mg/L。比较发现 mPEG$_{5000}$ 所制备的共聚物的 CMC 普遍低于 mPEG$_{2000}$ 所制备的共聚物，说明前者在较低的浓度下就可以在水溶液中自发地形成胶束，抵御稀释的能力就更强，这可能是因为 mPEG$_{5000}$ 所形成的亲水性壳与 mPEG$_{2000}$ 相比更"厚"的原因。此外 CMC 随着 PBAE 嵌段长度的增加而减小，这是由于疏水嵌段越长，共聚物越容易在水溶液中自组装形成胶束。四种共聚物中 mPEG$_{5000}$-PBAE-C$_{12}$ 的 CMC 最低，表明其自组装胶束在溶液中的稳定性最好，有利于胶束在人体循环过程中被稀释到极低浓度时也能保持结构的完整。

（3）粒径、zeta 电位和载药量测定 共聚物胶束的粒径是影响其体内分布的重要因素。已有报道表明，小于 200nm 的共聚物载体可以更加有效地透过肿瘤组织渗透能力并通过 EPR 效应实现肿瘤部位的靶向聚集。Zeta 电位与胶束分散度密切相关，并且是胶束稳定性的重要参数。当电位值的绝对值较低时，体系内粒子间吸引力大于排斥力，分散体系被破坏而倾向于发生凝聚，而当其绝对值较高时，粒子间排斥力较大，可以使粒子很好地分散，减少凝聚，体系较为稳定。

采用马尔文粒度和 Zeta 电位仪对四种共聚物胶束的粒径分布及 Zeta 电位进行了

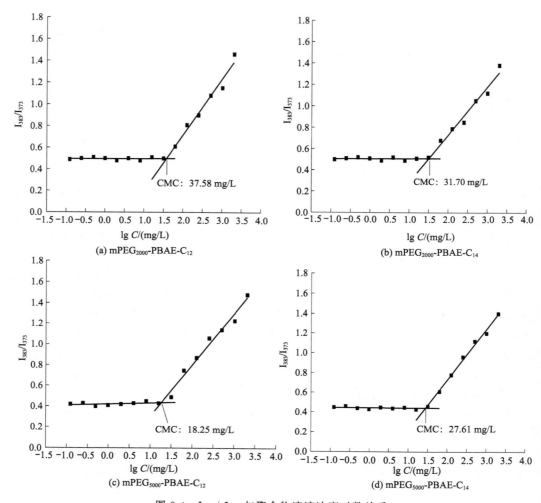

(a) mPEG$_{2000}$-PBAE-C$_{12}$

(b) mPEG$_{2000}$-PBAE-C$_{14}$

(c) mPEG$_{5000}$-PBAE-C$_{12}$

(d) mPEG$_{5000}$-PBAE-C$_{14}$

图 8-4 I$_{383}$／I$_{373}$ 与聚合物溶液浓度对数关系

测定，测定结果见表 8-2。粒径测定结果表明，各共聚物胶束的粒度分布均匀，呈单峰分布。四种共聚物 mPEG$_{2000}$-PBAE-C$_{12}$、mPEG$_{2000}$-PBAE-C$_{14}$、mPEG$_{5000}$-PBAE-C$_{12}$ 和 mPEG$_{5000}$-PBAE-C$_{14}$ 的胶束平均粒径分别为 159.1nm、204.6nm、149.1nm、237.5nm；Zeta 电位值分别为 24.9mV、17.7mV、32.8mV、16.9mV。共聚物胶束的粒径与共聚物的嵌段组成及结构有关，随着亲疏水嵌段比例的增大，所得到的胶束尺寸也会增大。据文献报道，为了防止药物载体被网状皮下组织吞噬或被肾脏排出，其理想的尺寸应该在 100nm 和 200nm 之间。所有共聚物胶束的 Zeta 电位值均为正值，表明共聚物胶束带正电，这是因为胶束外壳部分的胺基团在溶液中部分电离，导致胶束表面产生正电。四种共聚物中 mPEG$_{5000}$-PBAE-C$_{12}$ 的 Zeta 电位值最大，表明其稳定性最好。

以漆酚异羟肟酸衍生物——化合物 1 为药物模型分子，测定了四种共聚物胶束的载药量，结果表明 mPEG$_{2000}$-PBAE-C$_{12}$、mPEG$_{2000}$-PBAE-C$_{14}$、mPEG$_{5000}$-PBAE-C$_{12}$ 和 mPEG$_{5000}$-PBAE-C$_{14}$ 的载药量分别为 13.92%、15.25%、23.92%、21.28%。可以看出，随着 mPEG 片段长度的增加，载药量也增加，在胶束体系中，核是脂溶性药物的储库，mPEG 片段的比例增加会给药物提供更大的储库；在亲水片段和亲脂片段比例恒定的时候，两亲性共聚物的总分子量越大，亲脂核的体积就越大，因此可以载入更多的药物分子。

表 8-2 四种共聚物胶束的粒径、Zeta 电位和载药量

共聚物	胶束粒径/nm	Zeta 电位/mV	载药量/%
mPEG$_{2000}$-PBAE-C$_{12}$	159.1	24.9	13.92
mPEG$_{2000}$-PBAE-C$_{14}$	204.6	17.7	15.25
mPEG$_{5000}$-PBAE-C$_{12}$	149.1	32.8	23.92
mPEG$_{5000}$-PBAE-C$_{14}$	237.5	16.9	21.28

8.1.2 负载漆酚异羟肟酸衍生物的 mPEG-PBAE 共聚物胶束的配方优化

通过星点设计-效应面优化法对负载漆酚衍生物的共聚物胶束的制备工艺及处方进行优化。在预试验基础上，固定共聚物量为 50mg，选择对胶束形成影响较大的两个因素，即漆酚衍生物的投料量（A，mg）和溶剂 DMF 用量（B，mL）作为考察因素，以载药量（DL,%）和包封率（EE,%）为评价指标，采用星点设计，每个因素选择 5 个水平，用代码值 $-\alpha$、-1、0、1、α 表示（二因素星点设计的 $\alpha=1.414$）。星点设计因素水平见表 8-3，应用 Design Expert 8.05 软件进行统计。

表 8-3 漆酚衍生物/两亲共聚物胶束处方优化星点设计因素水平

水平	漆酚衍生物量 A/mg	溶剂用量 B/mL
-1.414	3	2
-1	6.513	4.342
0	15	10
1	23.487	15.658
1.414	27	18

综合考虑四种共聚物胶束的 CMC、粒径、Zeta 电位和载药量大小，选择载药量最大、粒径和稳定性最好的 mPEG$_{5000}$-PBAE-C$_{12}$ 共聚物进行进一步载药胶束配方优化研究，以期得到性能稳定优异的载药胶束。在预实验基础上，固定 mPEG$_{5000}$-PBAE-C$_{14}$ 共聚物量为 50mg，选取对载药胶束包封率和载药量最为重要的两个因素，即漆酚衍生物投料量（A）和溶剂用量（B），进行星点设计，试验安排及结果见表 8-4。

表 8-4　星点试验设计与结果

编号	投料量		溶剂用量		载药量 DL/%	包封率 EE/%
	水平	A/mg	水平	B/mL		
1	-1	6.513	-1	4.342	11.15	83.60
2	1	23.487	-1	4.342	18.85	48.13
3	-1	6.513	1	15.658	10.92	81.83
4	1	23.487	1	15.658	19.62	46.77
5	-1.414	3	0	10	5.21	85.83
6	1.414	27	0	10	20.46	42.89
7	0	15	-1.414	2	18.90	62.05
8	0	15	1.414	18	19.49	65.67
9	0	15	0	10	22.87	79.23
10	0	15	0	10	22.96	79.53
11	0	15	0	10	23.95	80.83
12	0	15	0	10	23.54	80.47
13	0	15	0	10	24.21	82.70

使用 Design-Expert 10.0.3 软件，对星点设计数据进行处理，以载药量和包封率为指标进行拟合，二次多项式拟合回归方程如下：

Y_1（载药量/%） $= -9.179 + 2.821A + 1.436B - 0.077A^2 - 0.074B^2 + 0.0052AB$；

Y_2（包封率/%） $= 59.589 + 1.316A + 5.074B - 0.109A^2 - 0.253B^2 + 0.0021AB$。

从对载药量影响的数字模型方差分析结果来看（表 8-5）：模型的 $F=92.25$，表明该模型是显著的，模型（Prob>F）<0.0001；模型的相关系数 $R^2=0.9851>0.9$，模型拟合程度很好；同时，信噪比 27.668>4，说明模型方程能够很好地反映真实的实验值。因此，可以用该模型对载药胶束的处方工艺进行预测。在模型建立的方程中，A、A^2、B^2 的偏回归系数显著（$P<0.05$），说明投药量、溶剂用量平方、投药量平方对载药量的影响效应显著。

表 8-5　对载药量影响的数字模型方差分析结果

来源	平方和	自由度	均方	F 值	P 值>F
模型	414.66	5	82.93	92.25	<0.0001
A	180.18	1	180.18	200.43	<0.0001
B	0.24	1	0.24	0.26	0.6241
AB	0.25	1	0.25	0.28	0.6143
A^2	214.70	1	214.70	238.82	<0.0001
B^2	39.26	1	39.26	43.67	0.0003
纯误差	1.40	4	0.35		
总和	420.95	12			

从对包封率影响的数字模型方差分析结果来看（表 8-6）：模型的 $F=137.54$，表明该模型是显著的，模型（Prob＞F）＜0.0001；模型的相关系数 $R^2=0.9899＞0.9$，模型拟合程度很好；同时，信噪比 33.05＞4，说明模型方程能够很好地反映真实的实验值。因此，可以用该模型对载药胶束的处方工艺进行预测。在模型建立的方程中，A、A^2、B^2 的偏回归系数显著（$P＜0.05$），说明投药量、溶剂用量平方、投药量平方对包封率的影响效应显著。

表 8-6 对包封率影响的数字模型方差分析结果

来源	平方和	自由度	均方	F 值	P 值＞F
模型	2937.66	5	587.53	137.54	＜0.0001
A	2153.53	1	2153.53	504.13	＜0.0001
B	0.49	1	0.49	0.12	0.7436
AB	0.042	1	0.042	0.0098	0.9238
A^2	428.99	1	428.99	100.43	＜0.0001
B^2	456.74	1	456.74	106.92	＜0.0001
纯误差	7.49	4	1.87		
总和	2967.56	12			

根据拟合得到的方程，描绘三维效应曲面图，结果见图 8-5，可以看出，对于载药量（DL），当溶剂体积（B）一定时，随着投药量（A）的增加，载药量先增加后减少，说明投药量增加到一定程度后，达到饱和，再增加投药量使得多余的药物游离于水溶液中不能进入胶束内部，反而使载药量下降，当投药量一定时，载药量随溶剂体积的增加先增加后减小，说明随着溶剂体积的增加，胶束数目增加，漆酚的载药量增加，但溶剂体积增加到一定程度后，胶束在溶剂中的分散度增加，反而不利于漆酚的包裹，使载药量下降。而对于包封率（EE），当投药量一定时，包封率随溶剂体积的变化趋势同样也是先增大后减小；当溶剂体积一定时，包封率随着投药量的增加先增加后减小，说明投药量增加到一定程度后，达到饱和，再增加投药量使得多余的药物游离于溶液中不能进入胶束内部，反而使包封率下降。

经 Design-Expert.V.10.0.3 软件优化数值，15mg 漆酚（衍生物）和 50mg 共聚物在溶剂体积为 10mL 时可达到理想的包封率 80.55％和载药量 23.51％。对优化结果进行验证的结果（表 8-7）表明，实际优化工艺条件下得到的胶束包封率为 80.68％，与预测值相对误差仅 0.16％；载药量为 23.45％，与预测值相对误差仅 0.26％，说明该方法能较好地应用于负载漆酚共聚物胶束的处方和制备工艺优化。

表 8-7 优化条件下制备的负载漆酚衍生物胶束载药量和包封率的实际值与预测值比较

效应	预测值/％	试验值/％	相对误差/％
载药量 DL	23.51	23.45	−0.26
包封率 EE	80.55	80.68	0.16

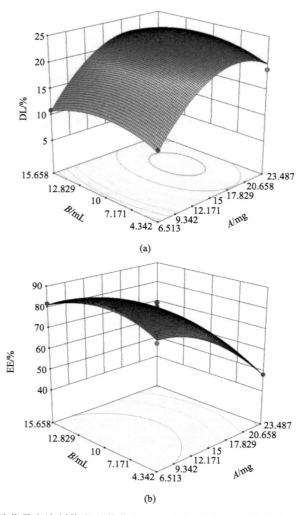

图 8-5　投药量和溶剂体积对载药量（a）和包封率（b）影响的三维响应图

8.1.3　负载漆酚异羟肟酸衍生物的 mPEG-PBAE 共聚物胶束的制备与表征

以漆酚异羟肟酸衍生物为药物模型分子，采用透析法，在最佳配方条件下制备了负载漆酚衍生物的 mPEG$_{5000}$-PBAE-C$_{12}$ 共聚物胶束。准确称量 mPEG-PBAE 共聚物 50mg 和漆酚衍生物 15mg，将它们溶于 10mL N,N'-二甲基甲酰胺（DMF）中，超声混合均匀后倒入分子量为 3000 的透析袋内，用 1.5L 的去离子水透析 24h，1h 换一次水；透析结束后将透析袋中胶束溶液在 1000r/min 下离心分离 10min，上清液用孔径为 0.45 μm 的水膜过滤，除去未包封的漆酚衍生物；最后将滤液在 −45～

－40℃冷冻干燥 24～36h，即可得负载漆酚异羟肟酸衍生物的 mPEG-PBAE 共聚物胶束。

采用动态光散射方法（dynamic light scattering，DLS）测定载药胶束的粒径及 Zeta 电位，粒径分布见图 8-6（a）。同时采用透射电子显微镜（TEM）观察胶束的形貌，见图 8-6（b）。负载漆酚衍生物的载药胶束平均粒径为 160.1nm，与空白胶束的 149.1nm 相比，尺寸略微增大，这是因为疏水性漆酚药物的负载改变了胶束内核疏水键的作用力，增大了疏水内核的尺寸，进一步说明药物负载成功。载药胶束的 Zeta 电位值为 33.40mV，表明具有很好的稳定性，胶束所带的正电荷有助于其通过静电吸附作用与荷负电的细胞膜表面结合，有助于载药胶束体系的细胞摄取。由透射电镜图可以看出，载药胶束外观较为圆整，具有规则的球形结构，大小均一，分散性良好。

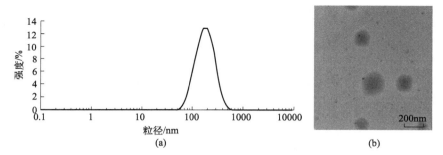

图 8-6　漆酚衍生物/两亲共聚物胶束的粒径分布图（a）和透射电镜图（b）

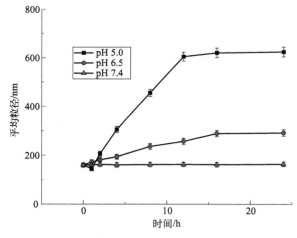

图 8-7　漆酚衍生物/两亲共聚物胶束的平均粒径随时间及 pH 的变化情况

胶束的粒径变化可在一定程度上反映微观状态下胶束稳定性及胶束结构的 pH 敏感变化情况。为了检验所制备的载药胶束的 pH 响应性，考察了载药胶束在不同 pH 值的水溶液中的粒径变化情况，结果见图 8-7。可以看出，在 pH＝5.0 和 6.5 时，胶束粒径都呈现增大趋势。pH＝5.0 时，胶束粒径在 4h 内从起初的 160nm 增加到 305nm，24h 后粒径达到 625nm；pH＝6.5 时，胶束粒径在 24h 内可从 160nm 增加到 292nm。这是由质子海绵效应造成的，因为共聚物骨架结构中大量存在的叔胺、仲胺、伯胺基团在酸性条件下会大量吸附质子氢，整个共聚物具有高度正电性，内部的静电斥力使其体积膨胀导致粒径增大，另外由于氢键作用还可引起胶束的团聚，也可使胶束粒径增大。pH＝5.0 时的粒径增大明显高于 pH＝6.5 时的粒径，充分说明了胶束在较酸性条件下更易被触发膨胀和聚集。此外 pH＝5.0 时，胶束粒径在 1h 内有略下降趋势，这可能是由于在较酸条件下，共聚物结构中的部分酯键被水解，共聚物的主链断裂，胶束结构被破坏，使粒径减小，但是它还可以在水溶液中进一步聚集，原位自组装形成新的二级核-壳共聚物胶束。而当 pH＝7.4 时，24h 内，胶束粒径几乎没有任何改变，由此证明，载药共聚物胶束具有明显的 pH 响应性，同时也表明了制备的胶束具有良好的稳定性。

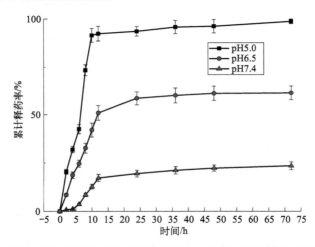

图 8-8　漆酚衍生物/两亲共聚物胶束在不同 pH 条件下的体外释药曲线

8.1.4　负载漆酚异羟肟酸衍生物的 mPEG-PBAE 共聚物胶束的体外释药性

为了进一步研究载药胶束作为药物载体对漆酚衍生物的缓释行为，采用动态透析法考察负载漆酚衍生物的共聚物胶束在 pH 为 5.0、6.5 和 7.4 的磷酸盐缓冲液中的释放行为。由图 8-8 可以看出，漆酚衍生物的释放呈现依赖 pH 的性质，pH 越低漆酚衍生物药物释放得就越快。当 pH＝5.0 时，起初 2h 内漆酚衍生物的累计释放率为 20.42%，出现明显的突释现象，10h 后累计释放率高达 91.52%，其后逐渐变缓，72h 后累计释放率达 98.74%。当 pH＝6.5 时，24h 后累计释放率达 58.60%，72h 后累计释放率达 61.65%。而 pH＝7.4 时，漆酚衍生物的累计释放率增长较缓慢，72h 后累计释放率仅为 23.54%。漆酚衍生物药物在 pH＝5.0 的缓冲液中释放速度和释放量明显高于在 pH＝6.5 和 7.4 的缓冲液中的释放速度和释放量。原因可能是，在低 pH 条件下，PBAE 侧链上的叔氨基发生了质子化作用，由疏水性向亲水性转变，与 PEG 链相互排斥，胶束结构就变得松散，有利于漆酚衍生物从胶束内核中扩散出来，释药速率较快，而在较高 pH 下，质子化作用较小，胶束保持较为稳定的形态，具有缓释作用，另外较酸条件下嵌段共聚物的酯键发生水解，载药胶束解离，也会使药物迅速地释放出来。由此，我们可预测漆酚衍生物药物在体内正常 pH 下缓慢释放，而到达 pH 较低的肿瘤部位时，因为微酸环境的存在使其快速释放，不仅可增加肿瘤部位的局部药物浓度、降低毒副作用，还可增加疗效。

8.1.5 负载漆酚异羟肟酸衍生物的 mPEG-PBAE 共聚物胶束的抗肿瘤活性评价

采用 MTT 法测定了空白胶束、游离漆酚衍生物、漆酚衍生物/两亲共聚物胶束对人结肠癌细胞 HCT116 或人非小细胞肺癌细胞 A549 的细胞毒性。MTT 法是常用的一种检测细胞生长和存活的方法，其检测机制为活细胞的线粒体中含有的琥珀酸脱氢酶能使 MTT 还原为蓝紫色的甲䐶，并在细胞中沉积，而死细胞没有此功能。结果表明（表 8-8），空白胶束在 $10\sim500\mu mol/L$ 浓度范围内对 HCT116 和 A549 细胞的生长基本没有影响，细胞存活率均在 95% 以上，说明共聚物胶束几乎没有毒性，具有较好的生物相容性和安全性。不同浓度的游离漆酚衍生物和漆酚衍生物/两亲共聚物胶束对肿瘤细胞增殖的抑制活性如表 8-9 所示，由表可以看出，游离漆酚衍生物和漆酚衍生物/两亲共聚物胶束对 HCT116 和 A549 细胞的增殖均起到了良好的抑制作用，细胞抑制率随着两者所含漆酚衍生物浓度的增加呈上升趋势，呈现出明显的浓度依赖性。此外，在不同漆酚衍生物浓度（$0.032\sim100\mu mol/L$）下，漆酚衍生物/两亲共聚物胶束组的 HCT116 和 A549 细胞增殖抑制率均显著高于游离漆酚衍生物组（$P<0.01$），而且游离漆酚衍生物溶液对 HCT116 和 A549 细胞的 IC_{50} 分别为 28.53 和 $26.18\mu mol/L$，漆酚衍生物/两亲共聚物胶束溶液对 HCT116 和 A549 细胞的 IC_{50} 分别为 $14.80\mu mol/L$ 和 $12.91\mu mol/L$，因此漆酚衍生物/两亲共聚物胶束的体外抗肿瘤活性要大于游离漆酚衍生物，这可能是由于载药共聚物胶束产生的两亲性共聚物片段与低分子表面活性剂相似，能通过作用于细胞膜表面增加细胞膜的流动性，从而有利于载药胶束被动扩散进入肿瘤细胞，在酸性内涵体和溶酶体（pH 值约为 5.5）里崩解，药物分子快速释放，达到较高的药物浓度，从而更有效地在细胞核内富集；还可能是因为载药共聚物胶束能通过结合 P-糖蛋白（P-gp），从而降低其对药物的外排。以上结果说明所合成的载药胶束可达到用药更有效、抗肿瘤活性更强的目的。

表 8-8 空白胶束对 HCT116 和 A549 细胞存活率的影响

细胞	不同浓度时的存活率/%				
	$10\mu mol/L$	$50\mu mol/L$	$100\mu mol/L$	$200\mu mol/L$	$500\mu mol/L$
HCT116	98.5±1.05	98.2±0.85	97.6±0.64	97.1±0.72	96.3±0.58
A549	98.2±0.91	98.0±1.03	97.8±0.48	97.4±0.63	96.5±0.42

表 8-9　游离漆酚衍生物和漆酚衍生物/两亲共聚物胶束对细胞抑制率的影响

胶束	细胞	不同浓度时的抑制率/%						
		100μmol/L	50μmol/L	20μmol/L	4μmol/L	0.8μmol/L	0.16μmol/L	0.032μmol/L
游离漆酚衍生物	HCT116	88.78±0.29	71.72±2.94	15.46±1.13	13.30±1.51	5.74±1.40	2.22±0.74	1.27±0.81
	A549	89.75±0.89	64.61±3.03	19.53±2.56	14.79±1.10	12.77±1.51	9.60±1.12	6.39±1.14
漆酚衍生物/两亲共聚物	HCT116	91.64±0.32	73.63±3.08	32.82±1.54	22.72±1.86	15.29±1.15	9.94±2.55	6.79±2.56
	A549	92.72±0.52	70.72±1.74	36.02±1.23	23.37±0.20	18.31±1.52	14.19±0.17	9.75±1.08

8.2　漆酚基载药胶束制备、性能评价及抗肿瘤活性

紫杉醇（PTX）、阿霉素（DOX）、顺铂等化疗药物能够显著抑制肿瘤细胞的增殖，具有较强的生物活性，但其体外生物利用度较低，甚至不能穿透生物屏障到达靶器官或组织，发挥生物药物治疗的作用。聚合物胶束具有生物相容性好、正常细胞毒性低的特性，是解决不溶性药物和 DNA 大分子药物的最有希望的递送载体之一。常用载药胶束渗透性和结构稳定性较好，胶束壳由亲水段材料形成，使胶束具有稳定好、药物释放时间长的优势，且胶束载药量能够满足药物治疗浓度。此外，两亲性胶束通过自组装形成的纳米载体具有较小的三维结构（10~200nm），可以通过固体肿瘤的高渗透性和保留效应（EPR）富集在肿瘤部位。胶束的粒径和表面电位是影响胶束分布的两个重要因素，一般紫杉醇负载型胶束的粒径为纳米级别（<200nm），与 EPR（增强的渗透性和保留效应）效果相匹配，增加了肿瘤部位微酸性和高还原性药物的浓度。而具有紫杉醇包封的半乳糖胺官能化胶束，会导致细胞 G2/M 期细胞增殖停滞。

漆酚具有良好的抗肿瘤活性。硼酸酯结构中引入胺基官能团，能够提升硼酸酯在水相环境中的稳定性。对漆酚硼酸酯衍生物而言，其水解速率与硼酸酯的内部结构密切相关。它是一种理想的结构稳定单元，可用于生物相容性聚合物胶束中。通过 Michael 加成反应，使疏水性漆酚苯硼酸衍生物和传统的胶束材料组装，制备紫杉醇和漆酚协同释放的 pH 靶向漆酚基胶束，并鉴定其化学结构。测试紫杉醇包封率和体外释放率、漆酚基胶束形态及大小、细胞摄取能力和体内抗肿瘤活性；初步探索靶向漆酚基胶束的抗肿瘤作用和生物相容性。

8.2.1　合成思路

以漆酚为载体，通过硼酸酯化反应生成漆酚聚合物胶束。该胶束在酸性条件下通

过硼酸酯键释放漆酚和紫杉醇。化合物漆酚和药物紫杉醇在低 pH 值下表现出良好的协同抗 HepG2 活性。因此，它们可以作为一种高效的协同抗 HepG2 聚合物胶束。鉴于之前通常采用十二胺和十四胺分别作为 MPEG-PBAE-C$_{12}$ 和 MPEG-PBAE-C$_{14}$ 的疏水基，故选择以漆酚长侧烷烃链为替代性的疏水基单元，用漆酚衍生物代替十二胺和十四胺作为疏水单元。如图 8-9 所示。

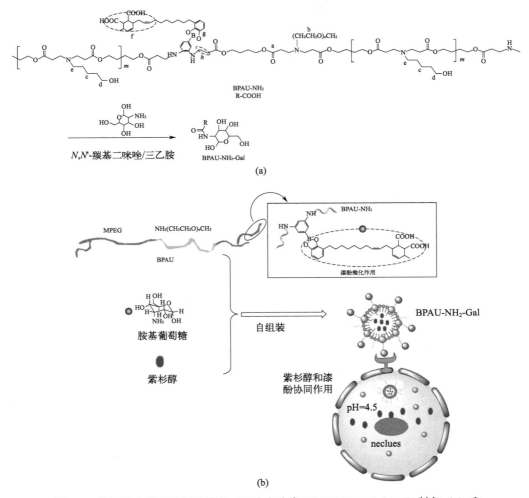

图 8-9　紫杉醇和漆酚协同给药的 pH 响应胶束 BPAU-NH$_2$-Gal-PTX 制备（a）和靶向给药作用于肝癌细胞 HepG2 的原理图（b）

8.2.2　形貌及粒径分布

透射电子显微镜（TEM）观察到胶束的疏水内核不着色，呈深黑色。亲水性 BPAU-NH2-Gal 胶束微球从水相中吸收二氧乙酸酯，使其颜色变为暗黑，类似于黑板背景。与棒状、蠕虫状胶束相比，漆酚基聚合物胶束呈球形，粒径较均匀［图 8-10（a）、（b）］。BPAU-NH$_2$ 和 BPAU-NH$_2$-Gal 包埋紫杉醇胶束的粒径分别约为135nm 和 195nm［图 8-10（c）、（d）］；基于 EPR 效应，可对肿瘤释放药物具有被动靶向，使药物在肿瘤部位积聚。同时，胶束的粒径大于肾的消除阈值，可以减缓肾脏清除胶束的速度。因此，漆酚基聚合物胶束可作为一种高效的协同抗肿瘤载体聚合物胶束。

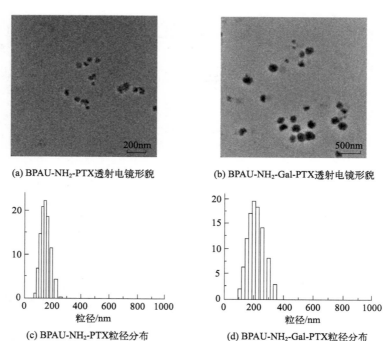

(a) BPAU-NH$_2$-PTX透射电镜形貌　　(b) BPAU-NH$_2$-Gal-PTX透射电镜形貌

(c) BPAU-NH$_2$-PTX粒径分布　　(d) BPAU-NH$_2$-Gal-PTX粒径分布

图 8-10　漆酚基聚合物胶束透射电镜形貌图和粒径分布

8.2.3　电位及临界胶束浓度

漆酚聚合物胶束 Zeta 电位测试结果表明，载药胶束的 Zeta 电位为＋30mV 左右，这是含漆酚二胺衍生物和侧链的漆酚葡萄糖胺衍生物中—NH$_2$ 所致。血浆中白蛋白易吸附带正电的粒子，血小板表面易黏附上带负电荷的粒子，电位的绝对值越大，吸附越容易。胶束表面电位接近介质性能，增加了胶束的生物相容性，有利于胶束在血液循环中的化学稳定性。电位绝对值为 30mV 的胶束能够在溶液中稳定存在，并能较好地吸附在血浆白蛋白上。此外，胶束表面的亲水性羧基可以分离血浆蛋白，识别模糊网状内皮系统。这些因素有利于胶束实现被动靶向作用。

用 Zeta 粒度分析仪和高效液相色谱（HPLC）法比较了两种胶束在 25℃ 水浴中的粒径和药物含量的变化。表面张力法、电导法、荧光探针法常用于临界胶束浓度

（critical micelle concentration，CMC）的测定，本章选择 Zeta 电位分析测定 CMC。根据 Zeta 电位评估，BPAU-NH$_2$-Gal-PTX 的 CMC 为 90.36μg/mL（图 8-11）。

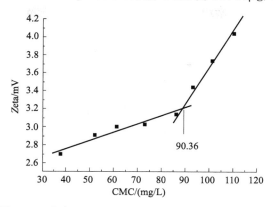

图 8-11　胶束 BPAU-NH$_2$-Gal-PTX 的 Zeta 电位变化

当水合反应温度达到 60℃时，胶束 BPAU-NH$_2$-PTX 和 BPAU-NH$_2$-Gal-PTX 的包封率提高。这可能是在此温度下形成胶束核心的 BPAU-NH$_2$ 链的柔韧性所致。强链间交换活性（如漆酚侧烷烃链）有利于产生囊泡，有助于紫杉醇快速迁移和分散到疏水内核上。为了满足漏出组分的要求，提升紫杉醇的药物溶解度，通常在释放介质中加入溶剂。体外释药结果表明，BPAU 胶束的释药速度比 BPAU-NH$_2$ 和 BPAU-NH$_2$-Gal 胶束慢，这可能由于后者胶束 PTX 的释药量高于前者胶束的缘故。药物包封量越多，药物间疏水性越强，释放速度越慢。此外，BPAU-NH$_2$ 胶束的粒径略大于 BPAU 胶束，释放空间更大，释放速度更快。由此可见，有两个因素可能使漆酚紫杉醇胶束和紫杉醇负载胶束的释药行为对 pH 值敏感。一方面，紫杉醇是一种弱负电性药物，在酸性条件下溶解度较高，因此它在释放介质中扩散更快，从而使药物释放更快；另一方面，漆酚负载紫杉醇胶束的前体胶束具有一定的 pH 响应能力，酸性条件下质子化的胶束易分解，药物释放加快。pH 的敏感释放特性有利于抗肿瘤治疗。由于乳酸的厌氧代谢，肿瘤组织的外周 pH 值低于生理值，此外，在跨膜转运过程中形成的内胞体（pH＝6.0）和溶酶体，同样具有轻微的酸性。在生理 pH 条件下，胶束中较慢的药物释放速度有助于避免全身毒性。胶束进入癌细胞附近，酸性条件下药物的释放加速，促进靶部位药物浓度上升，从而表现出较好的疗效。一般来说，当 BPAU-NH$_2$-Gal 聚合物胶束进入肿瘤细胞的酸性微环境时，会迅速释放药物，大量药物在短时间内释放，相对较高的药物浓度能够较好地抑制肿瘤细胞增殖，还能够规避肿瘤细胞产生耐药性的风险。在生理 pH 条件下，pH 响应的载药胶束中紫杉醇释放速度很慢，有效避免了药物在血液循环中过早释放所引起的全身毒性。

为了获得最佳的载药效果，将胶束和紫杉醇溶于良溶剂 DMSO 中，并把紫杉醇包封在透析袋中。胶束针对紫杉醇载药的包封率为（99.5±0.2）%，BPAU-NH$_2$-Gal 载药量为（5.0±0.1）%。结果表明，紫杉醇能有效地包封于 BPAU-NH$_2$-Gal 中。基于透析法，HPLC 检测不同 pH 值下，BPAU-NH$_2$-Gal-PTX 胶束体外释放紫杉醇药物的情况。用 pH＝7.4、6.8 和 4.5 的磷酸盐缓冲液（含 0.2％多山梨酸-80）模拟人正常血液循环生理环境和肿瘤细胞溶酶体酸微环境。在酸性环境下，紫杉醇和漆酚的释药率分别为（64.1±0.2）％和（49.5±0.2）％。在 pH＝7.4 时，药物释放的第一个小时中，胶束的累计释放率约为 4.5％；而当 pH＝4.5 时，胶束的累计释放率为 12.1％；在第八小时，两者的释放率分别上升到 27.3％和 51.0％。24h 后，胶束平稳释放紫杉醇药物，其在生理 pH 条件下的释放率仅为 35.5％。可见，酸性条件（pH＝4.5）可加速药物的释放速率，胶束释药行为表现出较强的 pH 依赖型（图 8-12）。

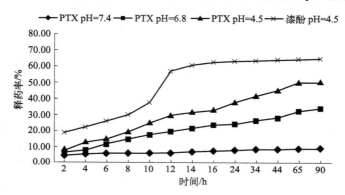

图 8-12　载药胶束 BPAU-NH$_2$-Gal-PTX 在不同 pH 值下的释药率

8.2.4　体外抗肿瘤活性

体外细胞抗肿瘤相容性和毒性：用 PTX 作为阳性对照，估算了 BPAU-NH$_2$-PTX 胶束和 BPAU-NH$_2$-Gal-PTX 胶束对 HepG2 细胞的体外细胞增殖抑制作用。通过 MTT 法，评价靶向给药系统的抗肿瘤功效。与 BPAU-NH$_2$-PTX 相比，BPAU-NH$_2$-Gal-PTX 在 24h 内对 HepG2 细胞生长的抑制效果显著提升［图 8-13（a）］。此外，半乳糖的存在又增加了 BPAU-NH$_2$-Gal-PTX 对肿瘤的生长抑制作用。这归因于当 HepG2 细胞的 AsRNA 被半乳糖识别时，BPAU-NH$_2$-Gal-PTX 表现出促进内吞作用。BPAU-NH$_2$-Gal-PTX 对 HepG2 细胞的抑制率比游离抗癌药物 PTX 更低，这可能是 HepG2 细胞能更有效地摄取 BPAU-NH$_2$-Gal-PTX 所致。结果显示，Gal-官能化的 BPAU-NH$_2$-Gal 胶束通过 ASIR 介导的内吞作用，选择性地将 PTX 递送到肝实质细胞中，并产生更强的抗肿瘤功效。

此外，在所有的测试浓度下，用 BPAU-NH$_2$ 和 BPAU-NH$_2$-Gal 胶束处理的 HepG2 细胞，其生存力在 70％到 100％之间［图 8-13（b）］，这显示了纳米胶束具有良好的细胞相容性。体外释药表明，BPAU-NH$_2$-Gal 胶束的药物释放与 pH 密切相关。这是因为 BPAU-NH$_2$ 的 pKa 高于环境的 pKa，在 BPAU-NH$_2$-Gal 链中的氨基化合物基团被电离；带正电的 BPAU-NH$_2$-Gal 片段之间的静电排斥导致胶束具有松散的球壳结构，从而加速胶束的释放。此外，漆酚苯环的灵敏度对 PTX 的输送有影响。由于厌氧代谢，肿瘤组织产生乳酸，其外周 pH 值为 6.5~7.2，低于生理 pH 值，使 pH 敏感的聚合物胶束通过 EPR 效应实现肿瘤的被动靶向。EPR 效应还可用于释放药物，以增加药物在肿瘤部位的聚集，并增强药物的靶向递送。同时，胶束在被肿瘤细胞吞服后，会在内涵体等细胞器的酸性环境（pH＝4.5~5.0）中被输送。

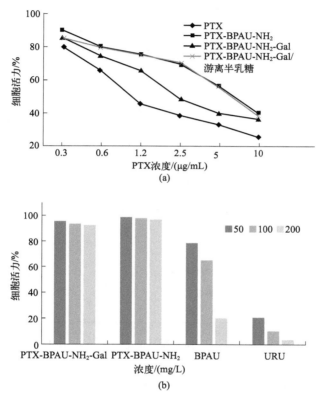

图 8-13　BPAU-NH$_2$ 胶束对 HepG2 的细胞毒性（紫杉醇作为阳性对照）（a）和
PTX-BPAU-NH$_2$、PTX-BPAU-NH$_2$-Gal、URU 和 BPAU 对 HepG2 的细胞毒性（b）

为了证实 PTX-BPAU-NH$_2$-Gal 的摄取是 Gal 与 ASGPR 特异性相互作用的结果，HepG2 细胞在 20mmol/L 半乳糖或葡萄糖存在下孵育 4h，然后用 BPAU-NH$_2$-Gal-PTX 胶束作用 4h。半乳糖的存在使 BPAU-NH$_2$-Gal-PTX 胶束的摄取量明显降低，而葡萄糖对靶向胶束进入 HepG2 细胞的内吞作用几乎没有影响。此外，这些由 BPAU-NH$_2$ 组成的胶束对 HepG2 细胞的杀伤作用微乎其微。上述结果表明，细胞对 BPAU-NH$_2$-Gal-PTX 胶束的摄取可能是基于 ASGPR 介导的内吞机制，导致大量胶束内吞进入 HepG2 细胞。在 pH＝7.4~4.5，温度为 37℃ 的条件下，漆酚基胶束在 0.2% 聚山梨酸酯-80 体系中具有较好的耐久性和生理稳定性。当两亲性漆酚硼酸盐基生物降解聚合物胶束在 pH＝4.5 的环境中时，漆酚被释放，从而提高了该胶束的抗肿瘤能力。也就是说，释放的漆酚和 PTX 能协同工作，这与我们先前的研究结果相一致。

8.2.5 流式细胞术分析

漆酚基 pH 响应型胶束在细胞外微酸性环境和细胞内较低 pH 环境下，能加速 PTX 释放。在用 BPAU-NH$_2$-Gal-PTX 胶束培养 4h 后，HepG2 细胞的流式细胞分析数据显示，该胶束比非靶向胶束更能有效地被 HepG2 细胞摄取。在初步筛选结果的基础上，我们将 HepG2 细胞与各种浓度的胶束 BPAU-NH$_2$-Gal-PTX 一起培养，运用 PI 单次染色试验研究对细胞周期的影响，运用 Annexin-VFITC/PI 双染色试验研究对细胞凋亡的影响，运用 JC-1 染色分析线粒体膜电位变化，并测试钙含量变化对细胞凋亡的影响（表 8-10）。与半乳糖胺结合的 BPAU-NH$_2$-Gal 胶束，细胞结合力增强。与胶束 BPAU 和 BPAU-NH$_2$ 相比，具有半乳糖胺修饰的紫杉醇载药胶束可导致 HepG2 细胞被阻滞于 G0/G1 期和 S 期。当半乳糖胺结合的 BPAU-NH$_2$-Gal 胶束浓度达到 12μmol/L 时，相关指数（Annexin-V FITC/PI 双染细胞凋亡，JC-1 染色线粒体膜电位，钙离子浓度）均表明 HepG2 细胞出现凋亡的状态。

表 8-10　载药胶束 BPAU-NH$_2$-Gal-PTX 的流式细胞分析

序号	项目	流式细胞术分析
a	细胞周期 PI 单染	细胞阻滞在 G0/G1 和 S 期
b	Annexin-V FITC/PI 双染细胞凋亡	57.17％凋亡率在 12μmol/L
c	JC-1 染色线粒体膜电位	53.32％红色荧光在 12μmol/L
d	钙离子浓度	细胞内钙离子浓度上升

（1）细胞周期 PI 单染　HepG2 细胞用 1μmol/L、3μmol/L 和 12μmol/L 胶束处理 72h，用流式细胞仪检测统计细胞数目，结果见表 8-11 和图 8-14。结果表明，随着胶束浓度的增加，HepG2 细胞在细胞周期中的各期分布变化明显。与空白对照组相比，BPAU-NH$_2$-Gal-PTX 胶束组 G0/G1 期细胞比例逐渐增加，而 S 期和 G2/M 期细胞比例逐渐降低。以上说明胶束 BPAU-NH$_2$-Gal-PTX 可阻断 G0/G1 期和 S 期细胞。

表 8-11　BPAU-NH$_2$-Gal-PTX 胶束对 HepG2 细胞周期的影响

浓度/(μmol/L)	G1/％	S/％	G2/％
CON	53.27	36.34	10.39
1	58.19	32.23	9.59
3	68.36	24.67	6.98
12	73.98	20.82	5.20

注：CON 为空白组对照。

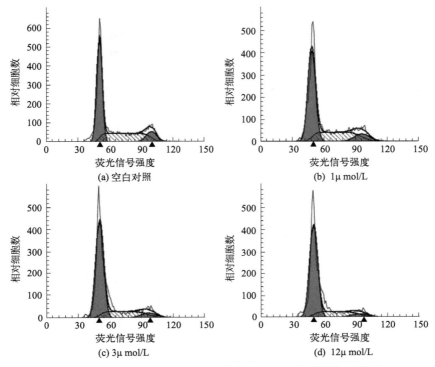

图 8-14　BPAU-NH$_2$-Gal-PTX 胶束对 HepG2 细胞周期的影响

（2）Annexin-V FITC/PI 双染细胞凋亡　1μmol/L、3μmol/L、12μmol/L 胶束分别作用于 HepG2 细胞 72h 后，用流式细胞仪检测细胞凋亡率的变化，结果见表 8-12 和图 8-15。12μmol/L 组细胞凋亡率明显高于对照组，且呈剂量依赖型。3 种浓度的细胞凋亡率分别为 19.8%、34.49% 和 57.17%。

表 8-12　BPAU-NH$_2$-Gal-PTX 胶束对 HepG2 细胞凋亡的影响

浓度/(μmol/L)	UL/%	UR/%	LL/%	LR/%	凋亡比例/%
CON	3.57	3.40	92.10	0.93	4.33
1	8.51	8.51	71.69	11.29	19.8
3	5.34	17.35	60.17	17.14	34.49
12	7.56	34.43	35.27	22.74	57.17

（3）JC-1 染色线粒体膜电位　通过分析 FL2-H 通道红色荧光的减少，即 UR 象限比例的减少，来判断化合物对细胞增殖的抑制作用，结果见表 8-13 和图 8-16。对照组（UR：93.86%，LR：4.57%）和 12μmol/L 实验组（UR：46.61%，LR：53.32%）细胞间的差异，反映了 HepG2 细胞受到胶束 BPAU-NH$_2$-Gal-PTX 刺激后，能降低细胞膜电位和细胞的凋亡率。

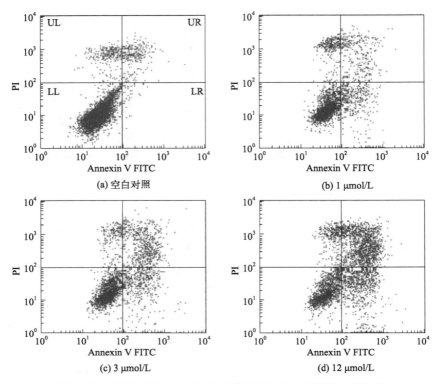

图 8-15　BPAU-NH$_2$-Gal-PTX 胶束对 HepG2 细胞凋亡的影响

表 8-13　BPAU-NH$_2$-Gal-PTX 胶束对 HepG2 细胞膜电位的影响

浓度/(μmol/L)	UR 红色荧光强度/%
CON	93.86
1	84.95
3	69.10
12	46.61

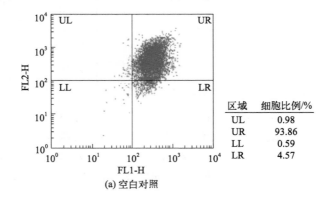

区域	细胞比例/%
UL	0.98
UR	93.86
LL	0.59
LR	4.57

(a) 空白对照

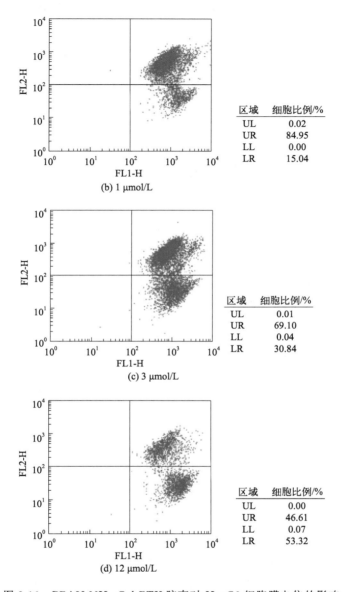

区域	细胞比例/%
UL	0.02
UR	84.95
LL	0.00
LR	15.04

(b) 1 μmol/L

区域	细胞比例/%
UL	0.01
UR	69.10
LL	0.04
LR	30.84

(c) 3 μmol/L

区域	细胞比例/%
UL	0.00
UR	46.61
LL	0.07
LR	53.32

(d) 12 μmol/L

图 8-16　BPAU-NH$_2$-Gal-PTX 胶束对 HepG2 细胞膜电位的影响

（4）钙离子浓度　结果见表 8-14 和图 8-17。与空白对照组相比，BPAU-NH$_2$-Gal-PTX 诱导细胞凋亡后，细胞钙离子浓度出现右移峰。这表明细胞内钙离子浓度升高，可能导致钙依赖内切酶的激活，诱导细胞凋亡。

表 8-14　BPAU-NH$_2$-Gal-PTX 胶束对 HepG2 细胞钙离子浓度的影响

浓度/(μmol/L)	平均值/(μmol/L)
CON	31.50
1	57.62
3	83.14
12	125.73

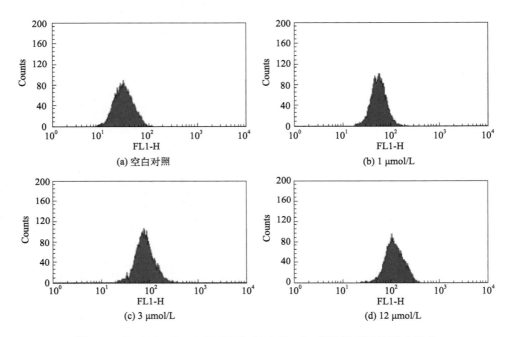

图 8-17　BPAU-NH$_2$-Gal-PTX 胶束对 HepG2 细胞钙离子浓度的影响

8.2.6　体外肿瘤细胞摄取

纳米载体的粒径大小是影响其在体内分布的一个重要因素。引入漆酚胶束可以促进细胞摄取，而漆酚的快速释放可以加强上述 PTX 的协同抗肿瘤功效。为了验证这一假设，我们对 HepG2 细胞在不同胶束 BPAU 中培养后的活力进行了评估。在相同条件下，BPAU-NH$_2$-Gal 和 BPAU-NH$_2$ 的细胞吸收没有明显差异，但 BPAU-NH$_2$-Gal 的药物释放速率比 BPAU-NH$_2$ 慢。因此，与 BPAU-NH$_2$-Gal 相比，BPAU-NH$_2$-Gal 对 HepG2 细胞的增殖有更强的抑制作用，而细胞内药物缓慢释放的，其根本原因是酰胺键在 pH=4.5 时水解缓慢。

为了验证表面正电荷能够增强纳米颗粒的细胞内化的效果，在 pH=4.5 或 6.8 条件下将 BPAU-NH$_2$-Gal-PTX 与肝癌细胞 HepG2 共培养，以香豆素（微量）作为荧光探针，通过荧光显微镜观察评估摄取效果，结果如图 8-18 所示。细胞培养 2 小时后，BPAU、BPAU-NH$_2$ 和 BPAU-NH$_2$-Gal 三个样品的荧光染色强度最强。与 pH＝4.5 组相比，pH＝6.8 的组没有显著差异。相反，当在 pH 值为 4.5 下与 BPAU-NH$_2$-Gal-PTX 孵育细胞时，差异显著。这些结果反映出 BPAU-NH$_2$-Gal 对肿瘤微环境的低 pH 值响应，可增强肿瘤细胞摄取。为了进一步证实这一现象，我们定量地评价了在不同 pH 值下孵育 1、2 和 4 小时后 PTX 的细胞内浓度。结果表明，不同形式 PTX 的细胞摄取均是剂量依赖型，并且在 pH＝4.5 时，与 BPAU-NH$_2$-Gal 和 BPAU-NH$_2$ 孵育的 HepG2 细胞内 PTX 的浓度非常低。当细胞在 pH＝4.5 或 6.8 与 BPAU-NH$_2$-Gal 一起孵育时，PTX 的细胞内浓度具有显著差异。相反，在 pH＝6.8 时用 BPAU-NH$_2$-Gal 和 BPAU-NH$_2$ 孵育后，PTX 的胞内浓度大大低于与 BPAU-NH$_2$-Gal 培养的细胞内浓度。此外，胶束对酸性条件的响应导致胶束表面带正电，因此进一步促进体内的癌细胞内化，然后在高浓度的酸性环境下快速释放紫杉醇药物，这又导致肿瘤生长的抑制率增加。同时两种药物的快速释放显著提高了体内抗肿瘤效率。该胶束将表面电荷反转、快速释放药物、药物组合疗法和良好生物相容性结合到一起，具有提升癌症治疗效果的巨大潜力。

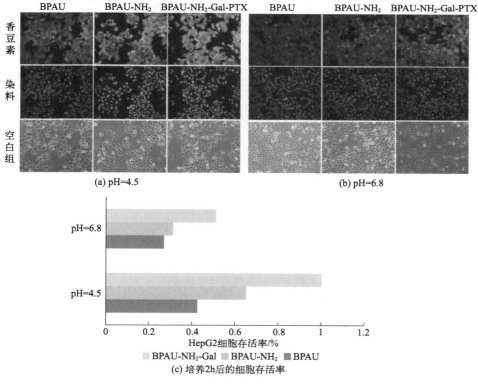

图 8-18　纳米药物包埋紫杉醇在 pH＝4.5 和 6.8 （b）、
条件下与 HepG2 细胞共培养 2h 的摄取效果

8.2.7　体内抗肿瘤及 HE 切片

为了进一步探索胶束作用下的 HepG2 凋亡机制，使用人肝癌 HepG2 荷瘤裸鼠，评估三种胶束的体内抗肿瘤效率，结果如图 8-19 所示。与盐水空白对照组相比，所有药物形成物处理后肿瘤的生长受到一定程度的抑制。BPAU-NH$_2$-Gal 和 BPAU-NH$_2$ 对肿瘤生长的抑制作用略优于 BPAU-NH$_2$-Gal，而 BPAU-NH$_2$-Gal 对肿瘤生长的抑制作用明显优于 BPAU。BPAU-NH$_2$-Gal 对肿瘤的轻微抑制作用表明，缓释药物不能完全消除肿瘤。切除肿瘤的肿瘤重量和体积与活体小鼠的肿瘤大小一致。同时，小鼠的体重在治疗期间保持稳定，表明所有制剂都没有明显的全身毒性。HE 染色的肿瘤切片的组织学图像显示，用 BPAU-NH$_2$-PTX 和 BPAU-NH$_2$-Gal-PTX 等治疗后肿瘤细胞核消融水平最高。这些结果表明 BPAU-NH$_2$-Gal-PTX 在体内具有良好的抗肿瘤潜力。与其他处理相比，BPAU-NH$_2$-Gal 胶束处理导致肿瘤体积更小。

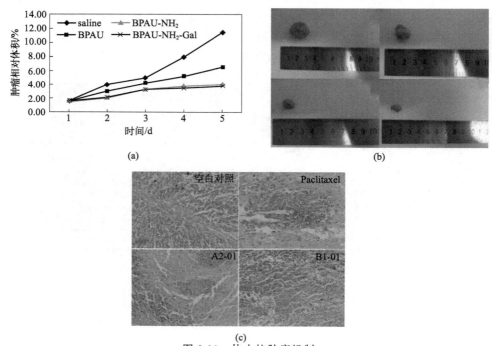

图 8-19　体内抗肿瘤机制

（a）用生理盐水处理后不同天数的不同组荷瘤小鼠的肿瘤体积，以及三种包埋 PTX 胶束：BPAU，BPAU-NH$_2$，BPAU-NH$_2$-Gal（三种胶束之间存在显著差异）；（b）切除肿瘤的照片；（c）在显微镜观察（200×视觉）下对不同处理组进行 HE 染色的组织学分析

参考文献

[1] 韩晗，李营，袁金芳，等. pH 敏感两亲性嵌段共聚物胶束的制备及其负载紫杉醇体外药效的研

究[J]. 高分子学报，2015(9)：1100-1106.

[2] 张丹，苑莹芝，马敏，等. 三嵌段氧化还原/pH 双重响应型载药胶束的制备及性能研究[J]. 广东化工，2016，43(22)：30-32.

[3] Chan J M W, Tan J P K, Engler A C, et al. Organocatalytic anticancer drug loading of degradable polymeric mixed micelles via a biomimetic mechanism[J]. Macromolecules，2016，49(6)：2013-2021.

[4] Concellon A，Claveria-gimeno R，Velazquez-campoy A，et al. Polymeric micelles from block copolymers containing 2，6-diacylaminopyridine units for encapsulation of hydrophobic drugs[J]. RSC Advances，2016，6(29)：24066-24075.

[5] Zhang L，Wang Y，Zhang X B，et al. Enzyme and redox dual-triggered intracellular release from actively targeted polymeric micelles[J]. ACS Applied Materials & Interfaces，2017，9(4)：3388-3399.

[6] Zhang X L，Huang Y X，Ghazwani M，et al. Tunable pH-responsive polymeric micelle for cancer treatment[J]. ACS Macro Letters，2015，4(6)：620-623.

[7] Zhang D X，Wang L N，Zhang X，Polymeric micelles for pH-responsive lutein delivery[J]. Journal of Drug Delivery Science and Technology，2018，45：281-286.

[8] Li X R，Hou X C，Ding W M，et al. Sirolimus-loaded polymeric micelles with honokiol for oral delivery[J]. Journal of Pharmacy and Pharmacology，2015，67(12)：1663-1672.

[9] Lu A，Petit E，Jelonek K，et al. Self-assembled micelles prepared from bio-based hydroxypropyl methyl cellulose and polylactide amphiphilic block copolymers for anti-tumor drug release[J]. International Journal of Biological Macromolecules，2020，154：39-47.

[10] Ke Y，Cui L，Ma Z，et al. Inhibition of cancer-associated thrombosis with redox-sensitive paclitaxel/heparin-deoxycholic acid nanoparticles[J]. Colloid and Interface Science Communications，2021，40：100345.

[11] Chen J，Cheng W，Chen S，et al. Urushiol-functionalized mesoporous silica nanoparticles and their self-assembly into a Janus membrane as a highly efficient hemostatic material [J]. Nanoscale，2018，10(1)：22818-22829.

[12] Jeong H，Cho Y A，Cho Y，et al. Durable Urushiol - Based Nanofilm with Water Repellency for Clear Overlay Appliances in Dentistry[J]. ACS Biomaterials Science & Engineering，2016，2(3)：344-348.

[13] Qi Z，Zhou H，Xue X，et al. Fabrication of epoxy sustained-release coatings loaded with urushiol microcapsules containing essential oil for inhibition on drug-resistant Helicobacter pylori and Staphylococcus aureus[J]. Progress in Organic Coatings，2021，161：106459.

[14] Je H，Won J. Natural urushiol as a novel under-water adhesive[J]. Chemical Engineering Journal，2021，404：126424.

第9章
生漆改性技术

我国的生漆资源丰富，产量占世界总产量的85%，在我国使用已有几千年的历史。生漆是唯一在生物酶催化作用下，完成生物转化过程、自然干燥成膜的天然树脂涂料。生漆漆膜色泽光亮艳丽，耐久性、抗腐蚀、耐溶剂和绝缘性能极佳，埋在地下的漆器千年不坏，其耐久性远非合成高分子树脂可比拟，素有"涂料之王"的美誉。生漆的主要成分包括漆酚（60%～70%）、胶质（5%～7%）、水不溶糖蛋白（约1%）、漆树酶（约0.24%）以及水分（20%～25%）等。其中，漆酚是生漆成膜的有效成分，作为优良的装饰和保护材料，已广泛应用于石油、化工、纺织、印染、工艺品和高档家具等行业。但生漆成膜条件较为苛刻，必须在特定的条件下（相对湿度不低于80%，20～30℃）才能干燥，且干燥速度慢、黏度大而不易喷涂、对金属附着力不好、耐碱性差、抗紫外线吸收性能欠佳、在户外容易老化龟裂，还对人体有严重的过敏毒性，这些弊端都严重地限制了生漆在工业上的发展，所以，对其进行改性以制得适合不同需求的涂料产品显得十分必要。

最早的生漆改性是生漆掺合桐油。生漆掺合桐油或其他干性油、半干性油（如梓油、亚麻仁油、苏子油、豆油等）制成生漆涂料，这种改性是我国劳动人民的创造，至今已沿用几千年，其制成品中最著名的有"广漆""金漆""赛霞漆"。这种漆成膜性好，漆膜鲜艳光亮，适用于家具和工艺美术漆器的涂饰。随着人们对生漆成分以及漆酚结构和性能的深入了解，改性的方法和手段也越来越多。由于漆酚苯环上的两个互成邻位的酚羟基很活泼，且具有酸性，可以与许多无机化合物反应成盐，与部分有机化合物在一定的条件下还可反应生成酯或醚。而受酚羟基的影响，其邻位和对位上的两个氢原子也变得非常活泼，能够参与多种化学反应。此外，漆酚苯环侧链上的不饱和键也可参与多种氧化、聚合反应。同时由于侧链碳原子有15～17个之多，使得漆酚兼具芳烃化合物和脂肪属化合物的特性，能够与以芳环为主链的树脂（如环氧树脂）、以碳链为主链的树脂（如乙烯类树脂）及油类很好地混溶。因此，利用漆酚的多个反应活性中心，通过酯化、醚化、烷基化、络合、缩聚、共聚等一系列反应，可以将生漆进行改性，制备具有特殊性能的浅色或彩色、无毒、自干或烘干型涂料。

9.1 树脂共聚技术

近代合成树脂出现以后，许多学者将一系列树脂与生漆（漆酚）共聚（混），改善其物理性能。关于生漆共聚改性的报道层出不穷，归纳起来可以分为如下几大类。

9.1.1 有机单体共聚改性

（1）酚羟基上的反应 漆酚可以和脂肪族醛、芳香醛和杂环醛反应生成酚醛清漆，漆酚苯环上有三个空位，根据芳香环的定位规律以及空间效应，三个空位完全反应的可能性较小，和醛类反应位点只能是 4 位和 6 位，反应可生成线性酚醛树脂。由于侧链含有多个双键，树脂固化过程发生氧化聚合，最终形成立体结构的漆膜。1960年曾维聪等人将漆酚与甲醛进行缩合反应，成功制得漆酚缩甲醛树脂（如图 9-1）。对于这类高分子化合物来说，其力学性能和分子量有关，因此，漆酚酚醛树脂缩聚程度的大小必然对漆膜的性能有影响。缩聚程度高，漆膜完全干透的时间短，力学性能和耐腐蚀性能都较佳。除了通过提高漆酚质量、控制反应温度、时间配料比等反应条件提高缩聚度以外，还可以采用吹氧法促进生漆的氧化聚合。

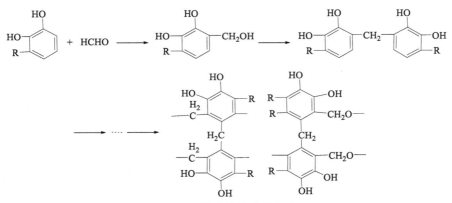

图 9-1 漆酚缩甲醛的合成

（2）苯环侧链上的反应——漆酚乙烯基共聚 漆酚能够和多种乙烯树脂混溶，利用漆酚侧链双键的反应性可以和含乙烯基单体聚合生成新的清漆。

（3）漆酚苯乙烯共聚 无引发剂存在时苯乙烯和漆酚侧链发生加成反应，以 1，4-加成最容易进行（图 9-2）。

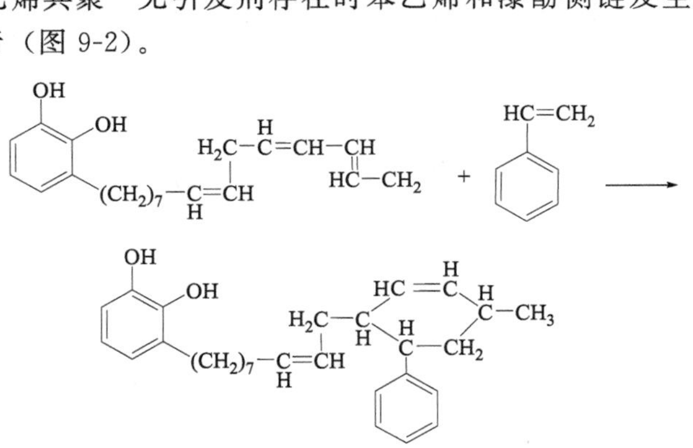

图 9-2 漆酚与苯乙烯的 1,4-加成反应

在较高温度下苯乙烯也能和孤立双键起反应，或是和受双键活化的次甲基加成并引起双键的转移（图 9-3）。

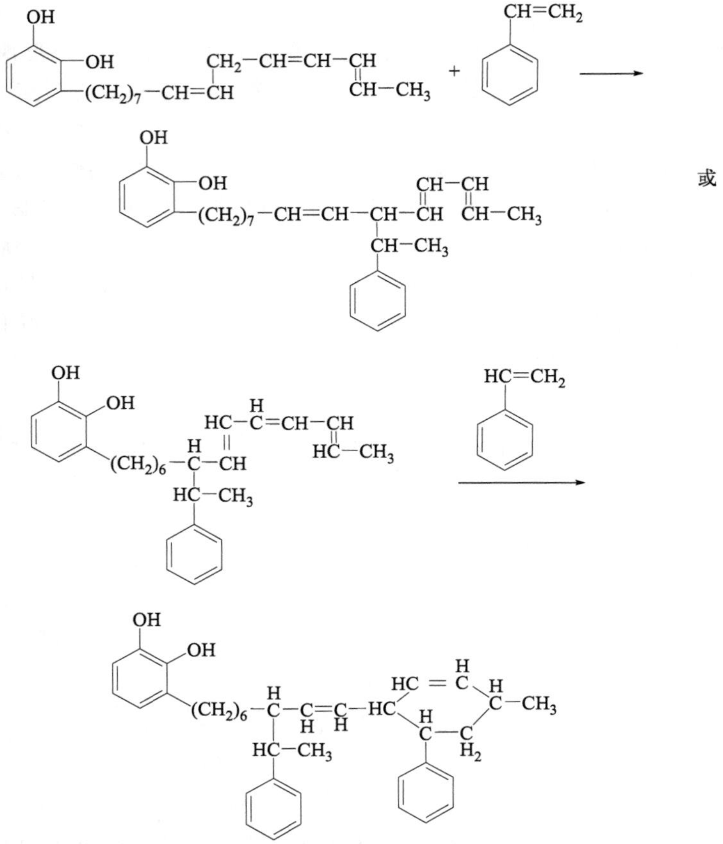

图 9-3 漆酚的孤立双键与苯乙烯加成

在引发剂存在下苯乙烯和漆酚可发生共聚反应，漆酚侧链通过苯乙烯发生交联，苯乙烯也可能生成短的均聚链，等摩尔反应式如图 9-4 所示。

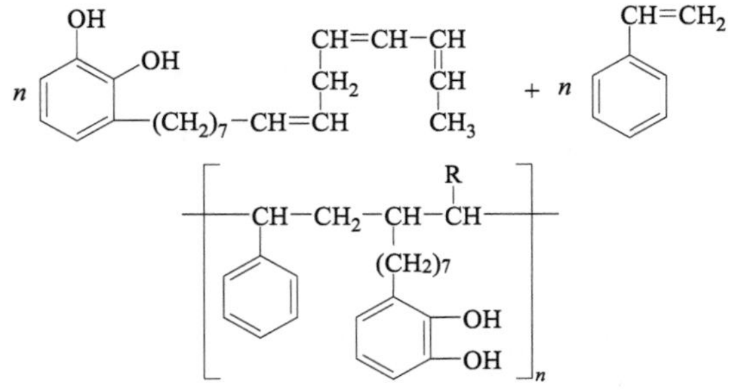

$R= —CH_2—(CH=CH)_2—CH_3$

图 9-4 漆酚与苯乙烯在引发剂存在下的共聚反应

在催化剂四氯化锡（SnCl₄）存在下，漆酚和苯乙烯共聚的产物具有两个显著特点：一是耐碱性好，漆膜在 50％的氢氧化钠沸腾溶液中经过 4.5 小时，只是失去光泽仍保持完整，对酸的抗蚀能力也高，在 10％硝酸中浸泡 6 个月无变化；二是有良好的电绝缘性能，电性能的参数和聚苯乙烯相近。

（4）耐氨清漆　二乙烯基乙炔是氯丁橡胶合成过程的副产物，极易聚合，与空气接触即聚合成树脂状物，可控制聚合程度生成像干性油一样能吸收空气中的氧的油状物，聚合速度很快，完全固化后成为几乎不溶于溶剂的琥珀色树脂。利用聚二乙烯基乙炔能吸氧聚合的特点，和漆酚配合可常温固化生成耐氨涂料，配合沥青用于氨水储槽的涂层，在 18％～27％的氨水中连续浸泡 3 个月涂层不受影响。

与之类似的还有聚氨酯改性漆酚树脂，它主要是利用苯环上的羟基及树脂中的活泼氢与异氰酸酯反应，侧链双键交联，生成网状体型结构高分子化合物。徐景文等将生漆与 2，4-甲苯二异氰酸酯（TDI）反应合成生漆/TDI 聚合物。该聚合物具有比生漆更快的成膜速率和更优良的力学性能。Lu 等将生漆与聚氨酯按不同配比混合，发现漆膜耐紫外线、耐水性能优越，硬度可达 8 H。Kim 等用异佛尔酮二异氰酸酯、聚乙二醇、漆酚、二羟基丙酸、乙二胺在一定条件下合成了漆酚/聚氨酯-脲（PUU）分散体系。

（5）漆酚顺丁烯二酸酐加成物　顺丁烯二酸酐和漆酚反应引入二元酸酐（图 9-5），其加成物自身可以成膜，但漆膜性能差，特别是耐热水、耐碱性差，化学结构和桐油酸酐相似。利用二元酸酐的反应性，在制造过程中，可通过不同的添加剂获得不同特性的漆酚清漆，比如二元醇、二元酸、二元胺以及干性油等。此外，用失水苹果酸酐树脂代替顺酐，既起到浅色效果又没有易水解的缺陷。改性后的产品得到了广泛应用，已在家具、纱管、漆筷以及交通工具的内部涂装上实际使用。

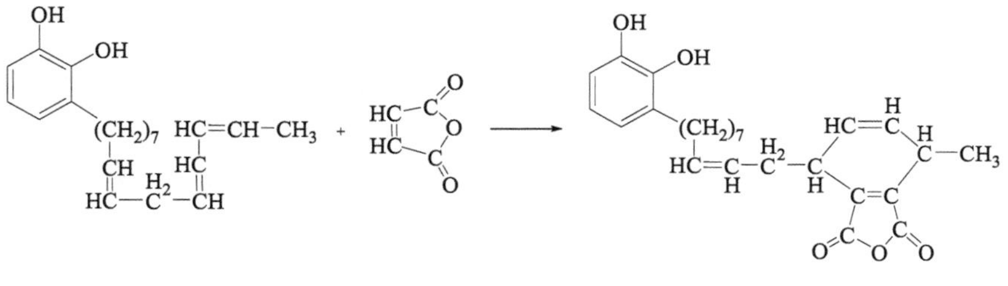

图 9-5　漆酚与顺丁烯二酸酐加成

9.1.2　共缩聚改性

缩聚反应是合成漆酚改性树脂的基本反应。通过缩聚反应合成的漆酚缩甲醛树脂、漆酚缩糠醛树脂具有比生漆更为优异的性能，同时也是其他漆酚改性树脂的基础材料。而由于漆酚反应活性位点的多样性，还可通过引入不同的缩聚单体进行共缩聚改性，以制得性能更加优良的漆酚树脂材料。从 20 世纪 30 年代日本清水定吉和稻井猛研究漆酚与酚醛树脂和醇酸树脂混合共聚开始，相继出现了生漆与醇酸树脂、沥青、琥珀、糠醛树脂、环氧树脂、呋喃甲醛树脂、有机硅树脂等树脂混合共聚制成的涂料。

9.2 环氧改性技术

环氧树脂改性漆酚酚醛，在我国上海和武汉国漆厂早已正式投产。它是利用漆酚缩甲醛中醇羟基的反应活泼性，使漆酚缩甲醛与分子量不同的环氧树脂反应实现交联。这一反应中，环氧树脂可以看作是漆酚酚醛树脂的改性剂，后者又可以看成是固化剂，两者之间的反应按两种方式进行。

第一类是酚羟基与环氧氯丙烷反应生成多环氧基的漆酚环氧树脂（图 9-6）。由于酚羟基与环氧氯丙烷反应成醚，在固化时不会进一步氧化成醌，因此漆膜颜色浅，柔韧性、耐碱性能好，但因其他性能不佳，所以单独使用价值不高。若和其他漆酚清漆配合，可以得到综合性能很好的制品。陈文和等在把漆酚制成漆酚缩甲醛后，在碱性介质中与一定分量的环氧氯丙烷作用，从而制得了基本保持生漆优美性能的浅色漆，能广泛用于工艺品。

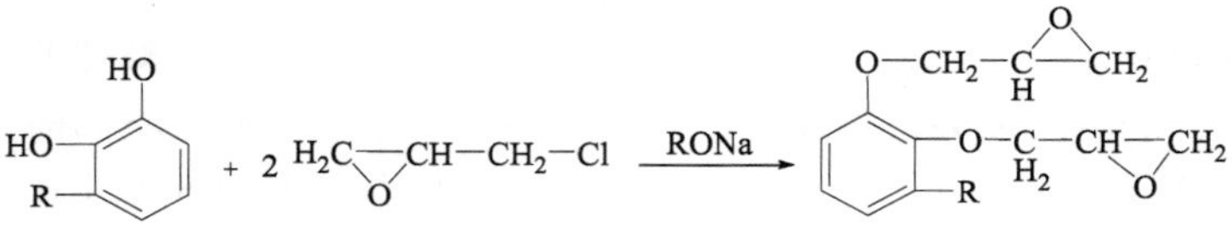

图 9-6　漆酚与环氧氯丙烷反应

第二类是漆酚或漆酚缩醛树脂与环氧树脂共混，作为环氧树脂的固化剂参与交联反应（图 9-7）。首先利用酚羟基与环氧树脂的环氧基、缩醛树脂中的羟甲基与环氧树脂中的羟基反应，交联成大分子，再用甲基醇将残存的羟基封闭，使生成物稳定，延长漆酚涂料的保存时间。醚化反应中的催化剂磷酸除了起催化作用外，还起着中和的作用，即将漆酚酚醛缩合时的氨中和掉，因为碱的存在使树脂不稳定。

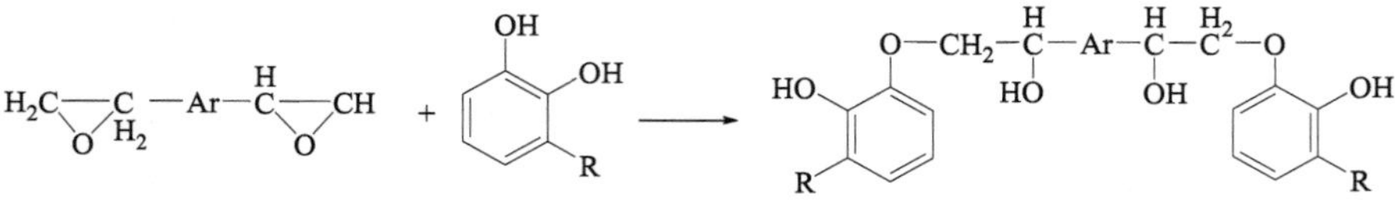

图 9-7　漆酚环氧缩醛树脂

经环氧改性的漆酚树脂兼有酚醛和环氧两种树脂的优点，其突出特点是有很宽的成膜温度范围（室温至 300℃间的温度下烘烤成膜），可采用多种涂装方法，也可多次涂刷一次烘干成膜且涂层具有良好的耐腐蚀能力。刘娅莉将中等分子质量的环氧树脂 E-12 与漆酚糠醛树脂按质量比 1：2 混合，反应制得耐磨性能良好的环氧改性漆酚糠醛树脂。在此类改性树脂中，漆酚缩糠醛树脂中的酚羟基被环氧基醚化，因此改性树脂的耐碱性得到改善。其次，环氧树脂链的接入，降低了漆膜中漆酚糠醛树脂的交联密度，漆酚糠醛树脂的柔韧性也有所提高。此种改性树脂常用于农用喷雾器的内壁防腐，以两道涂层（厚度 $60\mu m$ 左右）代替原来的铅层，不仅消除了铅的危害而且延长了使用寿命；在脱硫设备的防腐、内燃机表面以及印染机械不锈钢导辊表面防水垢沉积上也都取得了明显的效果；该树脂表面光泽极好，且与塑料、木材、橡胶、纸、竹、水泥制品都有很好的附着力，兼有防护和装饰作用，是综合性能比较好的涂料品种。

9.2.1 漆酚缩水甘油醚的合成及工艺研究

　　漆酚的三取代结构使得漆酚中的苯环拥有很高的化学活性，能与甲醛和糠醛发生缩合反应，目前已经制备出了性能优良的涂料。漆酚苯环上的两个酚羟基很高的活性，可与铁、锆、锡等离子形成聚合物，用于催化酯化反应；可与铝、钛、镍等金属离子进行螯合，制备金属防腐涂料；也可与二氯甲烷进行缩醛反应、与乙酸酐进行乙酰化反应。雷福厚等利用铜离子配合物模拟漆酶作用，催化氧化漆酚聚合，取得了很好的效果。Takahisa Ishimuru 等用氨基硅氧烷和环氧亚麻籽油对漆酚进行改性，不仅保留了漆膜原有的主要力学性能，而且还大大提高了漆膜的硬度、光泽度和颜色等物理性能。Kazuhiro Taguchi 等在漆酚中加入环氧树脂和阳离子光引发剂，在紫外光照射下实现了漆膜的速干，并通过遮光板控制混合物的曝光时间从而控制漆膜的光泽度，实现了在漆膜上"作画"。

　　目前利用漆酚制备环氧树脂的研究还鲜有报道，夏建荣等用漆酚与环氧氯丙烷反应，采用一步法制备漆酚环氧树脂，用盐酸丙酮法测得环氧值仅为 $0.17 mol/100g$，而理论最大环氧值应该在 $0.46 mol/100g$ 左右，所以用漆酚与环氧氯丙烷反应制备漆酚缩水甘油醚（UGE）的环氧值还有待提高。本节以环氧值为指标，采用二步法合成 UGE，就合成工艺进行优化，以期得到更高的环氧值，提高 UGE 性能，扩大漆酚基环氧树脂的应用。

　　（1）合成原理　漆酚（U）与环氧氯丙烷在季铵盐催化剂及碱作用下按下述反应合成漆酚缩水甘油醚，合成路线如图 9-8 所示。

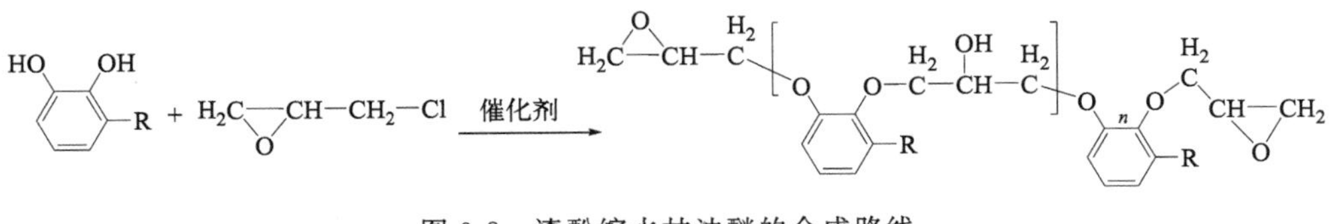

图 9-8　漆酚缩水甘油醚的合成路线

　　该合成反应分以下两个过程。

　　① 开环反应　U 在苄基三乙基氯化铵催化下与环氧氯丙烷发生开环加成反应，如图 9-9 所示。

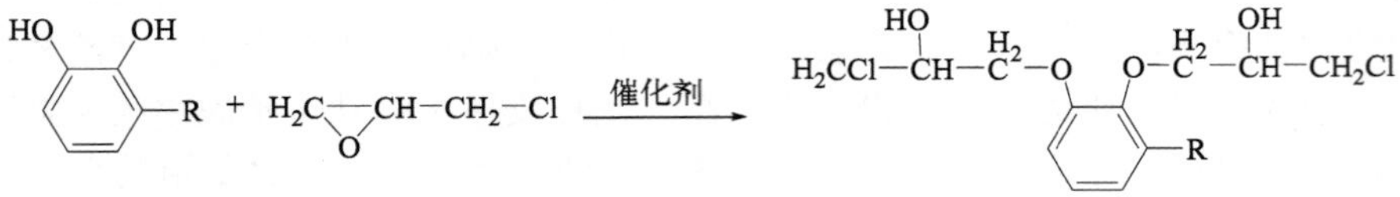

图 9-9　开环反应

反应过程中可能伴随发生以下加成及链增长反应，如图 9-10 和图 9-11。

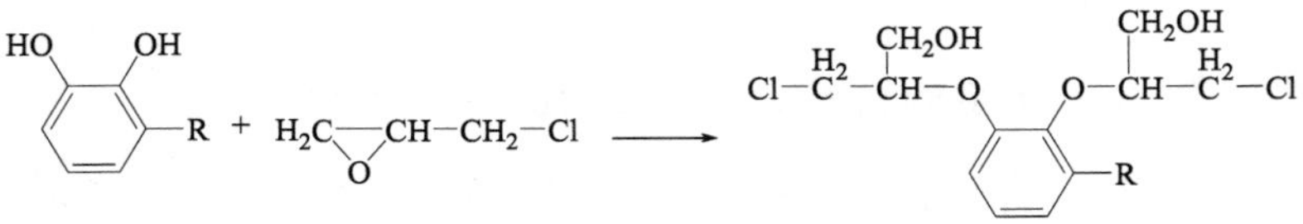

图 9-10　加成反应

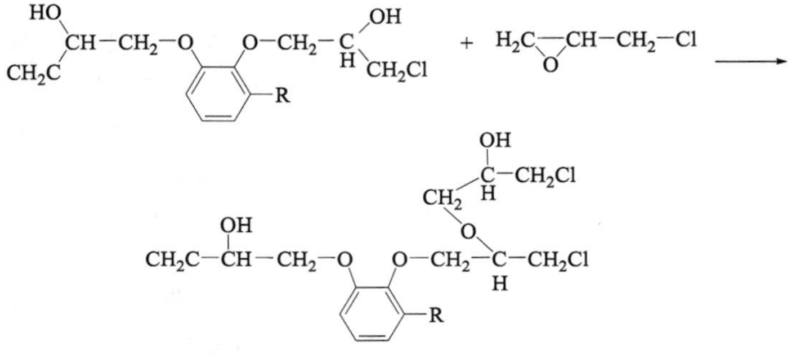

图 9-11　链增长反应

② 闭环反应　开环加成产物在碱的作用下发生闭环反应生成 UGE，如图 9-12。

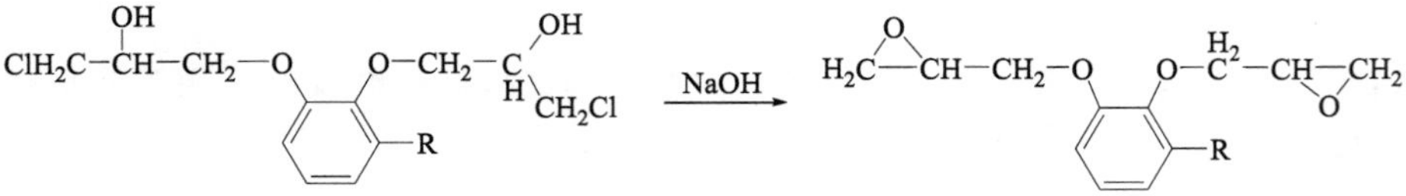

图 9-12　闭环反应

在 UGE 合成过程中可能发生图 9-13 所示的副反应。

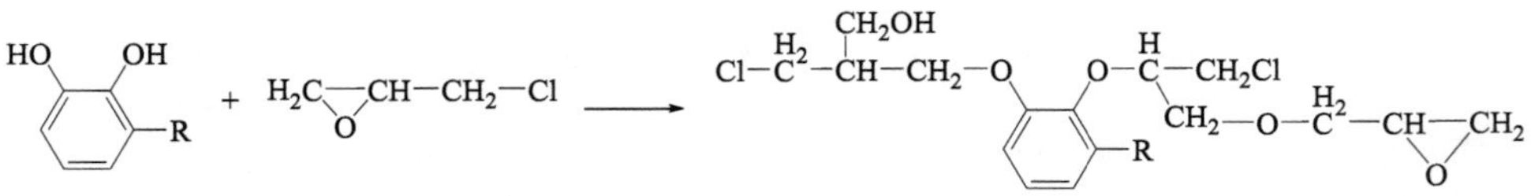

图 9-13　副反应

（2）合成步骤及影响因素　首先向三口烧瓶中加入漆酚、环氧氯丙烷和催化剂苄基三乙基氯化铵，油浴加热，磁力搅拌反应数小时后停止，冷却至一定温度，再加入固体氢氧化钠，继续反应数小时，待反应结束后，冷却至室温，减压抽滤，水洗，旋蒸除去多余环氧氯丙烷，得到漆酚缩水甘油醚。要使 UGE 的环氧值最大，需考虑以下因素。

① 物料比的影响　在漆酚和 NaOH 摩尔比为 1:2、催化剂用量为 1.5%（以漆酚质量计，下同）、开环温度 80℃、开环时间 3h、闭环温度 60℃、闭环时间 4h 的条件下，考察物料比对环氧值的影响，以确定环氧氯丙烷的用量，结果如图 9-14 所示。随着环氧氯丙烷用量的增加，环氧值逐渐提高；在环氧氯丙烷用量为漆酚物质的量的 10 倍时，环氧值达到最大；继续增大环氧氯丙烷用量，环氧值则略有降低。在环氧氯丙烷和漆酚的摩尔比小于 10 时，环氧氯丙烷用量的增加有利于环氧反应的充分进行；当环氧氯丙烷和漆酚的摩尔比大于 10 时，体系中环氧氯丙烷量的增加导致更多副反应发生，环氧值略有下降。因此，确定环氧氯丙烷用量为漆酚物质的量的 10 倍。

② 开环温度的影响　在漆酚、环氧氯丙烷和 NaOH 摩尔比为 1:10:2，催化剂量为 1.5%，开环时间为 3h，闭环温度为 60℃，闭环时间为 4h 时，考察开环温度对 UGE 环氧值的影响。由图 9-15 可知，UGE 环氧值随着开环温度的升高逐渐增大；当温度为 80℃时，UGE 的环氧值达到最大；随着反应温度继续升高，环氧值逐渐降低。在 80℃之前，温度的升高提高了酚羟基与环氧基的开环反应选择性；但随着温度的继续升高，开环后生成的醇羟基继续与环氧氯丙烷发生开环反应，降低了开环的选择性。因此，开环温度以 80℃为宜。

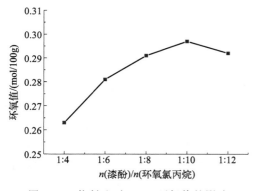

图 9-14　物料比对 UGE 环氧值的影响

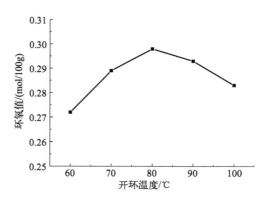

图 9-15　开环温度对 GUE 环氧值的影响

③ 开环时间的影响　在漆酚、环氧氯丙烷和 NaOH 摩尔比为 1:10:2，催化剂量为 1.5%，开环温度为 80℃，闭环温度为 60℃，闭环时间为 4h 时，考察了开环时间对 UGE 环氧值的影响。由图 9-16 可知，UGE 的环氧值随着开环时间的增加不断增大；当开环时间为 3.5h 时，UGE 环氧值达到最大；此时继续反应，环氧值反而下

降。开环时间小于 3.5h 时，主要是酚羟基与环氧氯丙烷发生开环反应，生成的单体分子量相对较小，环氧值相对较高；开环时间大于 3.5h 时，有部分醇羟基继续与环氧氯丙烷反应，使单体分子量增大，促使环氧值降低。因此，开环时间以 3.5h 为宜。

④ 催化剂用量的影响　在漆酚、环氧氯丙烷和 NaOH 摩尔比为 1∶10∶2，开环温度为 80℃，开环时间为 3.5h，闭环温度为 60℃，闭环时间为 4h 的条件下，考察催化剂用量对环氧值的影响，以确定催化剂的用量，结果如图 9-17 所示。随着催化剂用量的增加，环氧值逐渐上升；在催化剂用量为 1.5％时，环氧值达到最大；继续增加催化剂用量，环氧值则略有降低。因此，催化剂用量为 1.5％最好，确定催化剂用量为漆酚质量的 1.5％。

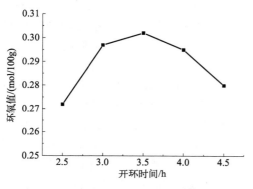

图 9-16　开环时间对 GUE 环氧值的影响　　图 9-17　催化剂量对 GUE 环氧值的影响

⑤ 闭环温度的影响　在漆酚、环氧氯丙烷和 NaOH 摩尔比为 1∶10∶2，催化剂量为 1.5％，开环温度为 80℃，开环时间为 3.5h，闭环时间为 4h 时，考察了闭环温度对 UGE 环氧值的影响。

由图 9-18 可知，随着闭环温度的升高，环氧值不断增大；当闭环温度为 60℃时，UGE 环氧值达到最大；此时继续升高温度，环氧值迅速下降。在 60℃之前，闭环反应速率随着温度的升高而增大，有利于环氧基团的生成；但随着温度的继续升高，使部分生成的环氧基团又开环，使环氧值降低。因此，闭环温度以 60℃为宜。

⑥ 闭环时间的影响　在漆酚、环氧氯丙烷和 NaOH 摩尔比为 1∶10∶2，催化剂量为 1.5％，开环温度为 80℃，开环时间为 3.5h，闭环温度为 60℃时，考察了闭环时间对 UGE 环氧值的影响。

如图 9-19 所示，UGE 的环氧值随着闭环时间的增加不断增大；反应 4h 时，UGE 环氧值达到最大；继续反应，环氧值反而下降。闭环时间小于 4h 时，开环反应中生成的醇羟基和 β 碳上氯原子在氢氧化钠作用下进行环氧化，使环氧值增大；闭环时间超过 4h 时，生成的环氧基团部分发生了开环反应，导致环氧值降低。因此，闭环时间为 4h 最好。

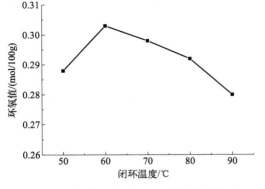

图 9-18　闭环温度对 UGE 环氧值的影响　　　　图 9-19　闭环时间对 UGE 环氧值的影响

⑦ 氢氧化钠用量的影响　在漆酚和环氧氯丙烷的摩尔比为 1∶10，催化剂用量为 1.5%，开环温度为 80℃，开环时间为 3.5h，闭环温度为 60℃，闭环时间为 4h 的条件下，考察 NaOH 用量对环氧值的影响，以确定 NaOH 的用量，结果如图 9-20 所示。

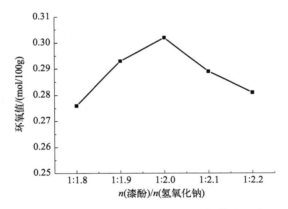

图 9-20　氢氧化钠用量对 UGE 环氧值的影响

由图可知，随着 NaOH 用量的增加，环氧值逐渐提高；在 NaOH 用量为漆酚物质的量的 2 倍时，环氧值达到最大；继续增加 NaOH 用量，环氧值则略有降低。当 NaOH 和漆酚的摩尔比小于 2 时，增加 NaOH 用量有利于环氧基的生成；当 NaOH 和漆酚的摩尔比大于 2 时，NaOH 用量的增加会导致生成的环氧基发生开环反应。因此，确定氢氧化钠用量为漆酚物质的量的 2 倍。

9.2.2　结构表征与性能测试

（1）环氧值测定　按 GB/T 1677—2008《增塑剂环氧值的测定》中的盐酸-丙酮法测定。

（2）红外光谱 FTIR-ATR 分析：采用 Nicolet IS10 型红外光谱仪，衰减全反射方法对 U 和 UGE 进行红外光谱分析。

漆酚和漆酚缩水甘油醚的红外图谱如图 9-21 所示。图 9-21 中漆酚在 3462cm^{-1} 处的吸收峰为酚羟基的伸缩振动特征峰；3013cm^{-1} 处的吸收峰为漆酚侧链上不饱和双键的碳氢振动吸收峰；1621cm^{-1} 和 1595cm^{-1} 处的吸收峰为苯环骨架的伸缩振动吸收峰；1355cm^{-1} 处的吸收峰为酚羟基的面内弯曲振动峰；1186cm^{-1} 处的吸收峰为 C—O 键的伸缩振动特征峰；982cm^{-1} 和 945cm^{-1} 处的吸收峰为漆酚侧链不饱和双键的碳氢面外弯曲振动吸收峰；830cm^{-1} 处的吸收峰为漆酚侧链碳碳单键骨架的伸缩振动吸收峰；777cm^{-1} 处的吸收峰为三取代芳环上 C—H 键的面外弯曲振动吸收峰，表明提取的漆酚纯度很高。

漆酚缩水甘油醚在 3462cm^{-1} 处的吸收峰并没有完全消失，而是移向 3489cm^{-1}，强度为原来的 20% 左右，可能是一部分环氧基开环生成的羟基所致；1355cm^{-1} 处的吸收峰消失，而在 1340cm^{-1} 处有一个明显的吸收峰，说明酚羟基消失，新生成了醇羟基；1205cm^{-1} 处的吸收峰为芳香醚的伸缩振动吸收峰；1162cm^{-1} 和 1053cm^{-1} 处的吸收峰为 C—O—C 键的伸缩振动吸收峰；1105cm^{-1} 处的吸收峰强度加强，可能是部分环氧基开环生成脂肪醚的缘故；1016cm^{-1} 处的吸收峰为醇羟基的 C—O 键伸缩振动特征峰；911cm^{-1} 和 841cm^{-1} 处的吸收峰为环氧基的特征吸收峰，说明漆酚与环氧氯丙烷发生了反应，生成了目标产物漆酚缩水甘油醚。

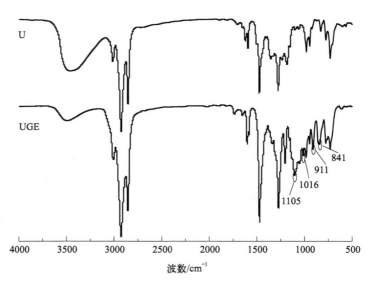

图 9-21　FT-IR 图

（3）核磁光谱 采用 ARX300 光谱仪，样品用 CDCl$_3$ 进行溶解，对 U 和 UGE 进行分析。以 CDCl$_3$ 为溶剂，分别对 U、UGE 进行 ^{1}H-NMR 和 ^{13}C-NMR 分析，结

果如图 9-22、图 9-23 所示。

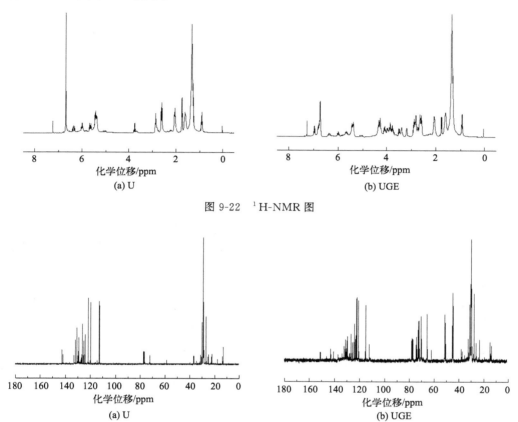

图 9-22 ¹H-NMR 图

图 9-23 ¹³C-NMR 图

图 9-22 (a) 中, U 在化学位移 (δ) 为 6.69 处的吸收峰为漆酚苯环上氢原子的化学位移, 而图 9-22 (b) 中苯环上氢原子的化学位移向高位移动 (δ=6.70～6.76), 这是因为 UGE 中芳香醚键的生成。图 9-22 (a) 中, U 在 δ=3.75 附近的吸收峰为漆酚中酚羟基氢原子的化学位移, 而图 9-22 (b) 中酚羟基的氢原子的化学位移消失, 表明酚羟基与环氧氯丙烷发生反应; 同时在 δ=4.28 和 δ=3.83 附近出现新的吸收峰, 这是 UGE 中与芳香醚相连的亚甲基中氢原子的化学位移, 进一步证明酚羟基与环氧氯丙烷发生了反应。

图 9-23 (a) 中, U 在 δ=142.66 和 δ=141.59 处的吸收峰为酚羟基与苯环相连的碳原子的化学位移, 在图 9-23 (b) 中, 移向 δ=142.55 和 δ=140.61 处; 图 9-23 (a) 中, δ=121.52、119.54 和 112.42 处的吸收峰为苯环上未接取代基的碳原子的化学位移, 在图 9-23 (b) 中, 分别移向 δ=119.98、114.21 和 111.34 处; 在图 9-23 (b) 中, 在 δ=73.37、50.22 和 43.52 附近新出现的吸收峰分别为 UGE 中芳香

醚的—CH₂—的碳原子和环氧基中—CH—和—CH₂—的碳原子的化学位移，由此证明目标产物成功合成。

（4）凝胶渗透色谱（GPC）分析　采用美国 Waters 公司 GPC1515/2414 型凝渗透胶色谱仪进行分析，样品用四氢呋喃（THF）溶解后过滤。如图 9-24 所示，由于 UGE 的 GPC 图出现两个峰，测得第二个峰的数均分子量（M_n）为 478，与理论值 432 十分接近（取漆酚的平均分子量为 320 计）；测得第一个小峰的数均分子量（M_n）为 1722，可能是少量缩醚分子发生了聚合，导致分子量的增加。

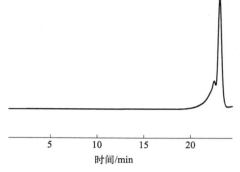

图 9-24　UGE 的凝胶渗透色谱（GPC）图

（5）热重（TG/DTG）分析　采用 409PC 热重分析仪，测试样品热稳定性能，具体测定条件为：氮气流速 30mL/min，升温速度 15℃/min，测试温度范围 25～800℃。由图 9-25 可知，漆酚缩水甘油醚起始分解温度为 374.4℃，在 447.9℃时失重率最大，为−13.24%/min，质量残留 5.09%；漆酚起始分解温度为 396.1℃，在 458.8℃时失重率最大，为−14.03%/min，质量残留 8.72%。综上所述，改性后的漆酚缩水甘油醚具有良好的热稳定性，且初始分解温度高于 370℃。

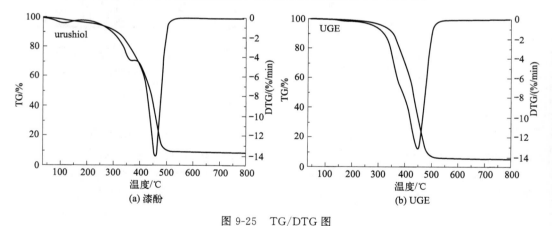

图 9-25　TG/DTG 图

9.2.3　二乙烯三胺改性漆酚缩水甘油醚漆膜的制备及固化

二乙烯三胺（DETA）易与环氧基发生开环反应固化成膜，首先采用 DETA 与合成的 UGE 固化以检测合成的 UGE 活性。将 DETA 和 UGE 按照 1∶1 的摩尔配比混合，再向配制样品中加入一定量的促进剂 DMP-30，均匀混合（配比如表 9-1 所示），然后取少量样品置于马口铁片上，用 50μmol/L 涂布器均匀涂布，将涂布好的样品置于固化箱中 80℃预固 0.5h，再经 140℃固化 4h，即得到二乙烯三胺改性漆酚缩水甘油醚漆膜（DETA-UGE）。

9.2.4 漆酚改性漆酚缩水甘油醚漆膜的制备及固化

漆酚中含有活性较高的邻苯二酚结构，其酚羟基有很高的活性，可与 UGE 中的环氧基进行开环固化。将 U 和 UGE 按照 1：1 的摩尔配比混合，再向配制样品中加入一定量的促进剂 DMP-30，均匀混合（配比如表 9-1 所示），然后取少量样品置于马口铁片上，用 $50\mu mol/L$ 涂布器均匀涂布，将涂布好的样品置于固化箱中 80℃预固 0.5h，再经 140℃固化 4h，即得到漆酚改性漆酚缩水甘油醚漆膜（U-UGE）。

表 9-1 固化漆膜中各组分配比

固化体系	UGE/g	U/g	DETA/g	DMP-30/%
U-UGE	5.0	2.4		3
DETA-UGE	5.0		0.8	3

9.3 杂环改性技术

9.3.1 漆酚糠醛树脂

漆酚糠醛树脂是最典型的杂环改性代表，反应机理和缩甲醛反应相同（图 9-26），反应条件也极相似。呋喃基的存在使其漆膜颜色深，耐热性能显著提高，长期使用温度为 250℃，且具有良好的耐焰性和自动灭火性能，属耐高温涂料；耐腐蚀性能也比生漆优良，使用范围更广，除了用作涂料以外，还可用作胶黏剂和塑料。

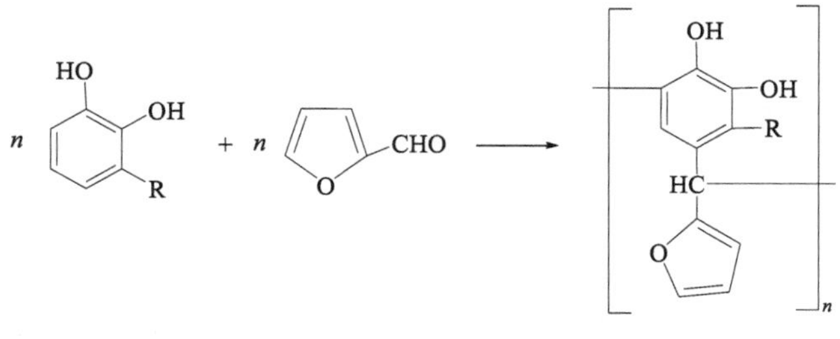

图 9-26 漆酚糠醛树脂

9.3.2 苯并噁嗪树脂

苯并噁嗪树脂除保持了传统酚醛树脂的优良性能之外，最大的特点是固化过程不需要强酸强碱催化便能聚合，而且在固化过程中没有小分子释放，制品体积接近零收缩，具有良好的尺寸稳定性。除此之外，苯并噁嗪树脂还具有较好的韧性、低吸水性、较低的介电常数以及较高的玻璃化转变温度。灵活的分子可设计性是苯并噁嗪的一项重要特点，在分子结构中引入可反应、耐热、阻燃等基团可以赋予苯并噁嗪不同的性能特点，以满足不同应用领域的要求。因此，苯并噁嗪树脂的应用前景十分广阔。苯并噁嗪，全称为3,4-二氢-1,3-苯并噁嗪（3,4-dihydro-l,3-benzoxazine），是一类新开发的热固性树脂，一般是酚类化合物、伯胺类化合物与甲醛经曼尼希（Mainich）缩合反应制得的含氮氧六元杂环结构的中间体，通过加热或催化剂作用，苯并噁嗪单体发生开环聚合，生成类似酚醛树脂的网状结构的含氮聚合物，即聚苯并噁嗪（图9-27）。

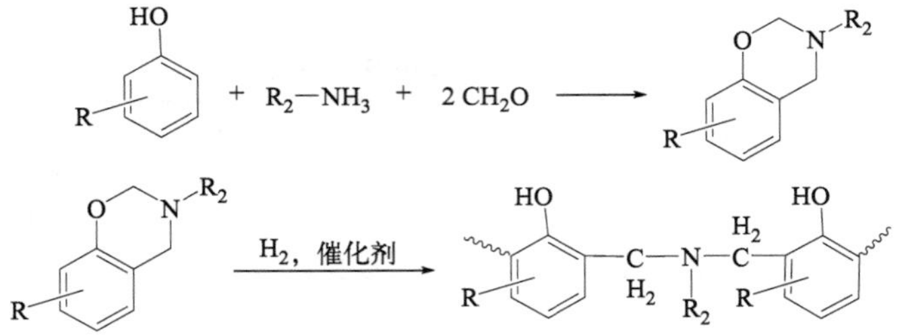

图 9-27　聚苯并噁嗪的合成与开环聚合反应

苯并噁嗪树脂虽然具有优异的耐热性、低吸收率和阻燃等特性，但是对于纯聚苯并噁嗪树脂而言，如单官能度的苯并噁嗪，由于会在开环聚合反应中发生链转移反应，导致制备的聚合物分子量低，使其应用范围受到限制；而对于双官能度聚苯并噁嗪而言，尽管可用作高性能材料，但自身分子结构导致了双官能度苯并噁嗪交联密度低、脆性大、铜性差、聚合温度高。翟玉龙以天然产物生漆的主成分漆酚为酚源，分别与甲醛和不同的伯胺化合物反应，合成了含饱和脂肪胺、不饱和脂肪胺、芳香胺的漆酚基苯并噁嗪单体及其聚合物，并对单体的结构进行了一系列表征，结果表明，改性后的聚合物树脂的热稳定性、韧性等都优于单独的酚醛树脂和苯并噁嗪树脂。

9.4　生漆共混技术

前人对生漆的改性研究多是采用有机溶剂提取生漆的主要成膜物质漆酚，而后利用甲醛、环氧化合物、乙烯类单体、聚氨酯、金属化合物等物质对其改性，制成高性能材料，但这种方法降低了生漆的利用率。生漆是可在温和条件下自然干燥成膜的天然乳胶漆，保持生漆特色对生漆进行互穿网络共混改性可以提高生漆的综合品质，扩大生漆的应用范围，避免环境污染。

9.4.1　生漆单宁共混技术

生漆单宁共混涂料是通过在生漆中添加一定比例的单宁酸和金属离子催化剂制备而成的一种新型复合涂料。生漆漆酚结构中的苯环上带有两个酚羟基，这使得其邻、对位上各个碳原子均很活泼，能与醛、酸酐、羟基等基团进行反应，另外漆酚羟基上的氧原子具有未共用电子对，具有较大的电负性，可以作为配体与具有空轨道的金属原子形成配合物。单宁是一种具有多酚羟基结构的化合物，通过将生漆与单宁共混制备复合涂料，生漆成膜性能如干燥时间、附着力、耐冲击力、硬度、耐碱、耐高温等各项指标均有显著提高，其干燥时间由 97h 缩短为 52h，减少了约 46％的干燥时间，附着力等级由 7 级提高为 3～4 级，耐冲击力等级由 5kg/cm 上升到 30kg/cm，增加了 25kg/cm，硬度也由 B 级上升到 2H 级。此外生漆单宁共混涂料的耐碱性能明显提高，提高了 3 倍，耐受温度与原生漆相比提高了 2 倍；通过红外光谱分析表明生漆中的漆酚和单宁的酚羟基发生了醚化反应，从而改善了漆膜特性。

（1）生漆单宁共混涂料的制备　取精制生漆，先加入生漆质量 1/5 的 20％金属乙醇溶液反应 40min 后，再添加一定量的单宁，安上减压蒸馏装置，在一定温度下反应一段时间即得到生漆单宁共混涂料产品。将配制好的生漆单宁共混涂料均匀地涂至钢板及钢棒上，置于室温下至涂膜完全干燥，得光滑平整的漆膜，测定漆膜性质。

（2）影响生漆单宁共混涂料成膜性能的因素

① 金属离子种类　研究发现在生漆中加入金属离子，漆酚可与金属离子发生配位反应，生成的漆酚金属螯合物可作为催化剂促进活性氧等自由基生成，从而促进漆酚和单宁的共聚。如表 9-2 所示，生漆经过金属铁离子和锡离子改性后，成膜性能各项指标均有显著提高；而添加金属锑离子后，漆膜的成膜性能无明显变化，表明金属锑离子对漆酚和单宁的聚合反应催化效果较差，原因可能是漆酚和金属锑离子生成的配合物稳定性较差。金属铁离子与锡离子相比，铁离子提高成膜性能的效果更好，其干燥时间缩短为 52h，附着力由 7 级提高到 3～4 级，耐冲击力增加了 25kg/cm，硬度等级由 B 提升为 2H。

表 9-2　金属离子种类对生漆单宁共混涂料成膜性质的影响

金属离子种类	光泽	干燥时间/h	附着力/级	耐冲击力/(kg/cm)	硬度
对照	无	97	7	5	B
FeCl₃	明显	52	3～4	30	2H
SnCl₂	明显	61	4～5	25	H
SbCl₃	无	92	6～7	10	HB

② 单宁的添加量　在生漆中加入单宁进行共混，如表 9-3 所示，当单宁加入量为生漆质量的 8％时，生漆漆膜有光泽，干燥时间由 97h 缩短为 52h，减少了约 46％的干燥时间，说明单宁能明显改善漆膜的干燥速度；附着力等级由 7 级提高为 3～4 级，耐冲击力等级由 5kg/cm 上升到 30kg/cm，增加了 25kg/cm，硬度也由 B 级上升到 2H 级。但随着单宁加入量的增加，生漆的干燥时间有所延长，附着力等级由 3～4 级下降到 6～7 级，漆膜的耐冲击力由 30kg/cm 下降到 10kg/cm，而硬度由 2H 级下降到 HB 级。

表 9-3　单宁添加量对生漆单宁共混涂料成膜性质的影响

单宁添加量	光泽	干燥时间/h	附着力/级	耐冲击力/(kg/cm)	硬度
对照	无	97	7	5	B
4%	无	82	6～7	10	HB
6%	明显	65	4～5	25	H
8%	明显	52	3～4	30	2H
10%	明显	68	5～6	20	H
12%	明显	84	6～7	10	HB

③ 共混温度　研究表明当共混温度较低时，不利于单宁和生漆进行聚合反应，漆膜的成膜性能无明显变化；随着共混温度的升高，生漆成膜性能各项指标均有显著提高。当共混温度达到 60℃时，生漆成膜性能的各项指标达到最佳，干燥时间缩短为 53h，附着力等级由 7 级提高为 3～4 级，耐冲击力等级由 5kg/cm 上升到 30kg/cm，硬度也由 B 级上升到 2H 级；但随着共混温度的增加，生漆成膜性能的各项指标保持平稳趋势，并没有进一步提高（表 9-4）。

表 9-4　共混温度对生漆单宁共混涂料成膜性质的影响

反应温度	光泽	干燥时间/h	附着力/级	耐冲击力/(kg/cm)	硬度
对照	无	97	7	5	B
30℃	无	92	6～7	10	HB
40℃	明显	85	5～6	20	HB
50℃	明显	62	5～6	25	H
60℃	明显	53	3～4	30	2H
70℃	明显	55	3～4	30	2H
80℃	明显	54	3～4	30	2H

④ 共混时间　研究表明当共混时间较短时，单宁和生漆的聚合不完全，导致漆膜的成膜性能变化不明显；随着共混时间的延长，生漆成膜性能各项指标呈提高趋势。当共混时间达到 3h 时，生漆成膜性能的各项指标达到最佳，干燥时间缩短为 52h，附着力等级由 7 级提高为 3～4 级，耐冲击力等级由 5kg/cm 上升到 30kg/cm，硬度也由 B 级上升到 2H 级；但随着共混时间的延长，生漆成膜性能的各项指标保持平稳趋势，并没有进一步提高（表 9-5）。

表 9-5　时间对生漆单宁共混涂料成膜性质的影响

反应时间	光泽	干燥时间/h	附着力/级	耐冲击力/(kg/cm)	硬度
对照	无	97	7	5	B
1h	无	90	6～7	10	HB
2h	明显	72	5～6	25	H
3h	明显	52	3～4	30	2H

反应时间	光泽	干燥时间/h	附着力/级	耐冲击力/(kg/cm)	硬度
4h	明显	53	3～4	30	2H
5h	明显	54	3～4	30	2H

（3）生漆单宁共混涂料的性能测定

① 耐碱和耐热性　通过对制备的生漆单宁共混涂料进行耐碱和耐热性能测定，从图 9-28 中可以看出，与原精制生漆相比，生漆单宁共混复合涂料的耐碱性能提高了 3 倍，这是因为漆酚苯环上的酚羟基和单宁发生了作用，因此阻止了碱与酚羟基的反应，而使其耐碱能力得到提高。生漆单宁共混复合涂料的耐受温度与原生漆相比提高了 2 倍，可能是因为单宁与漆酚之间形成了比较强的氢键作用，使复合涂料在高温的影响下也能紧密结合，耐热性能因此有所提高。

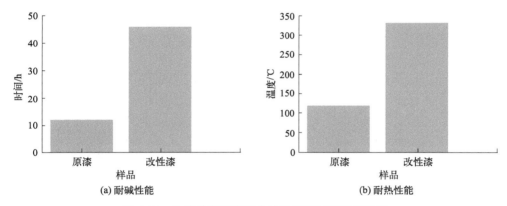

图 9-28　生漆单宁共混复合涂料的耐碱和耐热性能

② 红外光谱表征　通过对原精制生漆和生漆单宁共混复合涂料进行了红外光谱对比分析（图 9-29），可以看出，与原生漆相比，生漆单宁共混复合涂料在 $1614cm^{-1}$ 处出现 $\nu(Ar-O)$ 的吸收峰，在 $1270cm^{-1}$ 处出现 $\nu(Ar-O-Ar)$ 的吸收峰，这两个吸收峰是芳醚的特征吸收峰。芳醚特征吸收峰的出现，表明生漆中的漆酚和单宁的酚羟基发生了醚化反应，另外生漆单宁共混涂料中还含有较强的羟基吸收峰，表明还含有未反应的羟基。

9.4.2　生漆松香共混技术

生漆松香共混涂料是通过在生漆中添加一定比例的松香进行共混聚合制备而成的一种复合涂料。松香是我国天然、价格低廉的林产品，每年的产量为 30 万～40 万吨，主要由树脂酸组成，其反应活性中心为双键和羧基。天然松香易于被氧化和结晶，有很好的成膜性，其膜具有很好的硬度和亮度，经常用于涂料工业。研究表明通过在生漆中加入松香或乙醇溶解的松香均能改善生漆漆膜性能。当松香加入量为生漆

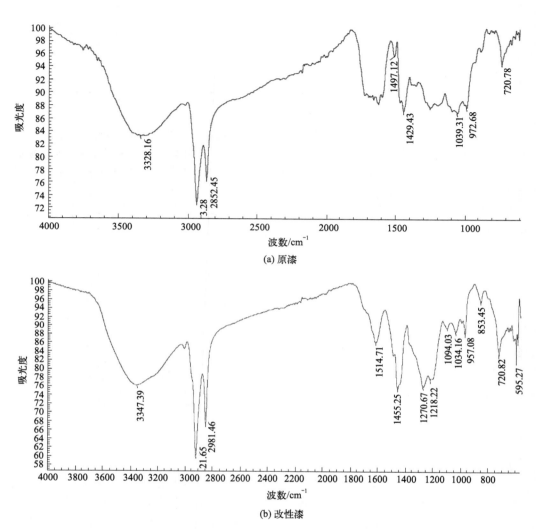

图 9-29　生漆单宁共混涂料的红外光谱图

质量的 5％时，生漆漆膜为棕红色，有光泽，干燥时间由 97h 缩短为 79h，附着力等级也由 7 级提高为 6～7 级，耐冲击力由 5kg/cm 上升到 15kg/cm，硬度由 B 级上升到 H 级。此外研究还发现生漆经过金属铁离子改性后，再加入松香，成膜性能的各项指标均有显著提高，干燥时间缩短为 53h，附着力由 7 级提高到 4～5 级，耐冲击力增加了 25kg/cm，硬度由 B 级提升为 2H。红外光谱分析表明，生漆中的漆酚和松香中的树脂酸发生了酯化反应，从而改善了漆膜特性。

（1）生漆松香共混涂料的制备　在生漆中添加一定量的松香，或先用 FeCl₃（或 SbCl₃、SnCl₂）与生漆（生漆与 20％金属乙醇溶液质量比为 5∶1）在 80℃反应 40min 后再添加一定量的松香，安上减压蒸馏装置，在 50℃反应 3h 后即得到生漆松香共混涂料。采用刷涂法涂片，待溶剂挥发之后，于110℃烘箱中烘烤1.5h，然后测定漆膜性质。

（2）影响生漆松香共混涂料成膜性能的因素

① 松香种类　四种改性松香——聚合松香、丙烯松香、马来松香和氢化松香与生漆共混后，生漆的成膜效果改善均较好，附着力均为1级，抗冲击力为10～35kg/cm，硬度为3H或4H，均比同样条件下天然松香的改善成膜效果好（表9-6）。聚合松香的改善成膜效果最佳，可能是由于松香通过聚合形成大分子聚合体，提高了抗冲击的能力。

表 9-6　松香种类对生漆松香共混涂料成膜性能的影响

松香种类	颜色	附着力/级	抗冲击力/（kg/cm）	硬度	漆膜厚度/mm
天然松香	棕红色，有光泽	5	30	H	0.051
聚合松香	棕红色，有光泽	1	35	3H	0.048
丙烯松香	棕红色，有光泽	1	25	3H	0.047
马来松香	棕红色，有光泽	1	10	4H	0.047
氢化松香	棕红色，有光泽	1	10	3H	0.049

② 固体松香的添加　在生漆中加入固体松香进行共混，当固体松香加入量为生漆质量的5%时，生漆漆膜为棕红色，有光泽，干燥时间由97h缩短为79h，减少了约1/3的干燥时间，说明固体松香能明显改善漆膜的干燥速度。附着力等级由7级提高为6～7级；耐冲击力等级由5kg/cm上升到15kg/cm，增加了10kg/cm；硬度也由B级上升到H级。但随着固体松香加入量的增加，生漆的干燥时间有所延长，附着力等级由6～7级下降到7级，漆膜的耐冲击力由15kg/cm下降到10kg/cm，而硬度由H级下降到HB级（表9-7）。

表 9-7　固体松香对生漆松香共混涂料成膜性能的影响

$m_{松香}$: $m_{生漆}$	颜色	光泽	干燥时间/h	附着力/级	耐冲击力/（kg/cm）	硬度
0 : 100	棕红	无	97	7	5	B
5 : 100	棕红	明显	79	6～7	15	H
10 : 100	棕红	明显	80	6～7	15	H
15 : 100	棕红	明显	84	7	10	HB
20 : 100	棕红	明显	84	7	10	HB

③ 乙醇溶解松香的添加　在生漆中加入乙醇溶解的松香，当松香加入量为生漆质量的5%时，生漆漆膜为棕红色，有光泽，干燥时间由97h缩短为72h；附着力等级也由以前的7级上升为6级；耐冲击力等级由5kg/cm上升到15kg/cm，增加了10kg/cm；硬度也由B级上升到H级，比直接加入松香粉效果好一些，这可能是因为用乙醇溶解使松香分散均匀，易于反应。但随着松香量的增加（5%、10%、15%

和20%），生漆的干燥时间有所延长，附着力等级由 6 级下降到 6～7 级，漆膜的耐冲击力由 15kg/cm 下降到 10kg/cm，而划痕也由 H 级下降到 HB 级（表 9-8）。

表 9-8　乙醇溶解松香对生漆松香共混涂料成膜性能的影响

$m_{松香}:m_{生漆}$	颜色	光泽	干燥时间/h	附着力/级	耐冲击力/(kg/cm)	硬度
0：100	棕红	无	97	7	5	B
5：100	棕红	明显	72	6	15	H
10：100	棕红	明显	73	6	15	H
15：100	棕红	明显	79	6～7	10	HB
20：100	棕红	明显	79	6～7	10	HB

④ 金属离子的添加　生漆经过金属离子改性后，生漆的颜色逐渐加深，更加透明富有光泽，成膜性能的各项指标均有显著提高，其干燥时间缩短为 76h，附着力由 7 级提高到 6～7 级，耐冲击力增加了 5kg/cm，硬度等级由 B 提升为 HB。经过松香和金属离子改性后，又有了大幅度的提高，干燥时间缩短为 53h，附着力由 7 级提高到 4～5 级，耐冲击力增加了 25kg/cm，划痕等级由 B 提升为 2H（表 9-9）。

在 FeCl$_3$（SbCl$_3$、SnCl$_2$）改性后的生漆中添加 5% 的乙醇溶解的松香，生漆的颜色均加深，富有光泽；FeCl$_3$ 的干燥时间最短，SnCl$_2$ 次之，SbCl$_3$ 最差，耐冲击力 FeCl$_3$ 和 SnCl$_2$ 均比 SbCl$_3$ 好；SnCl$_2$、FeCl$_3$ 和 SbCl$_3$ 的附着力等级从 3～4 级逐级递减；硬度均较好，为 2H 级或 H 级；说明金属离子不同，生漆成膜的效果也不同（表 9-10）。

表 9-9　金属离子添加对生漆松香共混涂料成膜性能的影响

原料	颜色	光泽	干燥时间/h	附着力/级	耐冲击力/(kg/cm)	硬度
生漆	棕红	无	97	7	5	B
漆酚铁化合物	黑褐	明显	76	6～7	10	H
松香-漆酚铁化合物	黑褐	明显	53	4～5	30	2H

表 9-10　金属化合物的添加对生漆松香共混涂料成膜性能的影响

金属化合物	颜色	光泽	干燥时间/h	附着力/级	耐冲击力/(kg/cm)	硬度
FeCl$_3$	黑褐	无	53	4～5	30	2H
SbCl$_2$	棕褐	明显	58	3～4	30	H
SbCl$_3$	棕褐	明显	59	5～6	25	2H

⑤ 共混温度　添加聚合松香能改善生漆漆膜的性能，改性效果比天然松香好。当聚合松香（生漆质量的 5%）时，随着反应温度的升高，生漆松香共混涂料漆膜的性能逐渐提高。反应温度从 50℃升至 80℃时，附着力从 3 级提高到 1 级，抗冲击力从 10kg/cm 提高到 35kg/cm，硬度从 H 级升至 3H 级，说明提高反应温度有利于生漆与松香共混聚合（表 9-11）。

表 9-11　共混温度对生漆松香共混涂料成膜性能的影响

温度/℃	颜色	附着力/级	耐冲击力/(kg/cm)	硬度	漆膜厚度/mm
50	棕红色,有光泽	3	10	H	0.049
60	棕红色,有光泽	2	15	H	0.048
70	棕红色,有光泽	2	15	HB	0.041
80	棕红色,有光泽	1	35	3H	0.048

（3）生漆松香共混涂料的表征　通过红外光谱的表征，可以看出，天然松香有 $1693cm^{-1}$ 峰，而用天然松香共混的生漆的红外光谱图中除 $1693cm^{-1}$ 峰外，还出现了一个 $1706cm^{-1}$ 峰，生漆的红外光谱图中没有这个峰，表明天然松香与生漆发生了化学反应，可能有部分生成酯。用聚合松香共混的生漆红外光谱图也没有这一吸收峰，原因是聚合松香的分子量大、软化点高及空间位阻大，不易发生化学反应，聚合松香对生漆的增强效果是协同作用造成的。红外光谱图见图 9-30 至图 9-33。

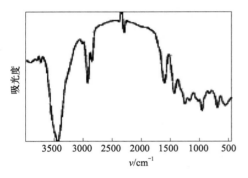

图 9-30　生漆的红外光谱图

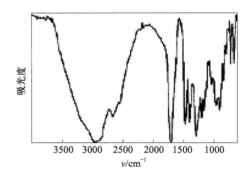

图 9-31　天然松香的红外光谱图

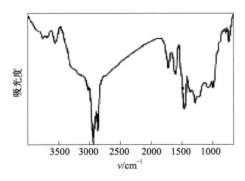

图 9-32　天然松香改性生漆的红外光谱图

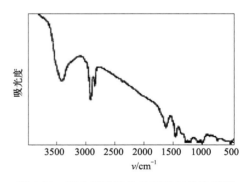

图 9-33　聚合松香改性生漆的红外光谱图

9.4.3　生漆油桐涂料技术

生漆桐油涂料是通过在生漆中添加桐油和少量松香制备而成的一种绿色环保涂

料。桐油是一种优良的带干性植物油，具有干燥快、比重轻、光泽度好、附着力强、耐热、耐酸、耐碱、防腐、防锈、不导电等特性，用途广泛，是制造涂料、油墨的主要原料，其线性脂肪族长碳链柔性结构可使烘漆具有较好的柔韧性和冲击强度。目前市面上的涂料产品大多含有一定量的 VOC（可挥发性有机化合物）和重金属等有害物质。这些物质可通过呼吸道、皮肤等进入人体，侵害神经系统、造血系统和肝脏器官，甚至诱发神经系统病变。控制涂料中有害物质的含量以减少其在生产和使用过程中对环境和人体健康的影响，改善环境质量，是涂料行业发展的必然趋势。

生漆桐油涂料的漆膜性能优异，光泽度好，干燥快，硬度高，成膜效果佳；经测定重金属含量、可挥发性有机化合物（VOC）含量均未超标，达到环保标准。该环保油漆可被用于研发船舶的压载舱漆、货舱漆、甲板漆等，特种涂料中的耐海水漆、耐高温漆等，具有良好的发展前景。此外该环保油漆生产使用的干燥剂为无机化学试剂二氧化锰，无毒且用量少，合成树脂色精用量少，可考虑作为玩具油漆和室内环保涂料使用。

（1）生漆桐油涂料的制备　将预处理的桐油和生漆按比例混合，搅拌均匀加温到 100℃，保温 0.5h，添加少量的松香粉末并搅拌均匀后置于带有搅拌器的反应罐内按要求升温，熬制 1h，并保持一定的酸碱度，反应结束前 30min 按剂量要求加入干燥剂和产品颜色需要的色精，搅拌反应 10min，反应结束前加无水乙醇稀释，反应结束后即可得到生漆桐油涂料产品。

（2）生漆桐油涂料产品质量的影响因素

按照表 9-12 的评分标准来分析各因素对产品质量的影响。

表 9-12　漆样质量测定的评分标准

评分等级	表面观测指标			
	色泽（总分 30 分）	光泽度（总分 30 分）	硬度（总分 20 分）	干燥速度（总分 20 分）
最好	漆膜鲜艳（30 分）	漆膜光洁照出人影很清楚（30 分）	3H，铅笔头磨漆膜不被划伤（20 分）	材料刷漆 20h 内用保险刀切划漆膜无黏着现象（20 分）
好	漆膜鲜艳（20 分）	漆膜光洁照出人影较清楚（20 分）	2H，铅笔头磨漆膜不被划伤（15 分）	材料刷漆 20h 以上用保险刀切划漆膜无黏着现象（15 分）
一般	漆膜不鲜艳（10 分）	漆膜光洁照出人影较模糊（10 分）	H，铅笔头磨漆膜不被划伤（10 分）	材料刷漆 25h 用保险刀切划漆膜无黏着现象（10 分）
差	漆膜色灰暗（5 分）	漆膜光洁照不出人影（5 分）	F，铅笔头磨漆膜不被划伤（5 分）	材料刷漆 30h 以上用保险刀切划漆膜无黏着现象（5 分）

① 桐油和生漆配比　油漆成品的成膜干燥时间随着生漆加入量的增加而延长，当桐油和生漆的质量比为 9.5∶0.5 时，100℃熬制 1h 的成膜时间较短，且表观得分

较高（表9-13）。

表 9-13 桐油和生漆不同配比对油漆成品质量的影响

$m_{桐油}/m_{生漆}$	成膜时间/h	表观得分
9.5 : 0.5	168	78
9.0 : 1.0	179	70
8.5 : 1.5	187	61
8.0 : 2.0	199	52
7.5 : 2.5	207	43
7.0 : 3.0	216	24

② 干燥剂二氧化锰加入量　干燥剂加入得越多，油漆干燥的时间越短，但是其与油漆成膜后的表观得分并不呈线性相关，当干燥剂加入量为 0.05g/mL 时，油漆质量较好（表9-14）。

表 9-14 干燥剂加入量对油漆成品质量的影响

二氧化锰用量/(g/mL)	成膜时间/h	表观得分
0.02	3.0	50
0.03	2.5	62
0.04	1.7	75
0.05	1.2	84
0.06	0.8	73
0.07	0.5	60
0.08	0.3	50

③ 松香加入量　松香对油漆的成膜时间有较大影响，从油漆成膜后的表观得分来看，松香的适宜加入量为 0.05g/mL（表9-15）。

表 9-15 松香加入量对油漆成品质量的影响

松香用量/(g/mL)	成膜时间/h	表观得分
0.01	7.4	55
0.02	6.5	60
0.03	5.1	75
0.04	4.5	84
0.05	3.3	90
0.06	2.1	80
0.07	1.5	70

④ 油漆 pH 值　pH 值对油漆成膜时间的影响不明显，但对刷漆后的色泽、光泽度和硬度有较大影响，依据油漆表观得分，pH 值以 6.5 为宜（表9-16）。

表 9-16　pH 值对油漆成品质量的影响

pH 值	成膜时间/h	表观得分
5.1	1.5	60
5.5	1.8	63
6.0	1.6	82
6.5	1.5	91
7.1	1.6	86
8.0	1.4	80
8.2	1.9	76

⑤ 生漆熟化温度　生漆熟化温度过高或过低，形成漆膜的光泽都不够理想，以 170℃熬制 1h 时所得漆膜光泽明亮，颜色鲜艳（表 9-17）。

表 9-17　生漆熟化温度对漆膜光泽色泽的影响

生漆熟化温度/℃	漆膜光泽	色泽
140	漆膜光泽度差	颜色不鲜艳
150	漆膜光泽度较差	颜色不鲜艳
160	漆膜光泽较明亮	颜色较鲜艳
170	漆膜光泽明亮	颜色鲜艳
180	漆膜光泽差	颜色变灰暗
190	漆膜光泽较差	颜色灰暗增强
200	漆膜光泽很差	颜色很灰暗

9.4.4　桐油酸改性技术

桐油酸改性漆酚涂料主要由桐油与漆酚接枝反应合成的一种邻苯二酚桐油树脂，邻苯二酚桐油树脂分子含有类似生漆漆酚的功能基结构，具有类似漆酚的化学反应性能，可在适宜条件下氧化聚合干燥成膜，从而得到具有生漆涂料性能特点的涂料。桐油与漆酚反应合成的邻苯二酚-桐油树脂具有天然生漆漆酚类似的特征功能基结构和性质特点，难以自动干燥成膜，但可通过加热烘干固化成膜或在催干剂作用下聚合固化干燥成膜；由催干剂催化固化得到的邻苯二酚-桐油树脂涂膜外观色泽好，具有较高的硬度、附着力、耐冲击性及优良的热稳定性和耐化学介质性能。

9.4.4.1　桐油酸改性漆酚树脂的合成

在装有搅拌器、冷凝管及温度计的三颈瓶中，按比例分别加入桐油、邻苯二酚、草酸、二甲苯，恒温搅拌反应，反应结束后，用 50～60℃的热水多次洗涤，用 $FeCl_3$ 溶液检验出水至不变色为止，除去未反应的邻苯二酚，取上层有机相在 80～90MPa、80℃条件下减压蒸馏，除去二甲苯及残余水；最后用正庚烷萃取提纯 3 次，除去未反应的桐油，即得桐油酸改性漆酚树脂。

9.4.4.2　桐油酸改性漆酚树脂涂料产品的影响因素

（1）催化剂的选择　桐油接枝邻苯二酚的反应遵循傅-克反应机理。对甲苯磺酸可催化邻苯二酚桐油树脂的合成，但对甲苯磺酸为腐蚀性有机酸，使用不便，较强的酸性还会使反应物、产物发生自聚或共聚，对树脂的使用不利。一般选取草酸为催化剂，草酸的弱酸性不会使反应物、产物发生自聚或共聚，而且草酸又具有还原性，对减轻反应物料的氧化变色有一定作用。

（2）温度的影响　从表 9-18 可以看出，温度较低时，吸光度较小，随着反应温度升高，吸光度增大，树脂中邻苯二酚的量增多，在 120℃时达到最高值；温度大于120℃时，吸光度减小，树脂中邻苯二酚的量减少，而且温度过高时，桐油上的共轭双键易被氧化反而影响反应的进行，因此反应温度选取 120℃为宜。

表 9-18　温度对反应结果的影响

温度/℃	80	100	120	140
吸光度	0.0548	0.1240	0.3528	0.3183

（3）物料反应摩尔比的影响　表 9-19 显示，增加邻苯二酚的用量，吸光度增大，说明增加邻苯二酚的浓度，产物所接枝的邻苯二酚的量也随着增多。从树脂的使用性能考虑，每一个桐酸甘油酯分子接枝 1～2 个邻苯二酚分子，使树脂保留一定数量的共轭双键结构，从而具有类似于生漆漆酚的功能基结构和化学反应性能；另外若树脂接枝邻苯二酚的量过多，会难以聚合固化或干燥成膜。故桐油与邻芳二酚的反应摩尔比选取 1∶3。

表 9-19　桐油与邻苯二酚的反应摩尔比对反应结果的影响

$n_{(桐油)}:n_{(邻苯二酚)}$	1∶1	1∶2	1∶3	1∶4	1∶5
吸光度	0.166	0.289	0.365	0.495	0.609

（4）反应时间的影响　如表 9-20 所示，反应时间小于 3h 时，吸光度随时间的延长而逐渐增大，即树脂中接枝邻苯二酚的量增多；反应时间大于 3h，吸光度反而减小。这是由于酸催化条件下，桐油与邻苯二酚的烷基化反应是可逆反应，反应达到一定时间后，逆反应占优势，树脂接枝邻苯二酚的量反而减少；同时反应时间过长，反应物易被氧化，产物色泽加深，故反应时间选取 3h 为宜。

表 9-20　反应时间对反应结果的影响

反应时间/h	1	2	3	4
吸光度	0.289	0.365	0.466	0.379

（5）催化剂用量的影响　如表 9-21 所示，当催化剂用量小于 1.5g 时，随着用量的增加，吸光度增加，树脂接枝邻苯二酚的量增多，表明增加催化剂用量有利于反应

的进行；但催化剂用量大于 1.5g 时，吸光度反而减小，催化剂用量过多反而不利于桐油与邻苯二酚的反应，故催化剂用量选取 1.5g 为宜。

表 9-21 催化剂用量对反应结果的影响

催化剂用量/g	0.5	1.0	1.5	2.0	2.5
吸光度	0.323	0.350	0.477	0.466	0.390

（6）溶剂用量的影响　如表 9-22 所示，溶剂用量少于 40mL，吸光度随溶剂用量的增大而增大，即树脂中接枝邻苯二酚的量增多；溶剂用量大于 40mL，吸光度随溶剂用量的增大而减小，树脂中接枝邻苯二酚的量减少。这是因为溶剂用量较少时，反应体系黏度太大，不利于反应的进行，但溶剂用量太多，反应物浓度太低，也不利于反应的进行，因此溶剂用量选取 40mL 较为适宜。

表 9-22 溶剂用量对反应结果的影响

溶剂的用量/mL	30	40	50	60	70
吸光度	0.397	0.477	0.073	0.020	0.0097

9.4.4.3 桐油酸改性漆酚树脂的结构特征

由红外光谱可知，邻苯二酚桐油树脂具有邻苯二酚和桐油的特征吸收峰，主要的红外吸收峰及其归属为：$3400cm^{-1}$ 为酚羟基的 O-H 伸缩振动，$1600cm^{-1}$、$1510cm^{-1}$ 为苯环骨架振动，$2960cm^{-1}$、$2850cm^{-1}$ 为 CH_3、CH_2 的 C-H 伸缩振动，$1740cm^{-1}$ 为桐酸甘油酯的酯基 C-O 伸缩振动，$3010cm^{-1}$、$1480cm^{-1}$ 为桐酸长链不饱和双键的 C-C 振动，这表明桐油与邻苯二酚已经发生了反应。由紫外吸收光谱可知，邻苯二酚桐油树脂含有桐油和邻苯二酚的紫外特征吸收峰，260nm、270nm、279nm 处吸收峰为桐酸碳链上三个共轭双键的 π-π 跃迁吸收，203nm、278nm 处的吸收峰分别为邻苯二酚苯环的 E 带、B 带吸收，邻苯二酚桐油树脂中苯环的 B 带吸收与原料桐油的桐酸碳链上三个共轭双键在 279nm 处的吸收峰发生重合。这进一步表明邻苯二酚和桐油确实发生了反应，反应产物邻苯二酚桐油树脂含有类似于生漆漆酚的邻苯二酚和共轭双键结构功能基。

9.4.4.4 桐油酸改性漆酚树脂的理化性能

邻苯二酚-桐油树脂是一种浅棕色的黏稠液体，不溶于水，可溶于二甲苯、丙酮、二氧六环、四氢呋喃、乙醇，但在环己烷、正庚烷、汽油中的溶解度较小。

9.4.4.5 桐油酸改性漆酚树脂的成膜性能

（1）自干性能　如表 9-23 所示，邻苯二酚-桐油树脂与生漆漆酚一样需要较长时间才能干燥成膜，涂膜的附着力、硬度、耐冲击力等性能较差，这表明邻苯二酚-桐油树脂在通常条件下难以自行固化干燥成膜。

表 9-23　邻苯二酚-桐油树脂和生漆漆酚的自干性能比较

涂膜性能	样品 1#	样品 2#	样品 3#	生漆漆酚
表干时间/d	45	43	40	40
外观色泽	暗褐色、无光	暗褐色、无光	暗褐色、无光	暗褐色、无光
附着力/级	4	4	4	4
铅笔硬度	2B	2B	6B	3B
耐冲击性/(kg/cm)	20	18	22	25

（2）**热固化成膜性能**　高温烘烤可促进邻苯二酚-桐油树脂固化干燥成膜，温度升高，表干时间减少；与生漆漆酚相似，在高温烘烤条件下，邻苯二酚-桐油树脂分子中主要通过缩聚反应，在较短时间内固化干燥成膜，分子中的邻苯二酚基团极少被氧化，因此热烘干所得邻苯二酚-桐油树脂的涂膜透明、颜色浅（表 9-24）。

表 9-24　邻苯二酚-桐油树脂的热烘干成膜性能

烘烤温度/℃	涂膜性能				
	表干时间/min	外观色泽	附着力/级	铅笔硬度	耐冲击力/(kg/cm)
150	20	浅红褐色、透明	3	HB	20
180	15	浅红褐色、透明	3	H	20
220	10	浅红褐色、透明	3	H	20
240	5	浅红褐色、透明	3	H	20

（3）**催化固化成膜性能**　邻苯二酚-桐油树脂具有天然生漆漆酚特征功能基结构，实践表明，生漆漆酶和常规涂料催干剂如环烷酸钴可用于催化邻苯二酚-桐油树脂的聚合反应，从而干燥成膜，但生漆漆酶来源有限、价格昂贵，环烷酸钴催化聚合膜色泽较深，有一定缺陷；文献报道了一些含铜络合物具有模拟漆酶成功催化漆酚氧化聚合固化成膜的性能。铜络合物催干剂也可促进邻苯二酚-桐油树脂固化干燥成膜，如表 9-25 所示，涂膜干燥固化速度快，表干时间为 5～6h，涂膜的硬度、附着力、耐冲击性略低于生漆涂膜，但也表现出了良好成膜性能，涂膜仅由邻苯二酚-桐油树脂和铜络合物的简单配比混合，而生漆涂膜优良性能的形成除了漆酚、漆酶外，生漆多糖、树脂胶等物质也有一定的影响作用，由此推测，通过优化配制方法，也可进一步改进邻苯二酚-桐油树脂的涂膜性能。

表 9-25　邻苯二酚-桐油树脂的催化固化成膜性能

样品	涂膜性能				
	表干时间/h	外观色泽	附着力/级	铅笔硬度	耐冲击力/(kg/cm)
样品 1#	6	红棕色、色泽光亮	3	H	33
样品 2#	5	红棕色、色泽光亮	3	HB	30

样品	涂膜性能				
	表干时间/h	外观色泽	附着力/级	铅笔硬度	耐冲击力/(kg/cm)
天然生漆	3	红棕色、色泽光亮	1	>6H	>50

9.4.4.6 桐油酸改性漆酚树脂涂膜的热稳定性

邻苯二酚-桐油树脂涂膜失质量 10% 时，温度为 261℃；失质量 20% 时，温度为 355℃；失质量 50% 时，温度为 457℃，均高于生漆涂膜相应失质量的温度（表 9-26），这表明邻苯二酚-桐油树脂涂膜比生漆涂膜有较高的热稳定性。

表 9-26　邻苯二酚-桐油树脂涂膜和生漆涂膜的热稳定性比较

失质量率/%	耐热温度/℃	
	邻苯二酚-桐油树脂漆膜	生漆漆膜
10	261	242
20	355	290
30	396	323
40	427	358
50	457	381

9.4.4.7 桐油酸改性漆酚树脂涂膜耐化学介质性能

邻苯二酚-桐油树脂涂膜在 3% HCl 溶液、200♯溶剂汽油、甲苯、乙醇、乙醚中没有失光、起泡、脱落现象，而在 3%NaOH 溶液中失光、起泡并部分溶解，逐渐从三合板基板上剥离。这表明邻苯二酚-桐油树脂涂膜在酸、有机溶剂等化学介质中是稳定的，但耐碱性较差，这与天然生漆涂料耐化学介质的性能是相似的。

9.4.5 漆酚基木蜡油

木蜡油是一种绿色环境友好型涂料，以天然植物油和植物蜡为基料组成，不含任何化学有机溶剂，VOC 含量非常低，是最具发展前景的新兴自然类涂料。木蜡油与木材相容性好，对木材有良好的渗透性，在起到保护、滋润、装饰作用的同时，能充分体现木材本身的天然纹理与质感。随着绿色环保理念的不断深入，环境友好型涂料取代传统溶剂型涂料是大势所趋，木蜡油显然极具市场前景和竞争优势。但是目前市面上的木蜡油干燥速度慢，附着力、阻湿性、硬度以及耐磨性较差，应用局限性较大。将改性漆酚应用到木蜡油中，与聚合桐油和硬质树脂交联反应，能够改善传统生漆膜的耐紫外光和耐水性能，突破传统木蜡油硬度不够、干燥时间长和附着能力差等实际问题。

9.4.5.1 漆酚基木蜡油的制备

按比例将 UGE、聚合桐油加入烧杯中，加热至 120℃，机械搅拌混合均匀，保持该温度，再加入一定量醛酮树脂，溶解搅拌 15min。待体系降温至 100℃，加入漆蜡、棕榈蜡、松节油，搅拌 30min，充分混合均匀后，冷却至室温，再将催干剂加入混合物中，搅拌均匀得到产品，物料的质量比见表 9-27。

表 9-27　物料的质量比

物料	物料质量比
UGE 与聚合桐油混合物	30
醛酮树脂	20
松节油	40
植物蜡	5
催干剂（CQ-150B）	0.5

9.4.5.2　植物蜡的不同配比对涂膜性能的影响

使用不同的植物蜡——巴西棕榈蜡和漆蜡，考察了不同的配比下，该木蜡油是否有蜡析出以及涂膜的铅笔硬度，从而得出两种蜡的最佳配比，结果如表 9-28 所示。漆蜡熔点低、质地较软，可以改善木蜡油漆膜的柔软度，棕榈蜡熔点高、硬度大，可以调节漆膜的硬度，两者复配可以使漆膜表面硬度适中，使用时手感滑爽舒适。另外天然植物油主要由脂肪酸或酯组成，导致自身抗碱性很弱，植物蜡的加入还可以提高木蜡油抗碱能力。考虑到溶液的稳定性、涂膜硬度以及生产成本等综合情况，选择漆蜡和巴西棕榈蜡的最优添加比例为 1:1。

表 9-28　漆蜡和巴西棕榈蜡不同配比对硬度的影响

漆蜡和巴西棕榈蜡质量比	硬度	稳定性（静置 2d）
1:2	H	无沉淀
1:1	H	无沉淀
2:1	H	有少量沉淀
3:1	HB	有少量沉淀
1:2	H	无沉淀

9.4.5.3　醛酮树脂含量对涂膜性能的影响

酮醛树脂是指由酮类和醛类经缩聚反应合成的聚合物，是一种中性无毒硬树脂，其分子中含有独特的饱和环状结构以及大量的羟基与酮基等基团，使其具有高光泽、高硬度、抗降解及耐候性好等特点。醛酮树脂添加量对漆酚基木蜡油成膜后性能的影响见表 9-29。由表可知，随着树脂添加量的增加，涂膜的表干时间缩短、硬度及附着能力提高，但是柔韧性与耐冲击性变差。另外醛酮树脂结构中不含酯键，具有良好的疏水性，从图 9-34 可以看出，当其添加量大于 15g 时，漆膜与水的接触角大于 90°，漆膜具有良好的疏水性能，能够有效防止水分渗透，具备一定抗污能力。通过比较测试，醛酮树脂添加量取 20g 为最优。

第 9 章　生漆改性技术　163

表 9-29 醛酮树脂含量对涂膜性能的影响

编号	醛酮树脂加入量/g	涂膜性能				
		表干时间/h	铅笔硬度	耐冲击力/(kg/cm)	柔韧性/mm	附着力/级
a	5	5.8	HB	50	1	2
b	10	4.0	HB	50	1	2
c	15	2.5	H	50	1	2
d	20	1.5	H	50	1	1
e	25	1.4	H	45	2	1
f	30	1.2	1.5H	35	3	1

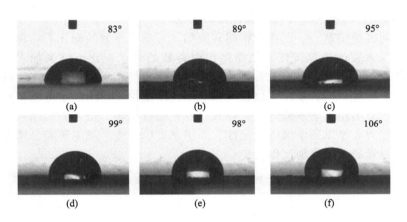

图 9-34　水滴在漆膜样品上的形貌及接触角的数值

9.4.5.4 聚合桐油与 UGE 不同配比对漆膜性能的影响

　　UGE 与桐油的混合比例对于涂料的外观颜色、干燥成膜速度以及漆膜理化性能影响十分明显。漆酚环氧树脂在固化成膜过程中不饱和侧链在不断氧化交联聚合，形成稳定的互穿网络聚合物，但是大量的苯环刚性结构使其柔韧性和耐冲击性较差。桐油具有氧化聚合的特性，不但能引发自身的聚合反应，还可以带动其他单体共聚，通过加入具有柔性长链结构的桐油一方面可以调节漆液外观颜色，同时明显提高涂膜的耐冲击性和柔韧性，另一方面适当降低了生漆的使用量，也可以减少生产成本。从表 9-30 可得，当聚合桐油与漆酚缩水甘油醚的质量比为 4∶6 时，涂膜的耐冲击性和柔韧性得到大幅度提高，同时可保证较短的表干时间。图 9-35（a）显示了随着聚合桐油与 UGE 添加比例的变化，其混合物的外观颜色逐渐加深，成膜后颜色也由淡黄色逐渐变成深棕色［图 9-35（b）］。聚合桐油与 UGE 质量比为 4∶6 时，涂膜液在木材上的成膜颜色较浅，黏度适中，能很好地渗透到木材孔隙中去，固化后和木材形成物理结合，体现出木材天然纹理和质感，涂饰效果如图 9-35（c）所示。

表 9-30 聚合桐油与 UGE 不同配比对漆膜性能的影响

聚合桐油与 UGE 的质量比	涂膜性能				
	表干时间/h	铅笔硬度	耐冲击力/(kg/cm)	柔韧性/mm	附着力/级
0∶10	0.85	1.5H	30	3	1
8∶2	1.2	H	40	2	1
4∶6	1.5	H	50	1	1
6∶4	2.8	H	50	1	1
8∶2	5.0	B	48	1	1
10∶0	7.8	B	45	1	1

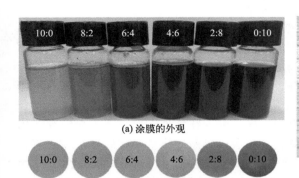

(a) 涂膜的外观

(b) 在透明玻璃板上的涂膜颜色

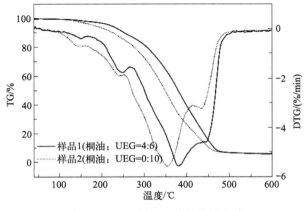

(c) 基材经 UGE/聚合桐油混合涂膜涂饰前后效果对比
(聚合桐油与 UGE 质量比为 4:6)

图 9-35 聚合桐油与 UGE 不同配比的外观及涂膜效果

9.4.5.5 UGE/聚合桐油混合膜热稳定性分析

UGE/聚合桐油混合涂膜样品的热重分析结果如图 9-36 所示，由图可以看出样品均在 120～600℃之间出现失重现象，质量随温度的升高不断减少，且样品 2 比样品 1 的失重速率快。DTG 曲线表明，两种涂膜在 150℃均开始出现明显失重，在 120～300℃，可能是聚合桐油中的部分三甘油酯开始分解，在 300～500℃，主要成膜物质

图 9-36 两种样品的热重分析曲线

UGE 开始大量热分解，此时出现最大失重峰。TG 曲线表明，当样品失重 10％时，样品 1 与样品 2 所对应的加热温度分别为 253℃、223℃。在温度分别 381℃ 和 354℃ 时，样品 1 和样品 2 的热降解速率分别为 $-5.42％/min$、$-5.52％/min$，此时样品出现最大失重，分别为 49.3％、52.5％。当温度达到 600℃，样品 1 的残余量为 6.93％，样品 2 的残余量为 6.63％。由此可见聚合桐油与 UGE 混合涂膜（质量比 4：6）比单独 UGE 样品的热稳定性强。这可能是由于混合涂膜中聚合桐油与漆酚/没食子酸聚合物之间发生交联反应，生成耐热性更高的物质，各基团断裂过程中需要更高的能量，因此该混合涂膜拥有相对较高的热稳定性。

9.4.5.6 UGE/聚合桐油混合涂膜抗紫外线测试

从图 9-37 可以看出与样品 2 相比，样品 1 具有一定的耐紫外线性能。经过 600h 的紫外线照射后，样品 1 与 2 的失光率分别为 3.98％、9.23％；经过 1000h 的紫外线照射后，样品 1 与 2 的失光率分别为 8.12％、14.46％；经过 1600h 的紫外线照射后，样品 1 与 2 的失光率分别为 13.51％、24.82％。同时，在试验过程中样品 1 与 2 都未发现漆膜剥落、开裂和分化等漆膜老化现象。由此可见，聚合桐油与 UGE 复合漆膜比单独 UGE 样品涂膜抗紫外线能力强。这是由于在紫外光照射下，漆酚改性化合物 UGE 结构中的芳环和不饱和侧长碳链容易吸收辐照的能量而被破坏，致使高分子链发生断裂，而聚合桐油经过高温聚合后，不饱和度降低，分子链间发生反应缠结，形成稳定的网状结构，对 UGE 结构起到保护作用，从而减少了紫外线对涂膜的破坏。

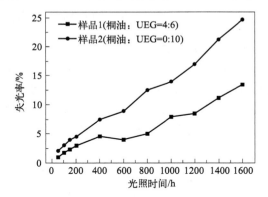

图 9-37　多组分涂膜失光率与光照时间的关系曲线

9.4.5.7 UGE/聚合桐油混合涂膜耐化学介质性能

在室温下将由最佳配方即漆蜡加入量为 2.5g、巴西棕榈蜡加入量为 2.5g、醛酮树脂加入量为 20g、聚合桐油加入量为 12g、UGE 的加入量为 18g、催干剂加入量为 0.5g、松节油加入量为 40g 制备得到的漆酚基木蜡油涂膜样品分别于水中浸泡 96h、5％NaCl 溶液、5％H$_2$SO$_4$ 溶液和 5％NaOH 溶液中各浸泡 48h，考察涂膜的耐化学介质性能，结果见表 9-31。由表 9-31 可看出该漆膜的耐酸、碱、盐性能良好。因为漆酚缩水甘油醚（UGE）与聚合桐油、醛酮树脂的交联反应使得该体系网络结构更加致密，另外植物蜡的加入也提高了木蜡油抗碱能力。这二者的协同效应使得漆膜具有优良的耐化学介质性能。

表 9-31　最佳配方漆膜的耐化学介质性能

化学介质	漆膜性能
耐水性(三级水,96h)	＋
耐盐水性(5％ NaCl,48h)	＋
耐酸性(5％ H_2SO_4,48h)	＋
耐碱性(5％ NaOH,48h)	＋

目前将改性生漆应用于木蜡油中的学术研究和相关报道几乎没有，缺乏系统的理论研究且市场空白。所以漆酚基木蜡油的开发与制备具有非常重要的意义：既为可再生资源生漆的开发利用寻找到了新思路，也是为木蜡油的发展提供了新导向。

9.4.6　黏土改性技术

所谓生漆黏土，就是模仿黏土的特性，在生漆中混入纸浆和淀粉等有机物，以及灰粉、二氧化硅、二氧化钛等无机物混炼而成的黏土状物质。它可以根据需要捏制成各种各样的形状，既可以自然干燥也可以加热干燥。干燥后根据需要可以在外层再涂漆层。传统的生漆工艺流程里，漆器的制作方法都是先用木材制作漆胎，然后经过表面处理后再涂上不同层数的生漆。而利用生漆黏土，则是根据需要就可以用手捏成各种各样的形状，而且可以在生漆黏土完全干燥前改变成各种漆器使用者满意的形状并进行修饰（髹漆），造型和涂装可以在很短的时间内完成。因此，生漆黏土是漆器工作者在漆器制作过程中的经验总结，具有成型便利、节省生漆原料的优点。在漆器的制作过程中，利用生漆黏土具有以下优点：

① 漆器基材和生漆黏土处理层一体化，不但可以提高漆胎强度，还可以减少涂漆步骤，因此可以大大减少常规漆器工艺所需的时间和人力。

② 由于生漆黏土可以成型，只要有模具，就可以批量生产形状完全一致的漆器。比如，制作一对漆器耳环，如果不用生漆黏土，就往往需要先用木材或金属材料制作耳环胎，然后再上漆，此法耗时耗力，还不能批量生产统一品质的产品。但是如果利用生漆黏土作胎，在模具上干燥后再上漆，就可以解决这个问题。

③ 在漆器造型过程中，根据需要可以雕刻也可以建模，非常灵活。且在生漆黏土干燥过程中，也可以根据设计需要再用黏土造型或刮掉多余部分或雕刻图案等。

我国生漆工作者在 2015 年对生漆黏土进行过深入的研究。他们在生漆中加入纸浆纤维、灰粉、钛白粉、石膏粉等，用正交分析的方法，从生漆黏土的表干时间、附着力、抗龟裂度、硬度、抗水性、耐贮存性等进行探讨，获得生漆量为 30g，含水率为 50％的纸浆 35g，灰粉、钛白粉、石膏粉各为 5g 的配方，各项性能指标最优的结果。

早在 2002 年，日本已经有成品生漆黏土出售，日本福岛县商工总务课高技术中心还申请了关于生漆黏土的专利。图 9-38 是日本鹿田喜造漆店的生漆黏土，图 9-39 是箕轮漆行（株）的生漆黏土。不同公司的生漆黏土，配方和性能有所区别，用途也不尽相同。

图 9-38　鹿田喜造漆店的生漆黏土

图 9-39　箕轮漆行的生漆黏土

生漆黏土的制备方法如图 9-40。在质量分数大约 20％～25％ 的生漆中加入一定量的天然有机物如纸浆、棉麻、丝绸、淀粉等，然后再加入灰粉、土粉等无机物，根据需要可以添加 1％ 以下的反应性添加剂，搅拌均匀后脱气泡即得。

在使用生漆黏土的时候，需要注意以下几点。

① 生漆黏土含有天然生漆，其中的漆酚是过敏源，所以在使用生漆黏土制作各种各样的作品时，尽量使用橡皮手套以避免直接接触漆酚引起过敏。

② 市售的成品生漆黏土，一般外层涂有薄薄的沙拉油保护层，使用时尽量用纸巾或布巾吸收除去沙拉油。虽然沙拉油对生漆黏土的干燥和特性没有什么影响，但是会在最后的高温热干燥中变成油烟，污染环境。

③ 在造型的时候，可以根据需要添加少量的水，一方面易于造型，另一方面可以调节生漆黏土的干燥速度。

④ 在生漆黏土完全干燥前，可以借助水或干性油在其表面进行各种各样的修饰

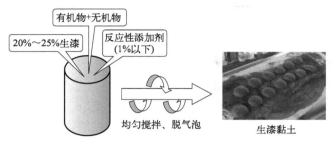

图 9-40　生漆黏土的制造方法

加工，比如绘画、雕刻、加饰等。

⑤ 生漆黏土胎的干燥时间和厚度有关。厚胎需要更长的干燥时间，在干燥过程中注意不能让空气进入黏土胎中，否则会引起膨胀与变形。薄胎虽然干燥时间短但也容易变形，所以可以稍微制备比设计的漆胎厚一点，干燥后再削型。

⑥ 以生漆黏土为胎的漆器，干燥后硬度和强度都很高，可根据需要在表面反复进行涂漆、研磨、再涂漆、再研磨，直到获得满意的结果。

总之，在生漆的应用领域里，生漆黏土是一个新兴的方向，其中添加物的种类以及数量等还需要进行深入的研究。目前，生漆黏土的制造是各个漆器工作者根据需要自己制定配方，没有一个统一的标准。随着生漆黏土应用的日益成熟以及商品化要求，亟须制定生漆黏土商品的行业标准，这就需要生漆工作者相互交流，共同研究，最后达成一致意见。

9.5　生漆金属螯合技术

9.5.1　漆酚的结构及其形成配合物的特点

漆酚是带有长侧碳链的邻苯二酚，不仅侧碳链是苯环活化的供电基，两个酚羟基的氧原子也具有未共用的电子对，它们的 p-电子与苯环上的 π-电子可形成共轭体系。又由于氧原子具有较大的电负性，导致羟基中的氢原子易于离解成质子，这决定了漆酚可以作为配合物的配位体。当漆酚遇到具有价键空轨道的金属之后，其氧原子上的孤电子对可提供给金属离子的价键空轨道，从而进行配位形成稳定的五元环螯合物。再利用漆酚长侧链含有 0～3 个不饱和键以及芳环上含有三个活性点的特点，使其交联成为聚合物，成膜、固化成为高聚物。由于不同的金属离子具有不同的电子结构和性质，因而不同的漆酚金属配合物也具有不同的特性。

自 20 世纪 60 年代以来，研究者们已合成铜、铝、钛、锑、钕、铁等金属的漆酚螯合高聚物，这一系列漆酚金属螯合高聚物固化成膜都不需要在特定的环境下进行，并大大降低了对人体的过敏毒性。它们在结构上有共同的特点，即金属原子是与漆酚的酚氧基相连接的，因此仍保持着漆酚的基本骨架，使得这一类漆酚改性产物不仅保持了生漆的优良性能，还具有特殊性能，如半导性、阻燃性、耐强酸、耐强碱（甚至熔融 NaOH）、耐高温、磁性、催化性等。

9.5.2　漆酚金属配合物的合成方法

9.5.2.1　漆酚与金属化合物直接反应

　　漆酚苯环上的侧链和两个羟基均是使苯环活化的供电子基团，因此苯环上易进行亲电取代反应。反应在均相溶液体系中进行，大多数以固体状态从反应体系中沉淀析出，只需用些常规方法便可，给实际应用带来很大的方便。采用该方法可合成漆酚铜、铝、铁、钛、锡、锆等不同价态金属的漆酚高聚物，如图 9-41 所示。

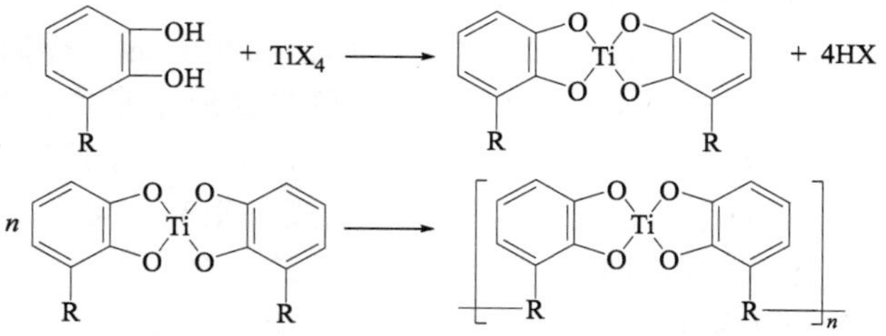

图 9-41　漆酚与四氯化钛直接反应（式中 R 为含 0～3 个双键的 15 碳直链烃基）

9.5.2.2　漆酚钠与金属化合物反应

　　漆酚与金属化合物直接反应通常需要在无水、较高的温度下进行，常伴随许多副反应，造成反应较复杂，产物表征也比较困难。胡炳环等将漆酚与氢氧化钠反应生成可溶于水的漆酚钠后，再与金属化合物反应，使合成反应在水相中较低温度下（100℃以下）进行。采用这种方法可以在水溶液中合成钴、镍、锰、铬、钼等漆酚高聚物（图 9-42）。

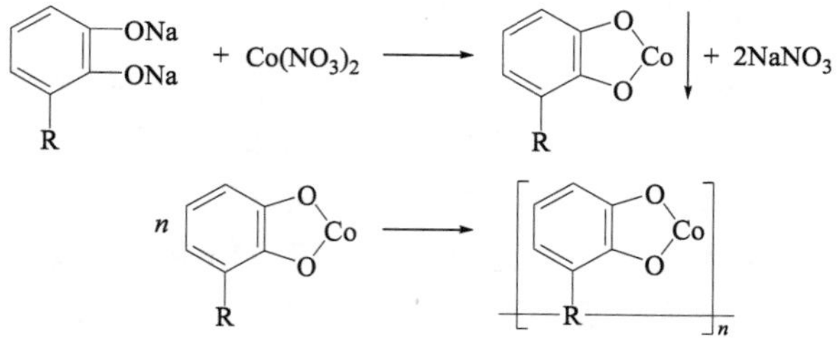

图 9-42　漆酚与金属化合物直接反应

9.5.2.3　漆酚与酯类进行酯交换法

　　采用漆酚与硼酸丁酯进行酯交换法可以合成硼酸漆酚酯（图 9-43）。因漆酚的侧链是以氧化交联聚合的形式聚合的，所以实际上在高聚物中，漆酚侧链会有不同数量的氧。因为侧链含有不同数量的双键，苯环上有多个活性点，所以交联聚合成体型结构的高聚物后，其结构是非常复杂的。这些高聚物在结构上的共同特点是金属原子与漆酚上的酚氧基相连，同时保持着漆酚聚合物的基本骨架。一般来说，漆酚金属高聚物都具有优良的耐热性能和耐化学介质性能，许多漆酚金属高聚物还具有特殊性能，比如导电性能及催化反应活性。

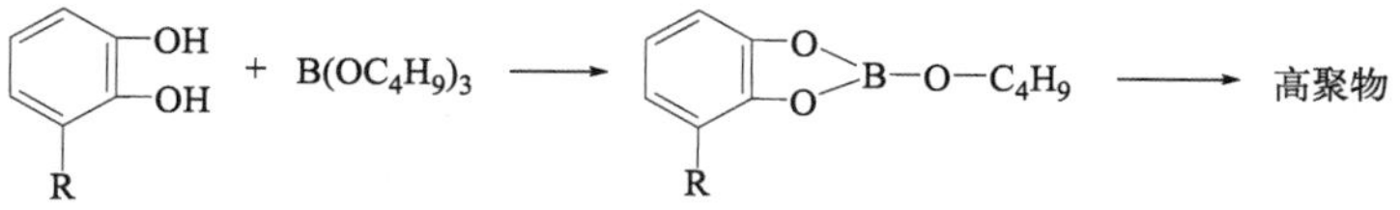

图 9-43　漆酚与酯类进行酯交换法

9.5.2.4　电化学聚合漆酚与金属反应

电化学聚合可以实现导电高分子的合成，制备出具有新功能与特性的材料。高峰等以漆酚为单位，通过电化学聚合方法得到聚合漆酚（EPU），再以其苯环上的两个邻酚羟基为供电基团与稀土金属合成了新型的电化学聚合漆酚-钆金属螯合物（图 9-44）。

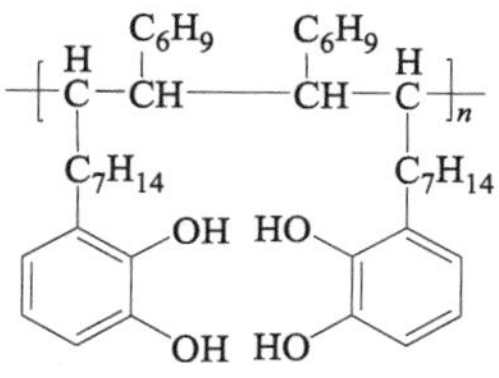

唐洁渊、章文贡等也利用电化学聚合法得到了一系列漆酚稀土金属配合物，如错、铕、钐、钕和镝等。结构与性能测试表明，这些新型聚合物可望在催化、电化学传感、电分析、光、磁等方面得到应用。

图 9-44　电化学聚合漆酚（EPU）结构

9.5.3　漆酚金属聚合物的特性及应用

9.5.3.1　漆酚钛螯合物

夏闽等利用漆酚和四氯化钛反应，生成以钛为中心原子、酚羟基为配位点的不溶不熔的黑褐色固体。实验中发现，漆酚与四氯化钛反应，其摩尔比必须达到 8:1 时，才可开始生成具有漆酚-钛螯合物的沉淀；漆酚过量时不生成螯合物结构沉淀物，这是因为漆酚分子带有不饱和长侧链，具有位阻效应，只有四氯化钛达到一定浓度时才能与漆酚中的邻羟基结合。研究表明这一聚合物对强酸、强碱、多种盐类和有机溶剂具有很高的化学稳定性和热稳定性，是一种优异的防腐蚀涂料。其漆膜的力学性能优良，具有耐强酸、强碱、有机溶剂、各种盐类、高温、摩擦等优异性能，可应用于化工设备、海洋设施等的防腐蚀。

已研究成功的漆酚钛螯合高聚物防腐蚀涂料（UTJ）具有比国内外报道的各类涂料更优异的耐腐蚀性能：在 320℃熔融的 NaOH 中能耐 5 小时以上；在 80℃的 50% NaOH 和 70% H_2SO_4 中能耐 15000 小时以上；常温下，在 70% 以下各种浓度的 H_2SO_4 中、在不同浓度的盐酸中浸泡 17 年、在 NaOH 溶液中浸泡 13 年的漆膜仍完好如初。而且，漆膜经历了 560 天曝晒、300 天－30℃低温、315 天每天 8 小时 200℃高温之后，仍然光亮完好。该涂料在全国几十个大型企业中应用，取得了极其显著的社会经济效益。该涂料保持着生漆的优良性能，克服了生漆的几个缺点，提高了耐热性能和耐腐蚀性能，与生漆进行对比试验也表明，UTJ 涂料的耐曝晒、耐紫外线等性能更好。

9.5.3.2 漆酚锑聚合物

不溶不熔的黑褐色固体，除具有比生漆高的耐热、耐强酸强碱性能外，还具有阻燃性能，很有希望成为一种新型的阻燃高分子材料。

9.5.3.3 漆酚铜聚合物

不溶不熔的棕黑色固体，具有优良的化学稳定性和比生漆更高的耐热性，能抗强酸强碱、有机溶剂和盐类。

9.5.3.4 漆酚铝聚合物

暗褐色稠状物，溶于有机溶剂，可作为涂料使用；具有常规的力学性能和优异的耐热性，在相同失重率时的温度比黑推光漆高出 80℃以上。

漆酚是不会干燥成膜的，当加入 $AlCl_3$ 进行反应后，在一定的反应条件下会干燥成膜，其干燥速度随着加入 $AlCl_3$ 量的增加而加快，而漆膜的光泽度、附着力、耐冲击强度等性能均稍有下降，漆膜的柔韧性都很好。漆酚与 $AlCl_3$ 反应过程中，析出的 HCl 气体量正好是加入的 $AlCl_3$ 摩尔数的三倍，说明加入的 $AlCl_3$ 是可达到完全反应的。漆酚与 $AlCl_3$ 摩尔比小于 1∶0.667 时，过量的漆酚仍留在体系中成为溶液状态。

9.5.3.5 漆酚铁螯合物

漆膜乌黑光亮、坚韧耐磨；缺陷是干燥慢且需荫房、黏度大难施工。国外曾有把漆酚铁作为涂料、印刷油墨、塑料的黑色颜料进行研究。漆酚铁衍生物成膜性好，且漆膜具有黑度纯正、坚韧耐磨、遮盖力强、化学稳定性和耐热性好等优点。利用生漆和含铁化合物吡咯漆酚铁衍生物，在我国至少有 100 多年的历史，传统的黑推光漆或漆酚树脂黑雄漆就是由生漆或漆酚和含铁化合物制成的，它们的制作方法及生产工艺已有报道。

林金火在研究漆酚铁螯合物的过程中发现，漆酚与 $FeCl_3$ 的作用包含两个反应：配合反应和氧化还原反应。在没有外加酸（或碱）的情况下，首先进行配合反应，生成漆酚铁（Ⅱ）配合物，继而该配合物进行分子内的氧化还原反应。如果先在 $FeCl_3$ 乙醇溶液中加入三乙醇胺，由于三乙醇胺氮原子上的孤对电子与 Fe^{3+} 之间的配位作用，降低了 Fe(Ⅱ) 的氧化性，当它与漆酚反应时，会产生较稳定的蓝色溶液而无沉淀析出。如果先在漆酚溶液中加入三乙醇胺（使体系的 pH＞8），然后再加入 $FeCl_3$ 溶液，几乎观察不到蓝色现象的产生。因为强碱性的三乙醇胺可使略显酸性的漆酚成为负氧离子，而后者极易被 Fe^{3+} 或 O_2 等氧化剂直接氧化成漆酚醌。当介质为酸性（pH＜5）时，Fe(Ⅱ) 的氧化性提高，体系的颜色也很快发生变化。这说明酸性或碱性都促进了漆酚与 $FeCl_3$ 的氧化还原反应，从而加速了漆酚醌铁（Ⅰ）螯合物的生成。还有一些例子，如漆酚钡、漆酚铅、漆酚铋、漆酚镍、漆酚钴、漆酚稀土等配合物，均具有如上所述的化学稳定性和热稳定性。

9.5.3.6 漆酚与非金属元素反应

漆酚的非金属元素化合物改性主要是以漆酚与硅、氟、硼等元素化合物发生酯交换反应，见图 9-45。林金火等以漆酚与硼酸丁酯经酯交换反应合成了硼酸漆酚。在对有机硅漆酚改性树脂的反应机理及膜性能研究的基础上，Lu 等将漆酚与有机硅树脂混合，再与重金属（Au、Ag）胶体反应，合成的新型天然涂料解决了传统有色涂料易褪色的问题，且耐紫外光照射和耐水性能极佳。用烷氧基有机硅单体通过酯交换反应制备的防腐涂料，则具有优异的耐高温油介质、耐沸水性能。

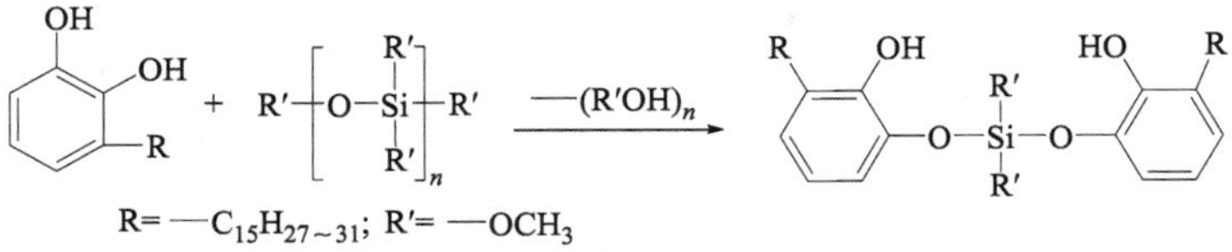

图 9-45　漆酚与有机硅反应

陆榕等通过在生漆中添加有机硅化合物，开发出一种即使在湿度比较低的环境下也能干燥的新型快干杂化漆。这是利用有机硅化合物与漆酚能够迅速发生反应的原理（如图 9-46），使漆酚单体下降而低聚体和多聚体上升，从而导致漆酚的抗氧化作用下降而促进其侧链的自动氧化反应。

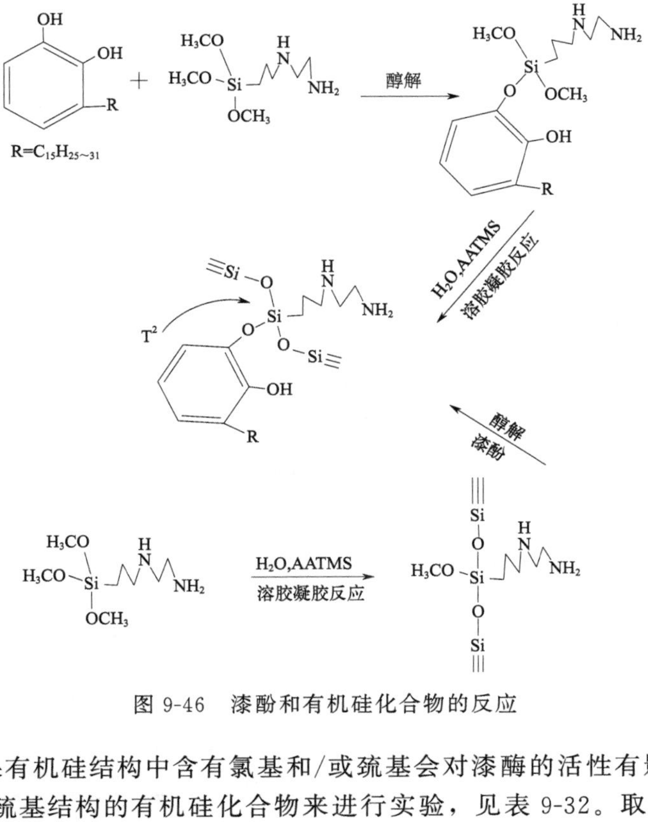

图 9-46　漆酚和有机硅化合物的反应

考虑到如果有机硅结构中含有氯基和/或巯基会对漆酶的活性有影响，选择十种不含氯基和/或巯基结构的有机硅化合物来进行实验，见表 9-32。取 2%～10%的有机硅化合物加入到 10g 的精制生漆中，在 250r/min 的转速下搅拌 30min 混合均匀即可。杂化漆用厚度为 76μm 的涂布器在玻璃板上涂膜，室温下在相对湿度约为 70％ 的环境中测定干燥时间，结果见表 9-33。S-3 的氨基硅和 S-7 的环氧硅能够提高生漆的干燥速度，即使在 45％～50％RH 的低湿度条件下也能在 24h 内干燥，而其他的有机硅则不能使生漆在 45％～50％RH 的低湿度条件下干燥。高湿度环境能使漆酶发挥最适活性催化氧化漆酚变成二聚体、三聚体、低聚体和多聚体；在低湿度下，生漆中水分的蒸气压比较低，很难扩散开，使得氧气很难渗透到膜里面，导致已经还原的漆酶（En-Cu$^+$）不能再度氧化恢复成具有活性的漆酶（En-Cu^{2+}），酶催化反应也就不能持续。在杂化漆中，漆酚和有机硅的反应和环境湿度无关，随着漆酚羟基和有机硅反应而被持续消耗，其抗氧化能力降低到一定程度，不饱和侧链的自动氧化反应就开始起动，核-侧链交互偶合膜就开始干燥。杂化漆不但干燥快，硬度、耐光性和耐水性也得到了提高。氨基硅中的氨基可以通过反应降低漆液中的氢离子浓度从而促进酶催化反应，但是 S-2 却使杂化漆干燥变慢，而 S-4 则使得杂化漆变成不干漆，这些结果意味着在烷氧基中，甲氧基比乙氧基的活性高，三甲氧基则比二甲氧基的活性高，考虑到氨基的影响，烷氧基活性的差异可以归结于它们不同的水解速度和醇解速度。

表 9-32　功能有机硅种类

编号	分类	化学名称	化学结构
S-1	乙烯基硅烷	乙烯基三甲氧基硅烷	$CH_2=CH-Si(OC_2H_5)_3$
S-2	氨基硅烷	γ-氨基丙基三乙氧基硅烷	$H_2N(CH_2)_3Si(OC_2H_5)_3$
S-3	氨基硅烷	N-(2-氨乙基)-3-氨丙基三甲氧基硅烷	$H_2N(CH_2)_2NH(CH_2)_3Si(OCH_3)_3$
S-4	氨基硅烷	N-(β-氨乙基)-γ-氨丙基甲基二甲氧基硅烷	$H_2N(CH_2)_2NH(CH_2)_3-\overset{CH_3}{\underset{}{Si}}(OC_2H_5)_3$
S-5	环氧硅烷	3-(2,3-环氧丙氧)丙基三甲氧基硅烷	$CH_2\overset{O}{\diagup}CHCH_2O(CH_2)_3Si(OCH_3)_3$
S-6	环氧硅烷	γ-甘氨酰氧丙基甲基二甲氧基硅烷	$CH_2\overset{O}{\diagup}CHCH_2O(CH_2)_3\overset{CH_3}{\underset{}{Si}}(OCH_3)_2$
S-7	环氧硅烷	β-(3,4-羟基苯氧基)-乙基三甲氧基硅烷	$O\!=\!\langle\rangle\!-C_2H_4Si(OCH_3)_3$
S-8	甲基丙烯基硅烷	γ-甲基丙烯氧基丙基三甲氧基硅烷	$CH_2=\overset{H_3C}{\underset{}{C}}-\overset{}{\underset{O}{C}}-O(CH_2)_3Si(OCH_3)_3$
S-9	甲基丙烯基硅烷	γ-甲基丙烯氧基丙基甲基二甲氧基硅烷	$CH_2=\overset{H_3C}{\underset{}{C}}-\overset{}{\underset{O}{C}}-O(CH_2)_3\overset{CH_3}{\underset{}{Si}}(OCH_3)_3$
S-10	苯基硅烷	苯基三甲氧基硅烷	$\langle\rangle\!-Si(OCH_3)_3$

在 S-7 杂化漆的红外光谱图中，三烯的非共轭双键吸收峰 982cm^{-1} 减少或消失，而新出现三烯的共轭双键吸收峰 993cm^{-1}，同时，1476cm^{-1} 处的吸收减少而出现 1465cm^{-1} 处的醚吸收，意味着酶催化产生的漆酚醌和 S-7 的环氧发生开环反应形成架桥结构。熊野等的研究证明，漆酚侧链不饱和的三烯非共轭双键结构和空气中的氧发生反应后异构化变成共轭的双键结构，如图 9-47。

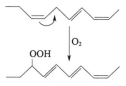

图 9-47 漆酚侧链从三烯非共轭双键结构到共轭双键结构的变化

表 9-33 室温（20~25℃）和相对湿度约为 70% 的环境中的杂化漆的干燥时间和涂膜颜色

杂化漆名	pH	DF	TF	HD	涂膜颜色
精制漆(空白对照)	4.28	3：50	4：40	6：30	浅
S-1	4.92	3：50	4：40	6：30	浅
S-2	5.82	4：00	5：00	7：00	深
S-3	5.53	3：50	3：50	5：20	深
S-4	6.97	—	—	不干	—
S-5	4.88	3：45	4：35	6：30	浅
S-6	4.69	3：15	4：45	6：30	浅
S-7	5.04	2：30	4：45	5：30	浅
S-8	4.48	3：15	4：35	6：30	浅
S-9	4.91	3：15	4：35	6：30	浅
S-10	5.00	3：50	4：50	6：30	浅

为了更全面地了解杂化生漆的性能，我们选择了几种效果比较好的有机硅来进行更深入的研究。首先进行有机硅添加含量的测试，通过在精制漆液中添加 1%、3%、5%、7%、10%、20% 和 30% 的有机硅，然后测定各个杂化漆的分子量、黏度以及干燥时间的变化，结果显示当有机硅的添加量为 5% 时，杂化漆的综合性能最好。所以，我们以 5% 的添加量为基础来详细研究杂化漆各项性能指标。

所使用的有机硅及其简写如下：

① IPTES：3-isocyanatepropyltriethoxysilane，γ-异氰酸酯丙基三乙氧基硅烷。

② APTES：3-aminopropyltriethoxysilane，γ-氨丙基三乙氧基硅烷。

③ BTMSEA：N,N-bis-(3-(trimethoxysilyl)-propyl)ethylenediamine N,N'-双(γ-三甲氧基硅基丙基)-亚乙基二胺。

④ AATMS：N-(2-aminoethyl)-3-aminopropyltrimethoxysilane，N-(β-氨乙基)-γ-氨丙基三甲氧基硅烷。

在 100g 的精制漆中加入 5% 的有机硅，在 250r/min 下搅拌 30min 后，用滤纸滤过后装入 100mL 的铝制牙膏管，在常温下保存一个月后进行各项性能的测定。经过凝胶渗透色谱（GPC）测定的分子量分布如表 9-34。

表 9-34　杂化漆的分子量分布

实验编号	添加剂	分子量分布/%		
		单体	低聚体	多聚体
1	无添加剂	59.40	40.04	0.56
2	IPTES	55.78	43.63	0.59
3	APTES	49.65	46.72	3.63
4	BTMSEA	55.62	40.38	4.00
5	AATMS	51.00	42.43	6.57

注：多聚体：$10000 \geqslant M > 3000$，低聚体：$3200 \geqslant M \geqslant 640$，单体：$M = 316 \sim 320$。$M$ 表示分子量。

　　和空白实验（编号 1）相比，添加有机硅后的杂化漆中漆酚单体减少，低聚体和多聚体有所增加，这意味着漆酚和有机硅发生了反应。对于 IPTES 来说，不但有漆酚和有机硅的反应，同时还有漆酚和异氰酸酯的反应，如图 9-48。

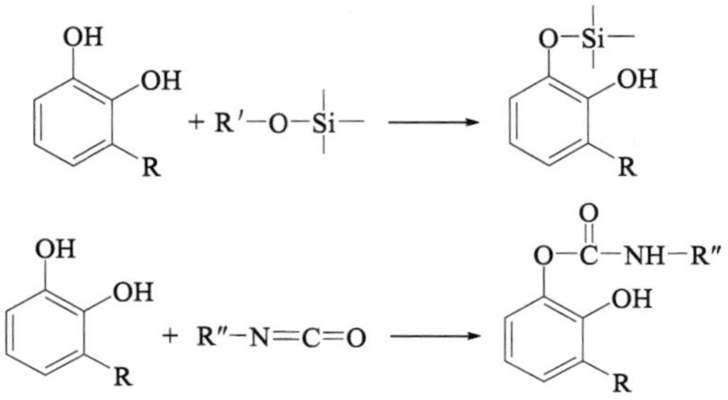

图 9-48　漆酚和有机硅以及异氰酸酯的反应

　　在常温下，利用黏度仪来测定杂化漆的黏度，所需样品为 0.5mL，转速为 5～20r/min，结果见表 9-35。添加 APTES 和 AATMS 使得黏度增加很快且有热能放出，这是有机硅的氨基和漆酚反应的结果，硅原子的矩阵结构有利于高分子量聚合体的生成。添加 AATMS 的杂化漆可以在接近 30%的低湿度环境中干燥，而添加 APTES 的杂化漆则需要在湿度为 50%以上的环境中才能干燥。但由于太高的黏度不利于涂膜应用，所以在实际应用中需要用有机溶剂进行稀释。

表 9-35　杂化漆的黏度和含水率

实验编号	添加剂	黏度/(mPa·s)	含水率/%
1	无添加剂	5302	3.42
2	IPTES	3487	4.91
3	APTES	7180	6.27
4	BTMSEA	4432	5.84
5	AATMS	26718	5.78

由于有机硅会和水发生溶胶-凝胶反应（sol-gel reaction）而水解，所以用于杂化的漆液含水量不能太多，一般以 3%～5% 为宜。另外，由于胶化率是干燥速度的最直接指标，故测定了天然生漆与杂化生漆的时间和胶化率的关系，结果如图 9-49。

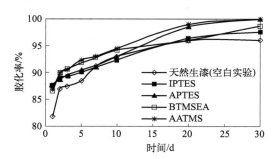

图 9-49　天然生漆和杂化漆的时间和胶化率的关系

由图 9-49 可以看出，在 20℃、相对湿度为 70% 的条件下，经过 30 天的干燥后，天然生漆的胶化率约为 96%，而添加 APTES 和 AATMS 的杂化漆，胶化率几乎为 100%。在不同的干燥条件下，各种杂化漆的干燥实验也做了详细的研究，结果总结于表 9-36。可以看出，其干燥顺序是 AATMS＞BTMSEA＞APTES＞IPTES，和它们的黏度数据相一致。

表 9-36　不同条件下杂化漆的干燥时间

添加剂	20℃,30% RH/d			20℃,50%～55%RH/(h:min)			20℃,65%～70% RH/(h:min)		
	DF	TF	HD	DF	TF	HD	DF	TF	HD
无添加剂	ND	ND	ND	7:30	12:00	23:40	1:10	2:30	4:20
IPTES	5	30	—	3:00	6:30	10:00	1:30	2:40	3:40
APTES	10	—	—	2:40	5:50	7:30	1:00	2:00	3:20
BTMSEA	5	20	30	2:00	4:30	6:10	1:00	1:40	2:30
AATMS	2	20	30	2:00	4:00	6:00	0:40	1:20	1:50

干燥涂膜的表面玻璃化转变温度（T_g）也是评价膜性能的一项很重要的指标。我们利用刚体钟摆物理性能测试仪（rigid-body pendulum physical property testing instrument，RPT）来测试杂化漆的 T_g。天然生漆（Blank）和杂化漆在 20℃ 和 60% 的相对湿度下干燥 1 天、3 天、8 天和 20 天，然后进行 RPT 测试。图 9-50 显示的是干燥 20 天的样品 RPT 结果，数据总结于表 9-37。

表 9-37　杂化漆膜的 T_g

编号	添加剂	T_g/℃			
		1 天	3 天	8 天	20 天
1	无添加剂	47.4	70.0	72.4	120.6
2	IPTES	63.0	71.0	88.2	138.9

编号	添加剂	$T_g/℃$			
		1 天	3 天	8 天	20 天
3	APTES	81.0	101.9	105.2	142.3
4	BTMSEA	69.0	71.4	77.0	144.1
5	AATMS	125.7	131.9	134.0	170.7

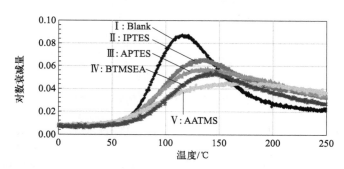

图 9-50 天然生漆和杂化漆的 RPT 图谱

可以看出在任何干燥时间段，相比于天然生漆，所有的杂化漆都具有很高的 T_g，其中添加 AATMS 的杂化漆具有最高的 T_g。在生漆干燥的初始阶段，主要是酶促反应使漆酚聚合，当漆酚单体含量降到 30％以下时，漆酚的不饱和侧链就会发生自动氧化反应。对于杂化漆来说，在干燥的初始阶段不但有酶促反应还有漆酚羟基和有机硅的缩合反应，对于含有异氰酸酯基的有机硅，还发生漆酚羟基和异氰酸酯的反应。随着漆酚羟基的消耗，漆酚单体不断减少，当低于 30％时，不饱和侧链的自动氧化反应发生，使干燥速度加快。研究表明，精制生漆中添加约 5％的有机硅化合物，在比较低的相对湿度（45％～55％RH，20℃）条件下也能快速干燥。通过这样的方法得到的漆膜，既保持了生漆本身的特性，又提高了漆膜的硬度，可被用来做各种各样的彩漆。

9.6 漆酚水性化纳米改性技术

9.6.1 生漆的乳化

涂料的水性化方法有乳液聚合、亲水性单体参与共聚合成水溶性树脂及相反转技术等，其中相反转技术是目前生漆及改性树脂的主要水性化方法。天然生漆是油包水型（W/O）天然乳胶漆，其中漆酚（生漆的主要成膜物）为连续相，水为分散相，树胶质（多糖）和有机氮化物（含有催化生漆固化成膜的漆酶）构成两相的界面。当聚氧乙烯型的非离子乳化剂（UE）和聚乙烯醇（PVA）乳化天然生漆时，水基化天然生漆（RLE）粒子外层覆盖着混合乳化剂 UE 和 PVA，其亲油组分漆酚与天然生漆（RL）完全相溶，存在于 RL 相内，其亲水组分 PEG 链段与水存在氢键强相互作用，分散于水中，同时 PEG 链段与 PVA 间也存在氢键强相互作用从而形成乳化剂，本来卷曲着的 PVA 链被伸展开，混合乳化剂与水也可形成氢键，因而 RLE 粒子间靠氢键及 PVA 链生成了某种类似交联网的静态结构，使油包水型天然生漆转变成水包油型。乳化过程见图 9-51。

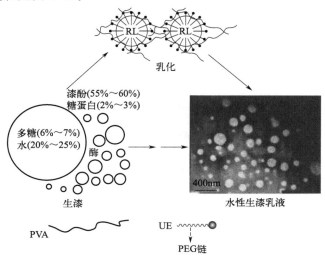

图 9-51　天然生漆的乳化过程

陈钦慧等通过相反转技术，用复合表面活性剂吐温 20/司班 20 将漆酚缩甲醛聚合物乳化为水包油乳液，在高乳化剂用量和低乳化温度时有利于水包油乳液的形成，乳液粒径小，分布均匀。潘志斌等则以聚乙烯醇（PVA-124）作为乳化剂，通过相反转法制备了水性黑推光漆。刘灿培等以聚乙烯醇缩甲醛（PVFM）和苯乙烯-丙烯酸酯共聚物（SA）为高分子乳化剂，直接将生漆乳化成生漆基微乳液（MECL）。传统乳化剂是通过物理吸附聚集在乳胶粒表面。在成膜过程中，由于阻碍乳胶粒的相互靠近而影响成膜速度，且在膜表面形成非化学键合的亲水组分，降低了膜的耐水性和耐碱性。反应型乳化剂是同时存在乳化基团及可参与自由基聚合反应基团的新一代乳化剂，可克服传统乳化剂对漆膜造成的不良影响。郑燕玉、胡炳环等以漆酚、环氧氯丙烷、聚乙二醇为原料合成了反应型漆酚基乳化剂，该乳化剂与聚乙烯醇（PVA）复配可将生漆水基化，使 W/O 型的天然生漆液转变成 O/W 型乳液，从而能直接用水任意稀释以提高其施工性能。

9.6.2　生漆水性纳米涂料的制备及性能

9.6.2.1　水基化生漆纳米涂料制备

首先按图 9-52 制备漆酚基高分子乳化剂，将样品膜置于高压汞灯下辐照可得到水基化天然生漆光固化膜。不同配比的纳米氧化锌颗粒、天然生漆、漆酚基高分子乳化剂（UE）可制备不同比例水基化天然生漆复合涂料，如表 9-38 所示，将涂膜辐照即可得水基化天然生漆纳米氧化锌光固化膜。

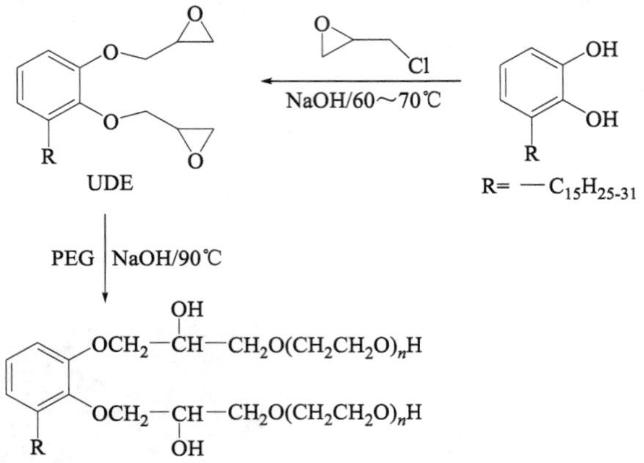

图 9-52　漆酚基高分子乳化剂的制备

表 9-38　制备水基化天然生漆/ZnO 复合涂料的原料配比

Zn 含量/%	天然生漆/g	UE/g	PVA(10%)/g	ZnO/g	水/g
0	6.5	0.1566	6.5	0	25
1	6.5	0.1566	6.5	0.0587	25
3	6.5	0.1566	6.5	0.1797	27
5	6.5	0.1566	6.5	0.3059	25
10	6.5	0.1566	6.5	0.6117	28

9.6.2.2　水基化天然生漆纳米材料性能测试

（1）常规力学性能　由表 9-39 可知，光固化膜具备较好的硬度，良好的抗冲击力性能硬度、耐冲击性能、柔韧性，但光泽度较低。当辐射时间达到 60s 时，水基化天然生漆基本趋于完全固化。

表 9-39　水基化天然生漆光固化膜的常规力学性能

光固化时间/s	涂膜性能					
	硬度（铅笔法）	附着力/级	光泽度/%	耐冲击力/(kg/cm)		柔韧性/mm
				正冲	反冲	
30	5H	2	2.6	50	50	0.5
45	6H	2	3.7	50	50	0.5
60	6H	1	10.9	50	50	0.5
90	6H	1	12.1	50	50	0.5
120	6H	1	10.9	50	50	0.5

（2）抗溶剂性能　由表 9-40 可得，光固化膜的耐有机溶剂性能良好，且随着光固化时间的延长，抗溶剂性能越来越理想。这是因为生漆固化后形成不溶的网状大分子，不易受溶剂作用；在紫外光辐照过程中，固化膜网络的交联程度提高，因而抗溶剂性能越高。

表 9-40　水基化天然生漆光固化膜的抗溶剂性能

辐照时间/s	抗溶剂性能/%					
	无水乙醇	乙酸乙酯	二甲苯	丙酮	石油醚	甲苯
30s	8.32	9.24	7.13	11.42	6.04	12.56
60s	6.45	7.12	5.27	8.14	4.35	8.90
90s	3.24	3.78	2.09	4.12	1.58	5.15
120s	1.14	1.78	0.62	1.92	0.11	2.74

（3）耐化学介质性能及耐热水性能　如表 9-41 所示，光固化膜的耐化学介质性能优异，但耐强碱性欠佳，由于 UE 是一种新型的反应性乳化剂，能和生漆交联成膜，不会迁移至膜表面影响涂膜表面抗化学性质，因此具有优异的耐化学介质性能。在一定的碱性条件下，由于漆酚的酚羟基易与碱性物质反应，生漆膜被腐蚀后化学结构发生了变化。一般来说，水性光固化涂料的耐水性都较差，水基化天然生漆光固化膜的耐热水性能结果列于表 9-42。由表中数据可得，所得固化膜在 $80 \sim 90 ℃$ 的热水中浸泡 3h 后的溶解量随辐照时间的延长而减少。达 120s 后固化膜的溶解比例较小，可以认为基本不溶解，说明制得的光固化复合膜网络交联度高，耐热水性能好。

表 9-41　辐照后水基化天然生漆光固化膜的耐化学介质性能

化学介质	蒸馏水	$10％H_2SO_4$	$30％H_2SO_4$	$10％NaOH$	$40％NaOH$	$5％NaCl$
耐化学介质性能	＋	＋	＋	－	－	－

注："＋"表示涂膜未出现起皱、变色或龟裂；"－"表示涂膜出现起皱、变色或龟裂。

表 9-42　水基化天然生漆光固化膜的耐热水性能

辐射时间/s	60	90	120
耐热水性能/%	7.04	3.25	0.73

（4）涂膜热稳定性　如图 9-53 所示，随辐照时间的延长，固化膜的耐热性能有所提高。辐照 90s 和 120s 的光固化膜均在 300℃ 左右开始失重，其重大失重速率温度分别为 444.0℃ 和 444.9℃，失重 50% 时的温度随辐照时间的延长有所升高，分别为 402.1℃ 和 412.3℃。固化膜试样在 100℃ 以前发生水分挥发现象，失重比例约占试样初始质量的 5%。当曲线基本稳定时，试样仍有 28% 和 39% 未分解，说明水基化天然生漆光固化膜具有良好的耐热性能，同时光固化时间越长，耐热性能越好。

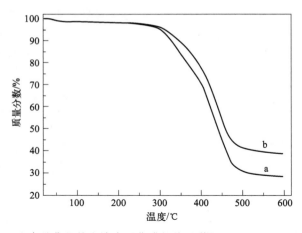

图 9-53　水基化天然生漆光固化膜的热重谱图（a：90s；b：120s）

9.6.2.3　紫外光固化水基化天然生漆/二氧化硅复合涂料的性能

（1）常规力学性能　水基化天然生漆/二氧化硅复合膜的常规力学性能见表 9-43。从表中可以看出，采用紫外光固化的水基化天然生漆/二氧化硅复合涂膜的光泽度较低，SiO_2 含量对固化膜的耐冲击性、柔韧性和硬度无明显影响，光照 45s 的固化膜的固化程度均比光照 30s 的固化膜的高，附着力随 SiO_2 含量的增加呈下降趋势。

表 9-43　涂膜常规力学性能

SiO_2 含量/%	光照时间/s	涂膜性能					
		硬度（铅笔法）	附着力/级	光泽度	耐冲击力/(kg/cm)		柔韧性/mm
					正冲	反冲	
1	30	4H	1	5.5	50	50	0.5
	45	5H	1	5.8	50	50	0.5
3	30	4H	2	4.1	50	50	0.5
	45	5H	3	5.1	50	50	0.5
5	30	4H	2	5.5	50	50	0.5
	45	5H	3	11.6	50	50	0.5
10	30	4H	3	5.5	50	50	0.5
	45	5H	4	4.0	50	50	0.5

（2）抗溶剂性能　由表 9-44 可以看出，水基化天然生漆/ SiO_2 光固化膜的抗溶剂性能较好，基本不溶于无水乙醇等有机溶剂。这是因为所制备的光固化膜交联密度高，因而具有优良的抗溶剂性能。且随着辐照时间的延长，所制备的固化膜的抗溶剂性越好，即交联程度越高。

表 9-44　涂膜的抗溶剂性能

SiO$_2$ 含量/%	光照时间/s	在不同溶剂中的抗溶剂性能[$(m_1-m_2)/m_1$]/%					
		无水乙醇	乙酸乙酯	二甲苯	甲苯	丙酮	石油醚
1	90	0.07	0.00	0.00	0.07	0.00	0.00
	120	0.05	0.00	0.00	0.06	0.00	0.00
3	90	0.00	0.00	0.01	0.00	0.07	0.06
	120	0.00	0.00	0.00	0.00	0.00	0.03
5	90	0.09	0.01	0.00	0.09	0.06	0.06
	120	0.08	0.01	0.00	0.05	0.02	0.05
10	90	0.06	0.05	0.00	0.02	0.04	0.01
	120	0.03	0.05	0.00	0.00	0.00	0.00

（3）耐热水性能　由表 9-45 数据可得，所得固化膜在 $80 \sim 90 ℃$ 的热水中浸泡 3h 后的溶解量随 SiO$_2$ 含量的增加而增加，随辐照时间的延长而减少。但是所得固化膜的溶解比例均较小，可以认为基本不溶解，说明制得的光固化复合膜网络交联度高，耐热水性能好。

表 9-45　涂膜的耐热水性能

SiO$_2$ 含量/%	耐热水性能[$(m_1-m_2)/m_1$]/%	
	90s	120s
1	1.24	0.44
3	1.84	1.29
5	1.90	1.49
10	3.67	2.18

（4）耐化学介质腐蚀性能　由表 9-46 可知，不同含量的水基化天然生漆/二氧化硅光固化膜的耐化学介质性能基本一致，均无起皱、变色、龟裂现象。由于漆酚基乳化剂是一种新型反应性乳化剂，能与生漆形成较完善的交联网络结构，因此，即使加入 SiO$_2$ 也不会使复合涂膜表面发生迁移，影响其耐化学介质性能。

表 9-46　涂膜的耐化学介质性能

化学介质	SiO$_2$ 含量/%				
	0	1	3	5	10
蒸馏水	+	+	+	+	+
10% H$_2$SO$_4$	+	+	+	+	+
30% H$_2$SO$_4$	+	+	+	+	+
10% H$_2$SO$_4$	+	+	+	+	+

化学介质	SiO₂ 含量/%				
	0	1	3	5	10
40%H₂SO₄	+	+	+	+	+
5%H₂SO₄	+	+	+	+	+

注："＋"，表示涂膜未出现起皱、变色或龟裂；"－"表示涂膜出现起皱、变色或龟裂。

（5）热稳定性 不同光固化复合膜的 TG 谱图见图 9-54，相应的不同试样耐热性能列于表 9-47。结合图表可知，随 SiO₂ 含量的增加，固化膜试样的最大失重率温度基本上呈现逐渐降低趋势，但变化不大；失重 50％时的温度逐渐升高，这是无机粉体含量的增加导致的。固化膜试样在 100℃ 以前发生水分挥发现象，失重比例约占试样初始质量的 5％，固化膜均在 300℃ 左右开始分解，说明所得固化膜仍保留天然生漆膜的良好耐热性能。

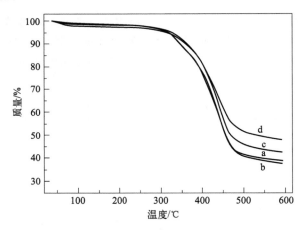

图 9-54　辐照 120s 光固化膜 TG 谱图（a 0％；b 1％；c 5％；d 10％）。

表 9-47　SiO₂ 含量对涂膜耐热性能的影响

SiO₂ 含量/%	最大失重速率温度/℃	失重 50％时的温度/℃
0	444.00	459.5
1	445.67	459.5
5	443.89	472.2
10	441.40	536.5

9.6.3　单宁酸改性漆酚缩水甘油醚水性涂料的制备及性能

取少量单宁酸（T）加入烧杯中，加入适量蒸馏水，待其完全溶解后，倒入 50mL 三口烧瓶中，然后向烧瓶中加入 5.0g 漆酚缩水甘油醚、少量吐温-80 乳化剂、少量 DMP-30 引发剂，25℃ 机械搅拌 10min，即得到具有一定黏度且涂布性能良好的单宁酸改性漆酚缩水甘油醚水性涂料。而后取少量水性涂料置于马口铁片上，用 $50\mu mol/L$ 涂布器均匀涂布，将涂布好的样品置于固化箱中，80℃预固化 0.5h，140℃固化 4h，即制得单宁酸改性漆酚缩水甘油醚水性涂料漆膜（T-UGE）。在漆酚缩水甘油醚量一定的情况下，改变单宁酸的添加量制备不同质量分数的水性涂料，通过考察不同质量分数单宁酸水性涂料固化膜的物理机械性能，确定单宁酸的最佳添加量，与 DETA-UGE 和 U-UGE 固化膜进行对比，以验证单宁酸在涂料应用领域可能的广阔前景。单宁酸结构如图 9-55 所示。

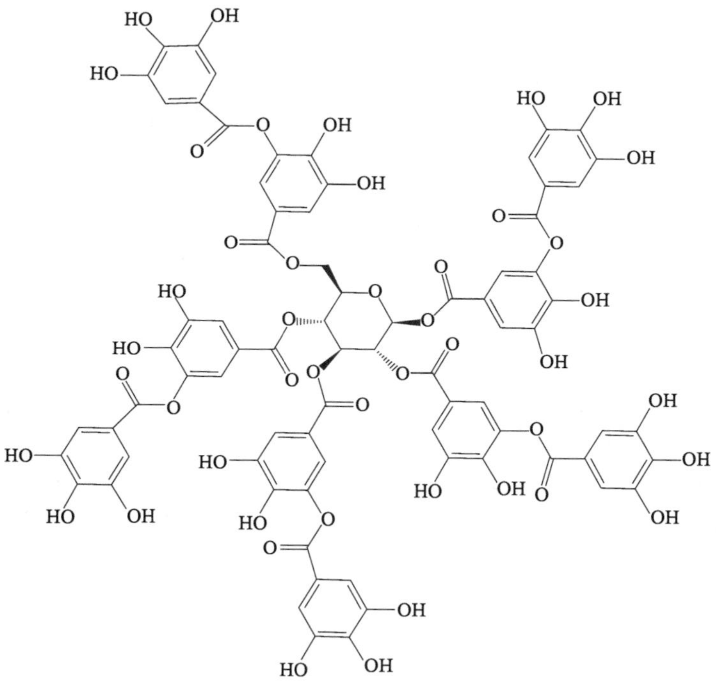

图 9-55　单宁酸的结构式

由表 9-48 可知，单宁酸改性漆酚缩水甘油醚水性涂料的固化膜（T-UGE）均具有很好的柔韧性和抗冲击性，附着力均达到 1 级，主要是因为 UGE 中含有许多柔性的长碳链，使固化膜有良好的柔韧性；随着单宁酸添加量的逐渐增加，漆膜的硬度逐渐增大，光泽度值也越来越大，主要因为有更多的单宁酸分子与 UGE 的环氧基发生开环反应，固化膜中增加了更多的刚性苯环，交联密度变大，使得固化膜硬度相应增大；当单宁酸的质量分数达到 25％时，硬度达到 2 H，继续增加单宁酸的量，漆膜硬度不变，光泽度进一步增加；当单宁酸的质量分数达到 35％时，漆膜的硬度保持不变，但弯曲性和光泽度却有所降低，这是由于大分子的单宁酸结构导致空间位阻变大，交联度有所降低，故弯曲性变差，光泽度降低；综合固化膜的力学性能可知，单宁酸的添加量为漆酚缩水甘油醚质量的 30％最好。

表 9-48 单宁酸添加量对固化膜力学性能的影响

W(T)/%	硬度	弯曲性 ϕ/mm	耐冲击力/(kg/cm)	附着力/级	光泽度/(°)
5	B	2	50	1	53.0
10	HB	2	50	1	60.1
15	H	2	50	1	69.8
20	H	2	50	1	81.2
25	2H	2	50	1	94.5
30	2H	2	50	1	107.0
35	2H	3	50	1	101.2

注：W(T)/%表示单宁酸占漆酚缩水甘油醚的质量分数。

9.6.4 单宁酸改性漆酚缩水甘油醚水性涂料的抗菌性能

取 1.5g 单宁酸加入烧杯中，加入适量蒸馏水，搅拌溶解后，再向其中加入 5.0g 漆酚缩水甘油醚、少量吐温-80 乳化剂、少量 DMP-30 引发剂，25℃机械搅拌 10min，即得到具有一定黏度且涂布性能良好的单宁酸改性漆酚缩水甘油醚水性涂料。向单宁酸改性漆酚缩水甘油醚水性涂料中分别添加其质量 0.25%、0.50%、0.75%、1.00%、1.25%的纳米银抗菌剂，机械搅拌均匀，制备抗菌涂料，备用。

9.6.4.1 牛津杯法测定待测样品的抑菌活性

用无菌移液枪移取 100μL 菌悬液滴加到制备好的平板培养基上，待菌悬液涂布均匀于培养皿后，再用无菌镊子夹取 3 个灭菌后的牛津杯，轻轻放入培养皿中，均匀放置。而后分别向放置好的牛津杯中移取 100μL 抗菌涂料样品，尽量防止样品溶液溢出。将所有培养皿置于 30℃培养箱内培养，1 d 后观察各个样品的抑菌效果，用游标卡尺测量抑菌圈大小（采用十字交叉法），以抑菌圈的大小作为评价所制备抗菌涂料抗菌性能的依据。

本实验考察了漆酚基纳米银抗菌涂料对四种待试菌种（大肠杆菌、白色念珠菌、金黄色葡萄球菌、肺炎链球菌）的抑菌活性，通过对受试样品的抑菌圈大小进行比较（见表 9-49），判断不同纳米银抗菌剂含量的抗菌涂料的抑菌活性，抑菌圈越大，则抑菌活性越好。

表 9-49 不同纳米银抗菌剂含量涂料的抑菌圈结果

纳米银抗菌剂含量/%	抑菌圈直径/mm			
	大肠杆菌	白色念珠菌	金黄色葡萄球菌	肺炎链球菌
0	9.8±0.2	8.5±0.1	9.2±0.1	8.1±0.1
0.25	11.7±0.2	9.3±0.2	11.3±0.2	8.6±0.2
0.50	14.1±0.3	10.6±0.2	13.6±0.3	9.2±0.2
0.75	18.6±0.2	11.4±0.3	15.8±0.2	11.3±0.3
1.00	18.7±0.3	12.6±0.2	15.6±0.2	11.6±0.2
1.50	18.6±0.3	12.8±0.3	15.6±0.2	11.7±0.3

从以上实验结果可以看出含纳米银抗菌剂的单宁酸改性漆酚缩水甘油醚水性涂料对 4 种菌均有抑菌作用。由抑菌圈大小可知，抗菌涂料对大肠杆菌和金黄色葡萄球菌的抑制作用相比于对白色念珠菌和肺炎链球菌的抑制作用要好；当纳米银抗菌剂含量为 0.75% 时，对大肠杆菌和金黄色葡萄球菌的抑制作用最好，继续增加纳米银抗菌剂含量，其抑菌圈大小几乎不变；当纳米银抗菌剂含量为 1.00% 时，对白色念珠菌和肺炎链球菌有较明显的抑制作用，继续增加纳米银抗菌剂含量，其抑菌圈并没有明显增大。

9.6.4.2　抑菌机制探讨

在以往的研究中发现，纳米银作为一种天然抗菌材料，具有比银离子更强的抗菌性，能杀死包括革兰氏阳性菌、革兰阴性菌、霉菌、真菌、病毒等在内的约 650 种微生物。纳米银之所以有这么强的抑菌作用，主要是因为其粒径很小，从而导致比表面积大，更容易进入病原体。其抑菌机制可能包括损伤细菌的 DNA、中断细胞信号传导、产生活性氧自由基、破坏细菌蛋白酶、破坏细胞膜等。由实验结果可知，水性涂料本身就具有一定的抑菌作用，这是由于单宁酸是一种天然产物抗菌材料，具有抑菌作用，向水性涂料中添加纳米银抗菌剂之后，其抑菌效果更好。郑正男等研究单宁酸的体外抑菌实验，发现单宁酸对藤黄微球菌和金黄色葡萄球菌具有很好的抑制作用，最小抑菌浓度分别为 0.09mg/mL 和 0.39mg/mL。刘超群等发现热处理的单宁酸对金黄色葡萄球菌和热死环丝菌具有很好的抑制效果，能有效抑制冷鲜猪肉中菌落总数的增长。由此可知，漆酚基纳米银抗菌涂料的抑菌作用是纳米银抗菌剂和单宁酸共同作用的结果，是一种协同抑菌过程。

参考文献

[1] 陈钦慧，郑燕玉，林萍萍，等. 漆酚甲醛缩聚物水基分散体系的相反转乳化[J]. 高分子材料科学与工程，2006，22(6)：63-66.

[2] 潘志斌，徐艳莲，胡炳环. 水性黑推光漆的制备与性能研究[J]. 中国生漆，2009，28(2)：1-5.

[3] 刘灿培，林金火，郑燕玉，等. 微乳化生漆及其 FeCl₃ 螯合聚合物的制备与表征[J]. 福建师范大学学报：自然科学版，2007，23(4)：74-79.

[4] GUYOT A. Advances in reactive surfactants[J]. Advance in Colloid and Interface Science，2004，108：3-22.

[5] 郑燕玉，胡炳环，林金火. 水基化生漆的膜性能研究[J]. 泉州师范学院学报(自然科学版)，2008，26(2)：58-61.

[6] 徐艳莲. 水辅助自组装制备漆酚基聚合物多孔膜[D]. 福州：福建师范大学，2009.

[7] 郑燕玉. 天然生漆的水基化及其复合体系的研究[D]. 福州：福建师范大学，2008.

[8] 郑燕玉，胡炳环，林金火. 水基化生漆的膜性能研究[J]. 泉州师范学院学报(自然科学)，2008，26(2)：58-62.

[9] 郑燕玉，胡炳环，林金火. 用混合乳化剂制备的水包油型生漆乳液的性能[J]. 高等学校化学学报，2008，29(7)：1466-1472.

［10］ 郑燕玉，胡炳环，林金火. 用混合乳化剂 UE10/PVA 制备的 O/W 型生漆乳液的流变性［J］. 厦门大学学报（自然科学版），2008，47(3)：374-378.

［11］ Zhou Shuxue, Wu Limin, Sun Jian, et al. The change of the properties of acrylic based polyurethane via addition of nano-silica［J］. Progress in Organic Coatings，2002，45(1)：33-42.

［12］ 熊明娜，武利明，周树学，等. 丙烯酸酯/纳米 SiO_2 复合乳液的制备和表征［J］. 涂料工业，2002，11：1-3.

［13］ 张超灿，汤先文，单松高. 纳米 SiO_2/聚丙烯酸酯乳胶涂料涂膜的制备及性能研究［J］. 胶体与聚合物，2003，21(3)：1-4.

［14］ 单薇，廖明义. 纳米 SiO_2 的表面处理及其在聚合物基纳米复合材料中的应用进展［J］. 高分子通报，2006，3：1-9.

第10章
漆酚衍生物紫外光固化
技术及其涂料性能

天然生漆是一种具有重要应用价值的可再生天然高分子单体，资源丰富。生漆膜坚硬而富有光泽，具有优美的外观、优异的力学性能和耐热性能。但生漆固化时间长，条件苛刻，尤其是漆酶失活的陈年生漆更是难以固化，且对金属的附着力和柔韧性较差，因而严重地限制了它的应用范围。目前生漆和漆酚的催干或改性研究，能使漆酚在无漆酶作用下自干，并不受温度和湿度等条件的限制，扩大了生漆的应用领域，其中研究较多的方法有含铜模拟漆酶催干、有机硅改性、热固化、漆酚金属配合固化、电化学聚合等，特别是漆酚金属高聚物的合成与制备，但这些方法的固化时间至少几个小时，需要寻找一种更快的固化方法。鉴于此，将紫外光辐照技术应用于天然生漆的快干固化，研究天然生漆光固化膜的形成条件、生漆各组分在光引发聚合中的作用、漆酚各反应性基团在光引发聚合中的作用、光固化天然生漆膜的表面形貌控制等，对于制备出快速固化、表面形貌可控、高性能的光固化天然生漆膜具有重要意义。

10.1 紫外光固化技术

10.1.1 紫外光固化涂料的特点

紫外光（UV）固化是利用紫外光的能量引发涂料中的低分子预聚物或低聚物以及作为活性稀释剂的单体分子之间的聚合及交联反应，快速固化成膜，得到硬化漆。和传统涂料固化技术相比，紫外光固化具有以下优势。

（1）固化速度快 传统的溶剂型涂料一般需要数小时甚至数天方可干透，光固化涂料在紫外光辐照下，经过几秒或几十秒就可固化完全，并达到使用要求。

（2）环境友好 传统溶剂型涂料一般含有 30%～70% 的挥发性溶剂，干燥成膜后几乎全部进入大气中，所造成的环境污染较大。在光固化涂料中，光照时几乎所有成分均参与交联聚合，成为交联网状结构的一部分，对空气的污染和对人体的危害较小，符合绿色化学的要求，具有环境友好的特点。

（3）节约能源 光固化涂料具有常温快速冷固化的特点，所用能量相当于溶剂型涂料的 1/5 左右；烘烤型涂料和粉末涂料均需在涂装后加热，以促使化学交联反应的进程。光固化涂料固化速度快，能够大大提高对紫外光能的利用效率。

（4）可涂装各种基材　光固化涂料可涂装多种基材，如木材、金属、塑料、纸张、皮革等。光固化可避免因热固化时高温对各种热敏感基质（如塑料、纸张或其他电子元件等）可能造成的损伤，光固化技术在某些领域已经是满足高水平标准的唯一选择。

（5）费用低　光固化仅需要用于激发光引发剂的辐射能，不像传统的热固化那样需要加热基质、材料、周围空间以及蒸发除去稀释用的水或有机溶剂的热量。同时，由于光固化涂料中有效含量高，使得试剂消耗量大幅度减少。此外，光固化设备投资相对较低，易实现自动化，可节省大量投资，并减少厂房占地。

总之，光固化涂料的特点为快干、环保、节能。随着世界各国对生态环境保护的重视，对大气排放物进行了严格的立法限制，光固化涂料的重要性也愈显突出。美国、欧洲、日本等均将 VOC 的减少作为优先采用光固化技术的重要原因之一。在我国，随着经济规模的迅速扩大及对环境保护的日益重视，作为环保型/绿色工艺的光固化涂料的研究开发和应用也将日益深入和普及。

10.1.2　紫外光固化的原理

在紫外光辐照下，光引发剂首先吸收紫外光辐射能量而被激活，其分子外层电子发生跳跃，在极短的时间内生成活性中心，然后活性中心与树脂中的不饱和基团作用，引发光固化树脂和活性稀释剂分子中的双键断开，发生连续聚合反应，从而相互交联成膜。反应如下。

$AB \rightarrow AB^*$（光引发剂吸收光能最后成为激发态）

$AB^* \rightarrow A^* + B$（形成自由基）

活性自由基撞击光固化涂料中的双键并与之反应形成增长链：

$A^* + C—C \rightarrow A—C—C$

这一反应继续延伸，使活性稀释剂和低聚物中的双键断裂开，相互交联。化学动力学研究表明，紫外光促使 UV 涂料固化的机理属于自由基连锁聚合。首先是光引发阶段；其次是链增长反应阶段，这一阶段随着链增长的进行，体系会出现交联，固化成膜；最后链自由基会通过偶合或歧化而完成链终止。

10.1.3　紫外光固化涂料的组成

紫外光固化涂料一般是由预聚物、活性稀释剂、光引发剂和助剂四部分组成，各组分之间的配比见表 10-1。

表 10-1　紫外光固化涂料的组成

成分	低聚物	活性稀释剂	光引发剂	助剂
含量/%	30~60	40~60	1~5	0.2~1

（1）光活性低聚物　　低聚物（oligomer）又叫寡聚物，也称预聚物（prepolymer），光活性的低聚物是紫外光固化涂料中的成膜物质，是光固化产品中比例最大的组分之一，它和活性稀释剂一起往往占到整个配方质量的90%以上，是光固化配方的基本树脂，也是构成固化产品的基本骨架，即固化后产品的基本性能（包括硬度、柔韧性、附着力、光学性能、耐老化性能等）主要由低聚物树脂决定。光固化涂料中的低聚物一般应具有在光照条件下可进一步反应或聚合的基团，例如双键、环氧基团等等。根据光固化机理不同，适用的树脂结构也应当不同，对于目前市场份额最大的自由基聚合机理的光固化产品，可供选择的低聚物比较丰富，从分子结构上看，低聚物主要是含有 C=C 不饱和双键的低分子量物质，在光引发剂的引发下能发生聚合反应，主要是一些不饱和的树脂，如环氧丙烯酸酯、不饱和聚酯、聚氨酯丙烯酸酯、聚酯丙烯酸酯等。

（2）活性稀释剂　　活性稀释剂又称为单体（monomer）或者功能性单体，是一种含有可聚合官能团的有机小分子。与传统的惰性有机溶剂相对应，辐射固化体系中使用的稀释剂通常都能参与固化成膜过程，因此在施工过程中极少挥发到空气中，也就是挥发性有机物含量（VOC）很低。这赋予了辐射固化体系的环保特性。在紫外光固化涂料体系中，活性稀释剂不但可以溶解和稀释低聚物，从而达到调节体系黏度的目的，还可以参与光聚合过程，影响到光固化涂料的光固化速度和物理化学性能等。另外，活性稀释剂在光固化涂料体系中的含量一般是最高的，因此在光固化涂料中起着至关重要的作用。

目前已经开发出了三代活性稀释剂。第一代活性稀释剂主要是丙烯酸酯类单体，但是对皮肤刺激性较大，阻燃性也较差。其中较常见的单官能团丙烯酸酯类单体虽然体积收缩小，但是光固化速度慢；而多官能团丙烯酸酯类单体虽然光固化速度快，但是体积收缩大，稀释性能也较差。为了改进第一代活性稀释剂的不足，以烷氧基化的丙烯酸酯类单体为代表的第二代活性稀释剂应运而生，较为常见的是乙氧基化和丙氧基化的丙烯酸酯类单体。由于引入了乙氧基或丙氧基后，分子量增加使其挥发性减小，从而改进第一代对皮肤刺激性较大的缺点，并且其光固化速度也很快。而新开发的第三代活性稀释剂是含有甲氧端基的丙烯酸酯类单体，不仅具有单官能团丙烯酸酯类单体的低体积收缩和高转化率，还具有高的反应活性。

目前市场上的第三代活性稀释剂主要有美国沙多玛公司生产的甲氧基聚乙二醇（350）单甲基丙烯酸酯（CD550）、甲氧基聚乙二醇（350）单丙烯酸酯（CD551）、甲氧基聚乙二醇（500）单甲基丙烯酸酯（CD552）和甲氧基聚乙二醇（500）单丙烯酸酯（CD553）等，德国科宁公司生产的甲氧基三丙二醇单丙烯酸酯（8061）、甲氧基丙氧基新戊二醇单丙烯酸酯（8127）和甲氧基乙氧基三轻甲基丙烷二丙烯酸酯（8149）等。

（3）光引发剂　　光引发剂（photoinitiator，PI），又称为光敏剂，是紫外光固化涂料中很重要的一个组成部分，它的性能一定程度上决定了整个紫外光固化涂料体系的优劣，主要影响到光固化的速度以及光固化的程度。光引发剂在受到紫外光辐照后，会产生自由基或者活性阳离子，进而引发光固化涂料体系中低聚物和活性稀释剂的不饱和键进行聚合反应，形成交联固化膜。二者引发聚合的反应机理不同，据此将光引发剂分为自由基型光引发剂和阳离子型光引发剂。

① 自由基型光引发剂　自由基型光引发剂是目前应用最广泛的一类光引发剂，一般分为两类：裂解型光引发剂和夺氢型光引发剂。常见的裂解型光引发剂主要有安息香醚类、苯乙酮类、苯偶姻类等，这一类型的光引发剂在空气中容易受到 O_2 的阻聚作用，从而影响到光固化的速度和光固化的程度。而夺氢型光引发剂是利用叔胺类光敏剂构成引发剂/光敏剂复合引发体系，可抑制 O_2 的阻聚作用，从而提高光固化的速度。

② 阳离子型光引发剂　该类与自由基型光引发剂最大的不同点是光引发开环聚合反应，该反应使得很多本来不会发生聚合反应的单体发生光聚合反应，比如环氧基类等，而且具有不受 O_2 的干扰、深层收缩小等优点。常见的主要有芳香重氮盐类、芳茂铁盐类、芳香锍盐和碘锍盐等。芳香重氮盐类是研究和应用最早的一类阳离子型光引发剂，一般将其用作环氧化合物的光引发剂。

（4）助剂　助剂在紫外光固化涂料中所占的比例虽然很小，但是起到的作用是很显著的。根据助剂的功能来分类，一般可以将助剂分为消泡剂、流平剂、分散剂、消光剂、防沉剂和稳定剂等。国外已有不用光引发剂的 UV 自固树脂进入市场，正在塑料、金属、木制品、纸张、汽车部件、木地板、包装和家具等行业推广应用。由于其成本低，在食品包装、户外用 UV 涂料和 UV 粉末涂料方面的应用前景广阔。助剂的发展则取决于光固化涂料的发展。随着光固化涂料的水性化和粉末化，寻找和开发适合水性光固化涂料和粉末光固化涂料的助剂将成为助剂的发展趋势。

10.2　生漆紫外光固化技术

生漆的紫外光固化技术是一种节能环保、快速的固化技术。然而，在自由基引发聚合的光聚合反应中，氧阻聚反应仍是该领域的一个挑战，尤其是在膜表面上的反应。2006 年，林金火课题组首次采用紫外光固化技术成功得到天然生漆光固化膜；2007 年 Taguchi 等采用相对低功率的高压汞灯作为光源，在天然生漆中掺入带环氧基等可光聚合的功能性基团，并加入一种阳离子光引发剂，得到外部褶皱、内部不干的漆膜。研究表明相对高的辐射能量能够降低氧阻聚作用。辐照能量的增加不仅可以加快聚合反应速率，而且可以提高双键的转化率，即提高固化程度。这种效应可以解释为高辐射导致样品的高表面温度，高压汞灯产生的高温及样品表面的高温缩短了聚合反应时间，从而产生较高的转化率。

10.2.1　生漆光聚合过程分析

（1）聚合前后铅笔硬度测试　天然生漆的自然干燥是一个经漆酶催化、不断吸氧的缓慢氧化聚合过程，并受特定的温、湿度限制。当涂布在洁净玻璃片上的天然生漆

（漆厚约 $50\mu m$）置于室温环境下（温度 $20\sim26℃$、相对湿度 $55\%\sim60\%$）$48h$ 后，其铅笔硬度为 2B；15 天后，其硬度为 4H。采用高压汞灯作为引发生漆酚聚合的光源，辐照几秒钟后，漆膜变为棕色并不溶于二甲苯，天然生漆的光聚合反应可以用铅笔硬度初步测量。辐照 1min 后，其硬度为 B；辐照 2min 后，其硬度达 4 H，说明紫外光辐照能大大加快天然生漆的聚合反应。

（2）光聚合过程红外光谱图分析　天然生漆的光聚合也可以通过分析证明，辐照不同时间天然生漆膜的红外光谱图如图 10-1 所示。$3200\sim3500cm^{-1}$ 处的宽吸收是羟基的伸缩振动吸收峰，随着辐照时间的延长，其吸收强度逐渐减弱，这是苯环上羟基数目减少引起的；在紫外光辐照过程中，侧链上孤立双键的特征吸收峰 $3012cm^{-1}$ 逐渐减弱并消失，说明在生漆漆酚侧链上发生了交联反应。A 中的 $1621cm^{-1}$、$1595cm^{-1}$ 蟹脚状峰在红外光谱图 D 中发生了明显的变化，说明生漆漆酚生成了二聚体或多聚体，使苯环骨架振动 $\nu_{-C=C-}$ 发生变化。红外光谱图 A、B、C、D 中 $1644cm^{-1}$ 处漆酚醌的吸收峰在红外光谱图 E、F、G 中移至 $1710cm^{-1}$ 处并变宽，说明生成了更多的漆酚醌且天然生漆能在辐照 2min 后完全固化。在光固化过程中，$1100\sim1360cm^{-1}$ 处的一组峰发生了重大的变化；$1354cm^{-1}$ 处羟基的面内变形振动吸收峰 β_{O-H} 迅速消失，1280 及 $1189cm^{-1}$ 处的 γ_{O-H} 吸收峰逐渐减弱以至消失，这是因为生成了漆酚二聚体和漆酚多聚体。随着曝光时间的延长，$1087cm^{-1}$ 处 C—O 伸缩振动吸收峰快速减少，且在 $1205cm^{-1}$ 处芳香醚吸收峰变强变宽，说明在光固化过程中生成了更多的芳香醚键。在光固化过程中 $600\sim1000cm^{-1}$ 处的一组峰也发生了明显的变化，共轭双键—C=C—C=C—的吸收峰在 $982cm^{-1}$、$945cm^{-1}$ 处明显减弱；红外

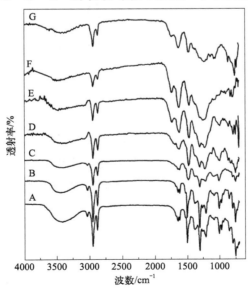

图 10-1　辐照不同时间的天然生漆光固化膜的红外光谱图
（A：0s；B：30s；C：60s；D：90s；E：120s；F：150s；G：180s）

光谱图 D 和 E 中在 970cm⁻¹ 处出现反式烯烃的吸收峰，随后在红外光谱图 F 和 G 中消失，920cm⁻¹ 处末端双键特征吸收的消失，证明生漆漆酚末端双键发生了聚合反应；所有这些变化均说明生漆漆酚侧链发生交联成为高聚物。730cm⁻¹ 处吸收峰的减弱及 840cm⁻¹ 处吸收峰的增强，说明苯环的三取代发生改变并生成更多的取代基。红外光谱图证明紫光外固化技术是一种有效加快天然生漆固化的方法，且在紫外光固化过程中生成了漆酚醌、芳香醚，生漆漆酚侧链发生了交联聚合，苯环上的取代基基团数目增加。

（3）光聚合过程核磁共振波谱图分析　生漆漆酚的光聚合反应可以通过 ¹H-NMR 得到进一步证实。由于漆酚聚合物是不溶不熔的高聚物，不溶于任何有机溶剂或水，因此部分固化的漆酚膜用于 NMR 测试，即便是这样，也只有少部分低聚物溶解在 CDCl₃ 中。辐照不同时间的生漆漆酚样品的 NMR 谱图见图 10-2。A 中 5.6～6.4ppm 处的三个峰是—CH＝CH—CH＝CH—的质子位移峰，在 B 和 C 中变弱，且随着光辐照时间的延长逐渐变弱，说明漆酚的光引发聚合主要发生在漆酚的长侧碳链上。

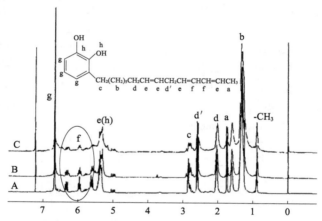

图 10-2　辐照不同时间的漆酚膜的核磁共振谱图
（A：0s；B：30s；C：50s）

（4）凝胶率测定光固化　由于漆酚结构上有三种反应性基团（两个酚轻基、苯环上的氢和侧链上的双键），为测定各反应性基团在光引发聚合中的作用，用醋酸酐将酚羟基封端，并制备了不同氢化程度的氢化漆酚。在多种有关涂料的测试手段中，凝胶率是一种有效的方法，特别是对那些不溶于任何有机溶剂或水的高聚物。表 10-2 列出了不同样品经光辐照不同时间的凝胶率。从表中可以看出，漆酚在辐照后，已固化完全，但在 50s 前有一个较长的诱导期。这可能是因为发生歧化反应生成漆酚醌，从而消耗引发漆酚聚合反应的主要活性种——漆酚半醌自由基。同时分别氢化 1h 和 2h 的样品 HU1 及 HU2 也有较高的凝胶率，并随着氢化程度的增加，凝胶率值逐渐下降。当氢化时间达 3h 后，侧链上的碳碳双键已大部分被氢化。众所周知，碳碳双键是光聚合反应的基础，和预期的一样，当氢化时间达 3h 及以上时，其凝胶率大幅下降。与腰果酚（CNSL）的凝胶率相比，氢化 4h 的样品 HU4 在辐照 90s 后也具有相近的凝胶率，达 43.6%，这可能是由自由基取代所引起的聚合反应。而当酚羟基被乙酰化后，样品 UA 的凝胶率在辐照 90s 后只有 39.6%，这可能是长侧不饱和碳链间的光环化反应引起的。除样品 HUA 之外，其他样品均可以在 2min 之内完全固化。

表 10-2　反应性基团经光辐照不同时间的凝胶率

光照时间/s	凝胶率/%								
	漆酚	HU1	HU2	HU3	HU4	HU20	UA	HUA	CNSL
30	0	0	0	0	0	0	0	0	0
50	26.3	17.5	10.9	0	0	0	0	6.1	6.1
60	100	98.4	88.1	36.7	34.1	28.5	26.7	3.2	15.3
90	100	100	98.1	46.6	43.6	35.5	39.6	8.8	43.9
120	100	100	100	100	100	100	100	15.8	100

10.2.2　生漆各组分对光聚合行为的影响

天然生漆是由漆酚、糖蛋白、多糖或树胶质、漆酶及其他少量成分组成的混合物。将其各成分进行分离并分别进行光辐照，可以检测各成分对其光引发聚合的影响，如表 10-3 所示。可以看出，漆酚可以在 2min 之内成膜；含漆酚的样品如漆酚糖蛋白、漆酚多糖、漆酚＋漆酶及生漆，均能成膜；其他成分，如单一的糖蛋白、多糖、漆酶或其两者及三者之间的混合物均在辐照后碳化或变焦。进一步研究各组分的光辐照发现，只有含有漆酚的样品才能固化形完整的膜，而不含漆酚的样品经光照后将碳化或变焦。显然，在光引发天然生漆聚合反应中，漆酚仍是其主要成膜物质。

表 10-3　天然生漆乳液中各成分对光固化行为的影响

光照时间/s	样品状态					
	中国漆蜡	漆酚	漆酚＋多糖	漆酚＋糖蛋白	漆酚＋漆酶	糖蛋白/漆酶
30	未干	未干	未干	未干	未干	变焦
60	棕色膜	棕色膜	棕色膜	棕色膜	棕色膜	棕色膜
120	黑色膜	黑色膜	黑色膜	黑色膜	黑色膜	变焦

10.2.3　生漆光聚合过程的分析及机理推测

（1）紫外可见光谱分析　生漆漆酚是带有长不饱和侧碳链的邻苯二酚衍生物，容易产生 n-π* 和 π-π* 的电子跃迁，而在紫外可见光谱中形成吸收带。图 10-3 为辐照不同时间生漆漆酚光固化膜的紫外可见光谱图。从漆酚的紫外可见光谱中可以看出，生漆漆酚在 237nm、280nm 处有紫外吸收，分别是漆酚长侧碳链上烯烃和苯环 π-π^* 电子跃迁的吸收峰（B 带吸收）。而随着辐照时间的延长，238nm 处吸收向短波方向移动、变弱，证明在紫外光辐照下，生漆漆酚长侧碳链的不饱和双键参加了交联聚合反应，使侧碳链不饱和度下降。生漆漆酚在 280nm 处吸收带变弱，这是由于苯环取代基基团数量变大，导致了芳环电子流动性增加。

（2）电子顺磁共振　当可聚合单体置于紫外光下辐照，单体可能发生化学键断裂，生成可引发聚合反应的活性种，如自由基活性种，从而进一步引发单体聚合。电子顺磁共振（electron paramagnetic resonance，ESR）可用于检测自由基的存在。图 10-4 显示了生漆漆酚光照 90s 后的电子顺磁共振波谱图（ESR 谱图）。图中出现的特征自由基信号（G＝2.0013），可能是苯氧类自由基，即漆酚半醌自由基，这与红外光谱因漆酚半醌自由基发生歧化反应而生成漆酚醌相吻合。

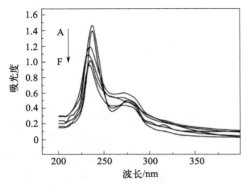

图 10-3　生漆漆酚膜的紫外可见光谱图
（A：0s；B：30s；C：60s；D：90s；
E：120s；F：150s）

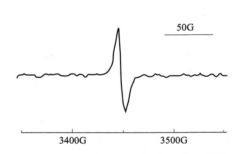

图 10-4　生漆漆酚光固化膜的 ESR 谱图
G：180s

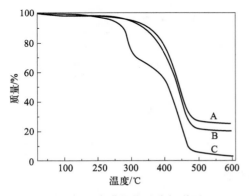

图 10-5　涂膜的热重分析谱图
（A：辐照 120s 的天然生漆膜；B：辐照 90s 的天然生漆膜；C：在室温、相对湿度约为 60% 的条件下固化天的天然生漆膜）

（3）热性能分析　天然生漆膜具有优异的耐热性能，当带火星的火柴梗放置在涂有生漆膜的漆具上时，其漆膜不被破坏。为测试光固化天然生漆膜的耐热性能，用 TGA 测试其热分解过程。生漆膜在紫外光下辐照 120s、90s 及在室温、环境相对湿度约为 60% 的条件下干燥 15 天的热重分析结果见图 10-5。在 300℃ 之前，光固化天然生漆膜不断失重，失重率为 3.5%，这是残留漆酚低聚物蒸发的结果。自然干燥天然生漆膜在 278℃ 之前失重率为 6.5%，其失重过程主要包括两个阶段。第一次失重在 278～304℃，失重率为 21.3%，这是由未完全交联的漆酚低聚物及天然生漆中其他成分的分解引起的，天然生漆中的糖蛋白及多糖在生漆膜中通过氢键作用结合在一起，是一种相对共价键较弱的作用，因此在热作用下更易于分解；第二次失重在 409.0～471.7℃，失重率约为 49.8%，这是由高聚物的分解引起的。然而，在光固化天然生漆膜中只有一个热失重过程，说明生漆漆酚已完全交联，而且天然生漆中的糖蛋白、多糖及其他物质在紫外光辐照下与漆酚发生了共价键作用。此外，在 500℃热分解趋于完全时，辐照 120s 和 90s 后的光固化天然生漆膜及自然干燥的天然生漆膜的残留率分别为 27.6%、22.4%、5.8%，说明光固化天然生漆膜具有比自然干燥天然生漆膜具有更优异的耐热性能。这可能是光固化天然生漆膜和自然干燥天然生漆膜的化学结构单元及大分子链凝聚态存在一定的差异造成的。紫外光固化涂料具有更长的齐聚体链段，因而具有更高的耐热性能。

（4）光引发天然生漆聚合机理分析　生漆乳液中各成分的影响及生漆漆酚各反应性基团的作用研究表明，漆酚是天然生漆光固化膜形成的主要成膜物质，漆酚的三个反应性基团，即酚羟基、苯环上的氢、长侧碳链上的碳碳双键，在光引发聚合中均参与反应。当采用醋酸酐将酚羟基封端后，其光引发聚合速率大大降低，氢化漆酚的光引发聚合速率随氢含量的增加，或长侧链上碳碳双键含量的减少而明显降低，说明漆酚光聚合反应主要发生在侧链不饱和键上；趋于完全氢化的氢化漆酚经光照一段时间后亦能固化，红外和紫外光谱均检测到苯环多取代物的出现，说明在光辐照过程中发生了自由基与苯环的取代反应。ESR 中检测出光固化膜中有强的漆酚半醌自由基，红外光谱证明光聚合生成了较多的芳香醚键，说明漆酚半醌自由基是引发生漆漆酚聚合的主要活性种。以上说明，在紫外光辐照下，生漆漆酚的羟基断裂成漆酚半醌自由基，然后进攻苯环上的侧链，引发自由基聚合；或进攻苯环，发生自由基取代，这些反应反复进行，最终生成高聚物。当侧链上的碳碳双键被逐渐氢化时，由自由基取代引发的聚合反应逐渐变为主要方面，这正是随着氢化时间的延长，光引发聚合速率逐渐下降的原因。同时在强的紫外光辐照下，侧链可能发生光环化反应，因此整个光引发天然生漆聚合反应可简单用图 10-6 表示，该示意图仅仅表示光聚合反应的链引发阶段，实际的光聚合反应比这复杂得多。

10.2.4　天然生漆光固化膜性能

将天然生漆乳液涂布在马口铁片上，考察其力学性能，光固化天然生漆膜和自然干燥的天然生漆膜的力学性能分别见表 10-4 和表 10-5。由表可知，采用紫外光辐照天然生漆可大大缩短固化时间，在 45s 时已达到 5H，而自然干燥的天然生漆膜在 31天后，其硬度才达到 5H。自干天然生漆膜 15 天后附着力为 2 级，31 天后为 3 级；而采用紫外光辐照固化天然生漆的固化膜附着力均为 1 级，其抗冲击性能也大大提高。综上可知，采用紫外光辐照固化天然生漆，不仅改善了生漆膜的力学性能，缩短了涂膜干燥时间，还大大提高了固化膜对金属的附着力及抗冲击强度。在紫外光引发聚合下，生漆漆酚趋于完全聚合，交联密度有所增大，从而导致其光固化膜性能上的变化，但天然生漆光固化膜的光泽度有所下降。

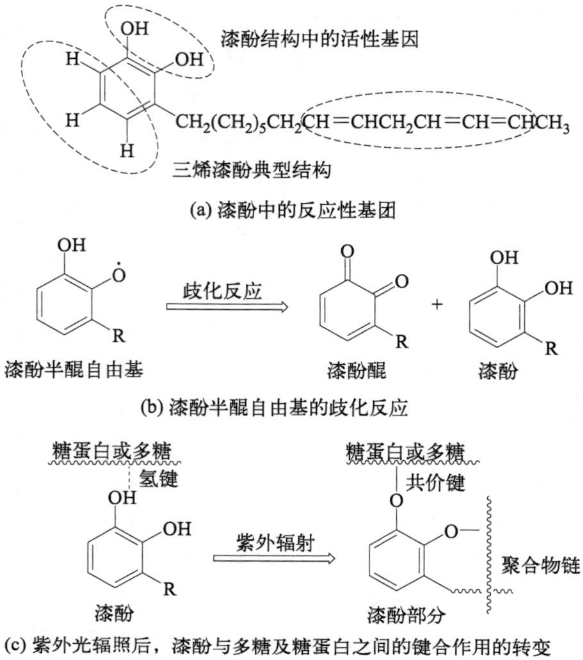

漆酚结构中的活性基因
三烯漆酚典型结构
(a) 漆酚中的反应性基团
歧化反应
漆酚半醌自由基
漆酚醌
漆酚
(b) 漆酚半醌自由基的歧化反应
糖蛋白或多糖
氢键
共价键
紫外辐射
聚合物链
漆酚
漆酚部分
(c) 紫外光辐照后，漆酚与多糖及糖蛋白之间的键合作用的转变

图 10-6　光引发天然生漆聚合反应

表 10-4　天然生漆光固化膜的力学性能

辐照时间/s	涂膜性能				
	光泽度/%	柔韧性/mm	附着力/级	硬度(铅笔法)	耐冲击性/(kg/cm)
30	14.1	0.5	1	3H	50
45	36.3	0.5	1	5H	50

表 10-5　自然干燥天然生漆膜的力学性能

固化时间/d	涂膜性能				
	光泽度/%	柔韧性/mm	附着力/级	硬度(铅笔法)	耐冲击性/(kg/cm)
15	71.4	0.5	2	4H	12
31	71.1	0.5	3	5H	5

生漆漆酚完全固化后形成不熔不溶的网状高聚物，其固化膜不溶于任何有机溶剂或水中。因此，固化膜的抗溶剂性能可以在一定程度上体现膜的固化程度。表 10-6 列出了涂布在玻璃片上的天然生漆光固化膜及在室温环境、相对湿度为 60%左右放置 15 天后自干生漆膜的溶解性情况。由表可知，光辐照 90s 后仍可部分溶于无水乙醇和丙酮中，而辐照 120s 后基本不溶，说明紫外光辐照 120s 所得的天然生漆膜已趋于固化完全。另外，天然生漆膜固化 15 天后尚未完全交联，因此小分子的低聚物仍

会在溶剂中溶解洗脱；而采用紫外光辐照固化天然生漆膜的抗溶剂性能有所提高。这说明天然生漆光固化膜网络交联程度增加，或在紫外光辐照下，生漆漆酚膜聚合网络结构趋于完善，因此采用紫外光引发天然生漆聚合能提高涂膜的抗溶剂性能。

表 10-6　涂膜的抗溶剂性能　　　　　　　　　　　　　　单位：%

溶剂	紫外光辐照		自然干燥
	90s	120s	15d
乙酸丁酯	6.79	4.65	2.14
二甲苯	0	0	2.82
甲苯	0	0	6.83
丙酮	5.21	1.55	4.55
石油醚	0	0	8.02
无水乙醇	7.86	0	2.24

表 10-7　天然生漆光固化膜耐化学介质性能

辐照时间/s	耐化学介质性能					
	自来水	10%H_2SO_4	30%H_2SO_4	10%NaOH	30%NaOH	10%NaCl
30	+	+	+	−	+	+
45	+	+	+	−	+	+
60	+	+	+	+	+	+

注 "＋"，表示涂膜未出现起皱、变色或龟裂，"－"表示涂膜出现起皱、变色或龟裂。

光固化天然生漆膜的耐化学介质性能列于表 10-7。可以看出，光固化天然生漆膜的耐酸、碱、盐性能均很好。在紫外光辐照下，一方面，天然生漆光固化膜网络交联程度增加，生漆漆酚膜聚合网络结构趋于完善；另一方面，生漆中的糖蛋白、多糖等物质由原来的氢键作用转化为共价键作用，形成致密结构。因而提高了天然生漆光固化膜的耐化学介质性能。

10.3　改性漆酚紫外光固化涂料性能

10.3.1　漆酚衍生物的制备

（1）漆酚的提纯　取一定量的生漆，用纱布过滤除去生漆中的机械杂质，再加入一定量的无水乙醇，静置、过滤、洗涤，反复 3 次，合并滤液，在 60℃真空浓缩，浓缩物为粗漆酚提取物，再用石油醚反复萃取粗漆酚提取物 3 次，合并萃取液，60℃真空浓缩，即可得到纯度在 95% 以上的漆酚。

（2）漆酚丙烯酸酯树脂单体（UA）的制备　在装有磁力搅拌器、恒压滴液漏斗、温度计和冷凝回流装置的 250mL 四口烧瓶中加入 16g 漆酚和 50mL 二氯甲烷，并将烧瓶置于冰水浴中，然后通过恒压滴液漏斗向四口烧瓶中同时逐滴滴加 9.05g 丙烯酰氯和 10.1g 三乙胺（TEA），时间控制为 30min，待滴加完毕后，0℃ 恒温搅拌反应 3h。待反应结束后，将粗产品通过硅藻土减压抽滤得到滤液，然后向滤液中加入适量的乙醚，多次洗涤并减压蒸馏，最后得到酒红色液体即为漆酚丙烯酸酯树脂单体（UA）。UA 的合成路线如图 10-7 所示。

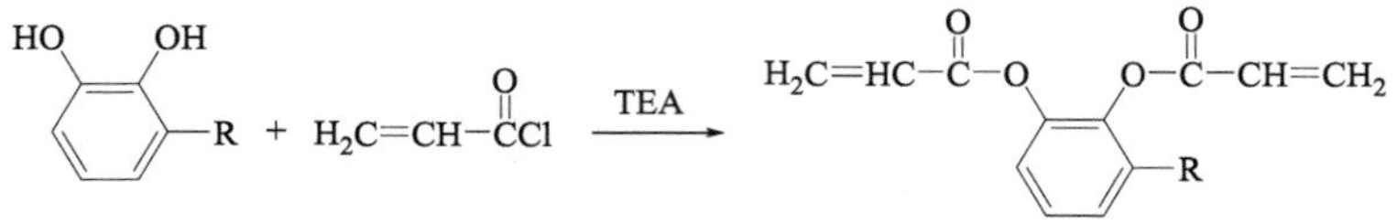

图 10-7　漆酚丙烯酸酯的合成

（3）漆酚丙烯基醚（UAE）的制备　首先，准确称取 16g 漆酚于装有搅拌器、冷凝回流装置和温度计的三口烧瓶中，然后加热至 80℃，向烧瓶中加入 57g 烯丙基缩水甘油醚、0.24g 苄基三乙基氯化铵（TEBA）和 0.08g 对苯二酚，恒温搅拌反应 4.5h。待反应结束后，通过水洗、减压蒸馏除去多余的烯丙基缩水甘油醚得到棕色的液体即为漆酚丙烯基醚（UAE）。UAE 的合成路线如图 10-8 所示。

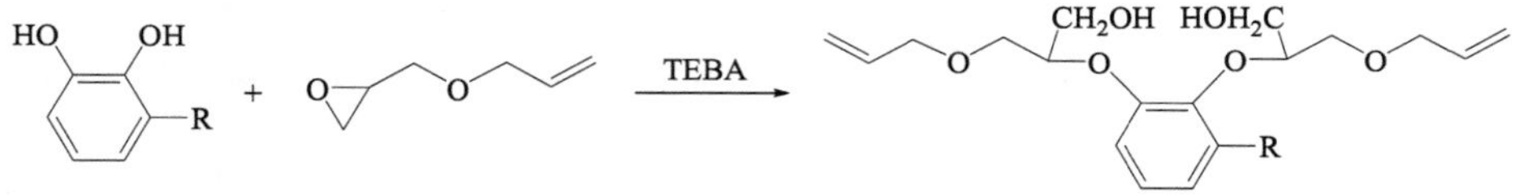

图 10-8　漆酚丙烯基醚的合成路线

10.3.2　结构表征

（1）红外光谱（FTIR-ATR）分析　采用 Nicolet IS10 型仪，衰减全反射方法对 UA 和 UAE 进行红外光谱分析。由图 10-9 可知，在漆酚（U）在 3461cm^{-1} 和 1355cm^{-1} 处分别出现了羟基的伸缩振动峰和弯曲振动峰；1654cm^{-1} 处出现了碳碳双键的特征吸收峰，而 1621cm^{-1} 和 1595cm^{-1} 处为共轭双键的特征峰，这些特征峰清楚地将漆酚的结构展现了出来。在漆酚丙烯酸酯（UA）的红外光谱图上，3461cm^{-1} 和 1355cm^{-1} 处羟基的特征峰消失，同时在 1756cm^{-1} 出现了羰基的强吸收峰，由此可证明酚羟基与酰氯发生了酯化反应；另外，共轭双键的特征峰由 1621cm^{-1} 和 1595cm^{-1} 迁移到了 1633cm^{-1} 和 1588cm^{-1} 处，同时在 1145cm^{-1} 和 1067cm^{-1} 处出现了 C—O—C 的特征吸收峰，进一步证明酚羟基与酰氯成功反应生成目标产物 UA。在漆酚丙烯基醚（UAE）的红外光谱图上，羟基的吸收峰由 3461cm^{-1} 迁移到 3375cm^{-1} 处，由此可说明酚羟基与环氧基环氧开环生成新的羟基，同时在 1217cm^{-1} 和 —1086cm^{-1} 处出现了 C—O—C 的特征吸收峰，另外在 3081cm^{-1} 和 1648cm^{-1} 处出现了末端双键的特征峰，由此证明漆酚与烯丙基缩水甘油醚成功反应，生成目标产物 UAE。

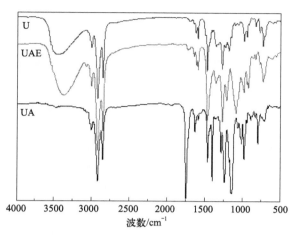

图 10-9　UA 和 UAE 单体的红外光谱图

（2）核磁氢谱（^{1}H-NMR）分析　样品用 CDCl$_3$ 进行溶解，采用 ARX300 光谱仪对 UA 和 UAE 进行分析。在 UA 的 ^{1}H-NMR 谱图上，UA 上临近周边无特殊官能团的—CH$_2$—（位置 15、16、17 处）基团只有碳碳键相连，故氢原子的化学位移基本相同，没有发生迁移；临近苯环的—CH$_2$—（位置 12 处）和临近碳碳双键的—CH$_2$—（位置 11、13 处）上的氢原子因和苯环或者碳碳双键相连，故氢原子的化学位移向高电势发生了迁移；临近碳碳双键的—CH$_3$（位置 14 处）上的氢原子因和碳碳双键相连，故氢原子的化学位移向高电势发生了迁移；化学位移 1、2、3 处为苯环上氢原子的位移峰；化学位移 6、8、9、10 处为漆酚侧链上碳碳双键上氢原子的位移峰；而化学位移 4、5、7 处为丙烯酸上碳碳双键氢原子的位移峰，且酚羟基上氢原子的位移峰（δ 为 5ppm）并没有出现，由此可证明丙烯酰氯与漆酚成功发生酯化反应。

在 UAE 的 ^{1}H-NMR 谱图上，临近氧原子的—CH$_2$—（位置 15、16 处）上的氢原子因和氧原子相连，故氢原子的化学位移向高电势发生了迁移；临近氧原子和碳碳双键的—CH$_2$—（位置 14 处）上的氢原子因和氧原子、碳碳双键相连，故氢原子的化学位移向高电势发生了迁移；临近氧原子的—CH—（位置 13 处）上的氢原子因和氧原子相连，故氢原子的化学位移向高电势发生了迁移；而化学位移 6、11、12 处为烯丙基缩水甘油醚上末端碳碳双键上氢原子的位移峰，且酚羟基上氢原子的位移峰（δ 为 5ppm）并没有出现，但 δ 为 2ppm 处出现了羟基的位移峰，由此可证明烯丙基缩水甘油醚与漆酚成功发生酯化反应，结合红外光谱图，可知目标产物成功合成。

10.3.3　漆酚衍生物的 UV 固化涂料性能分析

（1）漆酚衍生物的固化　将 UA 和 UAE 按照质量比 10∶0、7∶3、5∶5、3∶7、0∶10 混合，并向混合样品中加入占样品总质量 3% 的光引发剂 2-羟基-2-对甲基苯丙酮，均匀混合。然后取少量样品置于马口铁片上，用 50μmol/L 涂布器均匀涂布，室温下，将涂有样品的马口铁片置于波长为 365nm、功率为 2kW、光强度为 101mW/cm² 的紫外光固化机固化。其中 UA7/UAE3 表示 UA 的质量分数为 70％，UAE 的质量分数为 30％。

（2）力学性能分析　分别按国标 GB/T 6739—2022、GB/T 6742—2007、GB/T 1732—2020、GB/T 1720—2020 对漆膜的硬度、弯曲性、抗冲击性、附着力进行测试。

表 10-8 所示为不同配比固化膜的力学性能，UAE 固化膜的硬度可达 2H，而 UA 固化膜的硬度仅为 HB，这是因为固化膜的硬度与低聚物结构（双键位置、空间位阻等）和交联密度相关，UAE 属于烯丙基类低聚物，而 UA 属于丙烯酰氧基类低聚物，烯丙基类光固化聚合反应速率要比烯酰氧基类低，所以 UAE 要比 UA 需要更长的固化时间，这使得原漆酚中不饱和侧链最大程度地参与固化，即 UAE 分子之间发生交联固化，而不仅仅是烯丙基的直链聚合；而 UA 中的丙烯酰氧基固化速率相对较快，使得原漆酚不饱和侧链没有或者仅有部分参与固化，大部分未来得及参与交联固化，更多的是丙烯酰氧基之间的直链固化，导致 UA 分子之间交联度小，硬度不及 UAE 固化膜硬度；当 UAE 质量分数为 70％时，固化膜硬度为 H。UA 的附着力为 2 级，随着 UAE 含量的增加，固化膜附着力增加到 1 级，继续增加 UAE 含量，固化膜附着力不变，这是因为 UAE 分子中含有羟基，使其对金属附着力好，且不同配比固化膜都拥有很好的弯曲性和抗冲击性。

表 10-8　不同配比固化膜的力学性能数据

样品	硬度	弯曲性/mm	耐冲击性/(kg/cm)	附着力/级
UA	HB	2	50	2
UA7/UAE3	HB	2	50	1
UA5/UAE5	HB	2	50	1
UA3/UAE7	H	2	50	1
UAE	2H	2	50	1

（3）扫描电镜分析　采用 3400I 型扫描电子显微镜对样品进行测试，样品经浸泡刻蚀处理和表面喷金后进行测试，加速电压为 20kV。不同配比固化膜表面的 SEM 图谱如图 10-10 所示，由图可知所有固化膜都有光滑的表面，但 UA5/UAE5 固化膜有明显的褶皱，这是由于低聚物 UA 和 UAE 的结构不一样，在固化过程中由于低聚物所含不饱和结构的区别导致固化速率不一样进而导致固化膜起褶皱。UA 中的丙烯酰氧基比 UAE 中的丙烯基固化速率快，当样品中 UAE 质量分数为 30％时，UAE 分子分散在 UA 分子之间，整个固化过程中 UA 分子起主导作用，这种差别相对较小，固化膜表面仍然光滑无褶皱；当样品中 UAE 质量分数占到 50％时，这种差别被放大，出现了很多褶皱；但当样品中 UAE 质量分数占到 70％时，UA 分子分散在 UAE 分子之间，整个固化过程中 UAE 分子起主导作用，这种差别有所缓和，固化膜表面仅出现微小的褶皱。

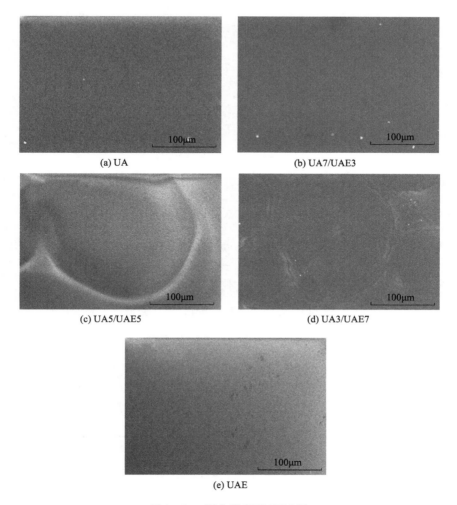

(a) UA

(b) UA7/UAE3

(c) UA5/UAE5

(d) UA3/UAE7

(e) UAE

图 10-10　固化膜表面 SEM 图

（4）**热重分析**　采用 409PC 热重分析仪测试样品热稳定性能，具体测定条件为：氮气流速为 30mL/min，升温速度为 15℃/min，测试温度范围为 25～800℃。图 10-11 为不同配比固化膜的热重分析曲线。质量损失 5% 分解温度（$T_{5\%}$）、初始分解温度（T_i）、最大质量损失温度（T_{max}）和 800℃残炭率见表 10-9。所有不同配比的固化膜在氮气气氛中的热分解都存在一个质量损失区间，且初始分解温度均高于349℃。随着温度的不断升高，5 种固化膜均在 400～500℃之间均出现了一个特别明显的失重过程，主要因为随着温度的升高，材料内部的碳碳键、醚键、酯键等逐渐断裂，随着温度的进一步升高，材料内部发生迅速的热分解反应，使得大分子链段基本全部断裂，造成特别明显的失重过程。

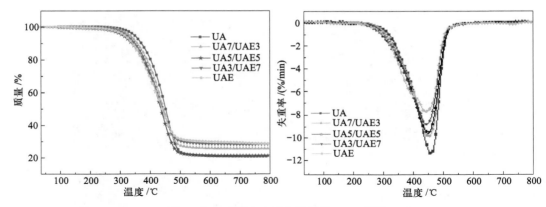

图 10-11　不同配比固化材料的 TGA 曲线

此外，从表 10-9 可以看出，所有的数据并非呈现一个好的上升趋势，其原因是复杂的。对于不同的聚合物，混合单体的分子结构、固化度及交联度都会影响聚合物的热稳定性。因此，聚合物的热稳定性呈不规则性改变。

表 10-9　不同配比固化材料的 TGA 数据

样品	$T_{5\%}/℃$	$T_i/℃$	$T_{max}/℃$	残炭率/%
UA	347.5	386.7	455.8	20.86
UA7/UAE3	340.9	376.3	449.3	25.74
UA5/UAE5	317.9	368.5	447.3	21.34
UA3/UAE7	331.1	367.9	439.8	28.34
UAE	332.0	349.6	439.3	28.76

参考文献

[1]　魏杰，金养智. 光固化涂料[M]. 北京：化学工业出版社，2005：4-5.

[2]　张强宇，肖新颜. 国内紫外光固化涂料的发展及应用[J]. 合成材料老化与应用，2004，33(2)：26-29.

[3]　孟庆飞，华明杨. 紫外光固化涂料的研究进展[J]. 安徽化工，2002，118(4)：17-18.

[4]　陈用烈，曾兆华，杨建文. 辐射固化材料及其应用[M]. 北京：化学工业出版社，2003：47.

[5]　Uhl F M，Webster D C，Davuluri S P，et al. UV curable epoxy acrylate-clay nanocomposites[J]. European Polymer Journal，2006，42(10)：2596-2605.

[6]　Kardar P，Ebrahimi M，Bastani S，et al. Using mixture experimental design to study the effect of multifunctional acrylate monomers on UV cured epoxy acrylate resins[J]. Progress in Organic Coatings，2009，64(1)：74-80.

[7]　高青雨，李小红，刘治国. 不饱和聚酯/环氧树脂嵌段共聚树脂的光固化研究[J]. 高分子学报，2002，2：245-248.

［8］ 刘晓暄，杨建丈，黄劲涛，等. 光固化聚氨酯丙烯酸酯涂层的固化动力学及其稳定化研究［J］. 功能高分子学报，2001，14（4）：387-392.

［9］ 韩仕甸，金养智. 紫外光固化水性聚酯型聚氨酯丙烯酸酯的合成及性能［J］. 北京化工大学学报：自然科学版，2001，28（4）：19-22.

［10］ 石翔，徐冬梅，匡敏，等. 紫外光固化聚氨酯丙烯酸酯树脂的合成及流变行为研究［J］. 高分子材料科学与工程，2003，19（1）：124-127.

［11］ 张洁，张可达. 紫外光固化水性聚酯丙烯酸酯的合成与感光性能［J］. 苏州大学学报：自然科学版，2000，16（2）：66-71.

［12］ Kim D S，Seo W H. Ultraviolet-curing behavior and mechanical properties of a polyester acrylate resin［J］. Journal of Applied Polymer Science，2004，92（6）：3921-3928.

［13］ Miao H，Cheng L L，Shi W F. Fluorinated hyperbranched polyester acrylate used as an additive for UV curing coatings［J］. Progress in Organic Coatings，2009，65（1）：71-76.

第11章
生漆基功能产品国家及行业标准

11.1 生漆基产品质量要求

生漆和亚光生漆的质量指标见表 11-1 和表 11-2。

表 11-1 生漆产品质量指标

项目	等级/级	性能		试验条件及要求	
生漆	1	无印痕干燥时间/h	≤4	涂膜试验	表面平滑、不渗油
		不挥发分含量/%	≥73		
	2	无印痕干燥时间/h	≤3	涂膜试验	表面平滑、不渗油
		不挥发分含量/%	≥68		
	3	无印痕干燥时间/h	≤3	涂膜试验	表面平滑、不渗油
		不挥发分含量/%	≥63		
精制生漆	1	无印痕干燥时间/h	≤8	涂膜试验	表面平滑、不渗油
		不挥发分含量/%	≥95		
	2	无印痕干燥时间/h	≤6	涂膜试验	表面平滑、不渗油
		不挥发分含量/%	≥90		
	3	无印痕干燥时间/h	≤6	涂膜试验	表面平滑、不渗油
		不挥发分含量/%	≥85		
精制漆	1	无印痕干燥时间/h	≤8	涂膜试验	表面平滑、不渗油
		不挥发分含量/%	≥90		
	2	无印痕干燥时间/h	≤6	涂膜试验	表面平滑、不渗油
		不挥发分含量/%	≥85		
	3	无印痕干燥时间/h	≤6	涂膜试验	表面平滑、不渗油
		不挥发分含量/%	≥80		

项目	等级/级	性能		试验条件及要求	
揩光漆	1	无印痕干燥时间/h	≤6	涂膜试验	表面平滑、不渗油
		不挥发分含量/%	≥80		
	2	无印痕干燥时间/h	≤4	涂膜试验	表面平滑、不渗油
		不挥发分含量/%	≥75		
	3	无印痕干燥时间/h	≤4	涂膜试验	表面平滑、不渗油
		不挥发分含量/%	≥70		
砳合漆	1	无印痕干燥时间/h	≤6	涂膜试验	表面平滑、不渗油
		不挥发分含量/%	≥85		
	2	无印痕干燥时间/h	≤4	涂膜试验	表面平滑、不渗油
		不挥发分含量/%	≥80		
	3	无印痕干燥时间/h	≤4	涂膜试验	表面平滑、不渗油
		不挥发分含量/%	≥75		
赛霞漆	1	无印痕干燥时间/h	≤6	涂膜试验	表面平滑、不渗油
		不挥发分含量/%	≥85		
	2	无印痕干燥时间/h	≤4	涂膜试验	表面平滑、不渗油
		不挥发分含量/%	≥80		
	3	无印痕干燥时间/h	≤4	涂膜试验	表面平滑、不渗油
		不挥发分含量/%	≥75		
透明漆	1	无印痕干燥时间/h	≤8	涂膜试验	表面平滑、不渗油
		不挥发分含量/%	≥90		
	2	无印痕干燥时间/h	≤6	涂膜试验	表面平滑、不渗油
		不挥发分含量/%	≥85		
	3	无印痕干燥时间/h	≤6	涂膜试验	表面平滑、不渗油
		不挥发分含量/%	≥80		
黑光漆	1	无印痕干燥时间/h	≤8	涂膜试验	表面平滑、不渗油
		不挥发分含量/%	≥90		
	2	无印痕干燥时间/h	≤6	涂膜试验	表面平滑、不渗油
		不挥发分含量/%	≥85		
	3	无印痕干燥时间/h	≤6	涂膜试验	表面平滑、不渗油
		不挥发分含量/%	≥80		

表 11-2 亚光生漆质量指标

项目	等级/级	性能		试验条件及要求	
亚光精制漆	1	无印痕干燥时间/h	≤6	涂膜试验	表面平滑、不渗油
		不挥发分含量/%	≥90		
		光泽度/%	40~60		
	2	无印痕干燥时间/h	≤4	涂膜试验	表面平滑、不渗油
		不挥发分含量/%	≥80		
		光泽度/%	40~60		
	3	无印痕干燥时间/h	≤4	涂膜试验	表面平滑、不渗油
		不挥发分含量/%	≥70		
		光泽度/%	40~60		

11.2 应用市场产品质量要求

11.2.1 漆酚高档家具漆

本品以生漆为原料研制而成，既完全保持了生漆的原有特性，又改变了生漆的耐碱性差、干燥慢、对施工环境要求苛刻、不能机械化喷涂施工且对人体有过敏反应等缺陷。该产品经食品卫生主管单位鉴定无毒，适用于高档家具、漆器产品的髹涂，是最具我国特色代表性高档家具涂料产品。

【产品性能指标】

项目		性能指标	检验方法
外观		棕红色液体	—
黏度/s		≥30	GB/T 1723
细度/μm		≤60	GB/T 1724
固体含量/%		≥45	GB/T 1725
干燥时间/h	表干时间	≤2	GB/T 1728
	实干时间	≤24	GB/T 1728
硬度		≥0.6	GB/T 1730
柔韧性 Φ/mm		1	GB/T 1731
冲击强度/(kg/cm)		≥50	GB/T 1732
附着力/级		1	GB/T 1720

【包装规格】铁皮桶包装，2kg/桶、5kg/桶、20kg/桶。

【产品应用】

（1）本品适用于木材、金属、水泥表面涂装。

（2）本品应与相应的专用底漆配合使用。

（3）本品开罐后应充分搅拌均匀。

（4）本品用量为 1kg/（8～10）m²。

（5）本品黏度视其施工方法用溶剂进行调整。

（6）本品最佳适用条件是温度 23～25℃、湿度 75%～85%。

【施工要求】

（1）表面准备和处理：

① 对木器家居物品涂装，表面需要用腻子填补缝隙后再用砂纸打磨，提供清洁、干燥、平整的表面。

② 金属表面应首先对表面进行处理——除油、除锈等，务必干净、干燥、清洁。

③ 水泥和混凝土表面应确保表面干燥、平整。

（2）涂装方法：可采取刷涂、喷涂、淋涂、辊涂、浸涂。上一道漆干燥后，才能涂刷下一道漆。每道漆涂刷间隔时间为 24 小时，涂 2～4 道。施工完毕，需放置 2～3 周，待其漆膜充分固化后才能投入使用。

【贮存】

本产品贮存期自出厂之日起为 12 个月，远离热源。

11.2.2　生漆基食品容器内壁专用涂料

食品中许多成分对盛装和接触器具有很强的腐蚀作用，需要在盛装和接触器具表面涂上一层防腐涂料。生漆作为食品容器内壁防腐涂料已有 8000 多年的历史，考古出土的漆筷、漆碗等以及日本居民至今仍使用生漆涂装食具的习惯，充分说明生漆是食品容器优秀、安全的防腐涂料。本产品经权威部门经毒理毒性试验及卫生指标检测，证明安全无毒，能有效延长企业检修周期和减少大修次数，降低生产成本，提升生产效率和品质。

【组成与特性】

本产品成膜物质是生漆，是从漆树上采割下来的汁液，经过常温脱水、活化、氧化、聚合、化合等工艺技术调制而成。它改变了生漆干燥慢、施工不便、含水量过多的缺点。色泽呈红棕色，具有持久附着力、耐腐蚀、防生锈、耐溶剂、耐热等特点。

【产品性能指标】

项目	性能指标	检验方法
外观	棕红色液体	—
黏度/s	≥30	GB/T 1723
细度/μm	≤60	GB/T 1724

项目		性能指标	检验方法
固体含量/%		≥45	GB/T 1725
干燥时间/h	表干时间	≤2	GB/T 1728
	实干时间	≤24	GB/T 1728
硬度		≥0.6	GB/T 1730
柔韧性 Φ/mm		1	GB/T 1731
冲击强度/(kg/cm)		≥50	GB/T 1732
附着力/级		1	GB/T 1720

【产品卫生指标】

项目		指标	检测方法
蒸发残渣/(mg/L)	蒸馏水浸泡液，60℃，2h	≤30	GB 4806.10—2016
	65%乙醇浸泡液，60℃，2h	≤30	
	4%乙酸浸泡液，60℃，2h	≤30	
	正己烷浸泡液，20℃，2h	≤30	
高锰酸钾消耗量/(mg/L)	蒸馏水浸泡液，60℃，2h	≤10	
重金属（以 Pb 计)/(mg/L)	4%乙酸浸泡液，60℃，2h	≤1	
甲醛/(mg/L)	4%乙酸浸泡液，60℃，2h	≤5	
游离酚/(mg/L)	蒸馏水浸泡液，95℃，30min	≤0.1	

【包装规格】铁皮桶包装，2kg/桶、5kg/桶、20kg/桶。

【产品应用】

(1) 适用于金属表面涂装。

(2) 应与相应的专用底漆配合使用。

(3) 开罐后应充分搅拌均匀。

(4) 用量为 1kg/(8～10)m²。

(5) 黏度可用溶剂进行调整。

(6) 最佳适用条件是温度 23～25℃、湿度 75%～85%。

【施工要求】

(1) 表面处理：金属表面应首先进行化学或机械处理，除去油污、锈斑等，务必干净、干燥、清洁。

(2) 涂装方法：可采取刷涂、喷涂、淋涂、辊涂、浸涂。上一道漆干燥后，才能涂刷下一道漆。每道漆涂刷间隔时间为 24 小时，涂 2～4 道。施工完毕，需放置 2～3 周，待其漆膜充分固化后才能投入使用。

【贮存】

本产品贮存期自出厂之日起为 12 个月，远离热源。

11.2.3 生漆基防霉防潮专用涂料

本品以优质生漆为原料，经精制除杂加以化学改性而成，除去了皮肤过敏的缺陷，具有优良的耐腐蚀性和防潮性能，对多种霉菌具有抑制作用，不含高毒性类抑菌剂，附着力强、干燥快、漆膜光洁。可广泛应用于各种恒温恒湿厂房、医院、地下工程、防霉要求高的库房以及通风不良的潮湿易霉场所。

【组成与特性】

本产品的主要成膜物质是生漆，是从漆树上采割下来的汁液经过常温脱水、活化、氧化聚合经化学改性调制而成。产品为米黄色，具有附着持久、耐腐蚀、防霉抑菌、隔水、耐酸、装饰美观等特点。

【产品性能指标】

项目		性能指标	检验方法
外观		米黄色液体	—
黏度/s		≥45	GB/T 1723
细度/μm		≤85	GB/T 1724
固体含量/%		≥45	GB/T 1725
干燥时间/h	表干时间	≤2	GB/T 1728
	实干时间	≤24	GB/T 1728
硬度		≥0.6	GB/T 1730
柔韧性 Φ/mm		1	GB/T 1731
冲击强度/(kg/cm)		≥50	GB/T 1732
附着力/级		1	GB/T 1720

【包装规格】 20kg/桶、10kg/桶、5kg/桶。

【产品应用】

（1）适用于金属表面涂装。

（2）应与相应的专用底漆配合使用。

（3）开罐后应充分搅拌均匀。

（4）用量为 1kg/(8～10)m^2。

（5）黏度视其涂装方法需要用溶剂进行调整。

（6）最佳干燥条件是温度 23～25℃、湿度 75%～85%。

【施工要求】

（1）表面准备和处理：被涂表面首先进行处理，除去油污、锈斑等，务必干净、干燥、清洁、平整。

（2）涂装方法：可采取刷涂、喷涂、淋涂、辊涂、浸涂。漆液黏度是按喷涂方法设计的，上一道漆干燥后，才能涂刷下一道漆。每道漆涂刷间隔时间为 24 小时，涂 2～4 道。施工完毕，需放置 2～3 周，待其漆膜充分固化后才能投入使用。

【贮存】

本产品贮存期自出厂之日起为 12 个月，远离热源。

11.2.4　漆酚钛重防腐涂料

本品是提取天然生漆中的漆酚，用有机钛改性调制而成，在保持生漆涂料优秀性能的前提下，进一步提升了力学、绝缘、耐温、抗强酸强碱、抗盐、抗有机溶剂、抗紫外线等性能，可在金属、水泥、木材、皮革等基材上涂装。

【组成与特性】

本品由天然生漆中提取的漆酚与有机钛改性调制而成。具有在热态环境中耐酸、碱及盐类等液态介质腐蚀；具有优良的耐沸水性能，可在 220℃ 环境中长期使用；耐有机溶剂及各种油类物质，有优良的力学性能和耐候性；施工简单，单组分，对人无过敏反应。

【产品性能指标】

项目		清漆	底漆	面漆
漆膜颜色及外观		棕褐透明	深绿，漆膜平整	铁红或深绿，漆膜平整
固体含量/%		≥35	≥50	≥50
黏度/s		≥25	≥35	≥35
干燥时间/h	表干	≤0.5	≤0.5	≤0.5
	实干	≤4	≤2	≤2
	烘干（硬化150℃）	≤1.5	≤1.5	≤1.5
附着力/级		≤2	≤1	≤1
冲击力度/（kg/cm）		≥40	≥50	≥50
柔韧性/nm		≤1	≤1	≤1
硬度，摆杆		≥0.7	≥0.7	≥0.7
耐热性（250℃，12h）		无起泡，无龟裂	无起泡，无龟裂	无起泡，无龟裂

【腐蚀试验结果】

腐蚀介质	试验温度	试验时间	结果	腐蚀介质	试验温度	试验时间	结果
NaOH	120℃±10℃	2h	漆膜无变化	饱和 NaCl	煮沸	7 天	漆膜无变化
30%NaOH	煮沸	7 天	漆膜无变化	航空煤油	常温	5 年	漆膜无变化
30%NaOH	常温	3 年	漆膜无变化	自来水	常温	5 年	漆膜无变化

腐蚀介质	试验温度	试验时间	结果	腐蚀介质	试验温度	试验时间	结果
30% H_2SO_4	煮沸	24h	漆膜无变化	耐热	200℃	5 年	漆膜无变化
10% HCl	煮沸	2h	漆膜无变化	变压器油	常温	5 年	漆膜无变化

【包装规格】20kg/桶、10kg/桶、5kg/桶。

【产品应用】

（1）适用于石油、化工、化肥行业反应罐、冷凝设备、油管水管及冶金、矿山、污水处理、海水淡化、煤气、舰船、核工程、发电和轻工等企业设备的常温和高温防腐保护。

（2）本品适用于金属表面涂装。

（3）应与相应的专用底漆配合使用。

（4）开罐后应充分搅拌均匀。

（5）用量为 1kg/(8～10)m^2。

（6）黏度视其涂装方法需要用溶剂进行调整。

（7）最佳干燥条件是温度 23～25℃、湿度 75%～85%。也可在 100℃ 3 小时烘干。

【施工方法及其他事项】

（1）须将表面进行处理，使其干燥、清洁、平整。

（2）可采用喷涂、浸涂、涂刷或混涂。

（3）开桶后应将搅拌均匀，若需要调低黏度，可适当加入该漆稀释剂。

（4）施工应在 5℃ 以上、相对湿度 80% 以下的环境中进行。

（5）每道涂刷理论上用量为 100～140g/m^2，每道成膜厚度为 30～40μm。

（6）建议底漆 2 道，面漆 2～4 道，每道涂刷间隔时间为自干 8～24 小时。

（7）涂完后，需自干 10～15 天或在 150℃ 中烘干 1.5 小时，漆膜硬度达到 2H 以上时再使用。

（8）稀释剂：漆酚专用稀释剂。

（9）施工现场注意通风，采取防火、防静电、预防中毒等措施，遵守涂装作业安全操作规程有关规定。

【贮存】

本产品贮存期自出厂之日起为 12 个月，远离热源。

11.2.5　漆酚重防腐纳米涂料

本产品以天然生漆为原料，在保持原生漆乳液体系的前提下，针对特殊的高腐蚀环境，综合运用漆酚预聚、多聚、高聚控制技术，通过添加纳米材料的增强、补强功能多步反应工艺调制而成。本品具有耐温防腐、抗静电、无毒等特点，施工方便，适应性强，不受设备结构、形状的限制，技术处于国际先进水平。

【组成与特性】

本品充分运用了原生漆乳液中的所有成分，通过添加特殊纳米材料并通过特殊工艺调制而成，是一种绿色环保、生态节能、可再生循环的优质涂料，综合性能优越。

【产品性能指标】

项目		指标
容器中状态		乳白色乳液
黏度/s		≥60
细度/μm		≥50
干燥时间/h	表干时间	≤2
	实干时间	≥24
遮盖力/(g/m^2)		≥80
漆膜外观		棕红色
附着力/级		≤1
耐冲击力/(kg/cm)		≤50
柔韧性 Φ/mm		≥1
不挥发物/%		≤40
耐盐雾(200d)		不脱落、无起泡、不生锈
耐湿热[温度(47 ± 1)℃,湿度(92 ± 2)%,7d]		不脱落、无起泡、不生锈
耐盐水性[浸于 $NaCl$,Na_2CO_3 溶液,30%,200d]		漆膜无异常
耐酸性[浸于 H_2SO_4、HNO_3、HCl 溶液,20%,200d]		漆膜无异常
耐碱性[浸于 $NaOH$ 溶液,40%,200d]		漆膜无异常
耐海水(200d)		漆膜无异常
耐油性(浸入煤油、汽油、变压器油,200d)		漆膜无异常
耐植物油(食用油,200d)		漆膜无异常
耐有机溶剂(甲苯、二甲苯、乙酸乙酯,200d)		漆膜无异常
耐温性(经受-20℃与120℃冷热交替10个循环)		漆膜无异常
耐热性(200 ± 2℃铝片,3d)		漆膜无异常
漆膜电阻率	体电阻率/$(\Omega \cdot cm)$	300×10^4
	面电阻率/$(\Omega \cdot cm)$	300×10^5

【主要性能特点】

(1) 力学性能：本产品具有弹性好、附着力强、耐冲击强度高特点。

(2) 耐化学品性能：本品具有优异的耐腐蚀性能，漆膜耐酸碱、耐油、耐盐、耐多种有机溶剂，漆膜在海水和各种盐水中长期浸泡无任何变化。

（3）热氧化稳定性：本品漆膜干燥后可以在150℃条件下长期使用，漆膜耐湿热试验进行120多小时，均属一级。

（4）电学性能：本品漆膜电阻率属半导体范围，有导静电能力。

（5）导热性能：本品耐温变性能好，能经受－20℃与120℃冷热反复交替循环试验，漆膜无异常；在传热设备中使用本品涂覆也不会增加设备热阻，涂膜不会开裂，不会影响防腐蚀效果。

（6）干燥性能：本品可以自然干燥，无需提供烘干设备和特定的温湿条件。

（7）施工性能：能在钢、铝、铜、水泥、木材等多种基材上涂覆，具有良好的附着力；能与玻璃布配套使用；施工方便，可喷、可涂、可刷。

【包装规格】20kg/桶、10kg/桶、5kg/桶。

【产品应用】

本产品适用于工业领域设备设施的重防腐保护涂装，是目前工业（尤其是石油化工、船舶和海洋工程）重防腐领域理想的产品。为节能、低耗、环保型的重防腐涂料产品。

【施工方法及其他事项】

（1）表面要进行除锈、除污处理，保持平整、干燥、洁净。

（2）可采用喷涂、浸涂、涂刷或混涂。

（3）开桶后应将本漆搅拌均匀，若需要调低黏度，可适当加入该漆稀释剂。

（4）施工应在5℃以上的环境中进行。

（5）每道涂刷理论上用量为$100\sim140g/m^2$，每道成膜厚度为$30\sim40\mu m$。

（6）建议底漆2道，面漆2～4道，每道涂刷间隔时间为自干8～24小时。

（7）涂完后，需自干10～15天或在150℃中烘干1.5小时，漆膜硬度达到铅笔硬度2H以上时再使用。

（8）稀释剂：漆酚专用稀释剂。

（9）施工现场应注意通风，采取防火、预防中毒等措施，遵守涂装作业安全操作规程和有关规定。

（10）保存期：12个月，远离热源。

11.2.6　漆酚基木蜡油

本品由天然改性生漆、聚合桐油、精炼亚麻油和漆籽油、漆蜡、巴西棕榈蜡、天然树脂等配制而成，超低VOC，不含苯、醛、酯等溶剂以及重金属离子。产品色泽明亮清透，具有耐紫外光、快速固化、附着力强等性能；能渗入木材内部进行深层滋润，显示木材的天然纹理（图11-1）；耐磨、耐水，耐化学品腐蚀，手感细腻，光泽柔和、抗干裂。应用于家庭装修、高档家具、地板、门窗及其他木制品。

【包装规格】20kg/桶、10kg/桶、5kg/桶。

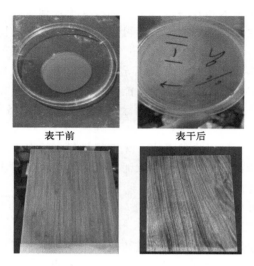

表干前	表干后

图 11-1　涂料外观及木材样板

【产品性能指标】

性能	指标	性能	指标
外观	淡黄色半透明液体	附着力（画圈法）	1级
表干时间/h	3～5	柔韧性	1级
实干时间/h	12～24	在容器内状态	搅拌后均匀无硬块
铅笔硬度	1.5H	疏水性（接触角实验）	98°
耐冲击力/(kg/cm)	50	耐酸碱盐	未出现变色、起皱或龟裂

【施工方法】

（1）基材处理：光滑平整、清洁、干燥、无油脂、灰尘。

（2）揩擦：将木蜡油搅拌均匀，用棉布蘸取适量，沿木材纹理方向擦拭均匀。然后换用干净的棉布将多余的油脂收干净，表面无流挂堆积。

（3）打磨：待第一遍完全干透，用抛光棉或600♯以上的砂纸进行轻微打磨，清除灰尘。

（4）复擦：可根据工艺要求揩擦2～3遍，但要待上一遍完全干透后再插下一遍。每一边干透后要进行轻微打磨。

（5）抛光：在第4基础上用1000♯以上的砂纸或者抛光棉进行轻微抛光。

【注意事项】

（1）基材要保持平整光滑。

（2）产品在涂装7天后方可投入使用。

（3）漆面不宜高温烤烫。

【贮存】

远离火源，阴凉干燥通风。仓储温度 5～35℃，温度低于 5℃ 会呈黏稠状态。保质期 12 个月。

参考文献

[1] 李林. 漆树树皮结构与树皮及生漆化学成分研究[D]. 西安：西北大学，2008.

[2] GB/T 40489—2021. 生漆采割技术规程.

[3] GB/T 14703—2008. 生漆.

[4] Bai W B，Cai L F，Zhuo D X，et al. Resurrection of dead lacquer-cupric potassium chloride dihydrate（$K_2CuCl_4 \cdot 2H_2O$）used as the mimic laccase[J]. Progress in Organic Coatings，2014，77（2）：431-438.

[5] Yang J H，Deng J P，Zhu J F，et al. Thermal polymerization of lacquer sap and its effects on the properties of lacquer film[J]. Progress in Organic Coatings，2016，94：41-48.

[6] Xue H Y，Chen Q，Lin J. Preparation and characterization of bamboo fibers coated with urushiol-ferric and its composite with polypropylene[J]. Journal of Applied Polymer Science，2012，125（1）：439-447.

[7] 罗震，徐艳莲，林金火. Breathfigures 法制备漆酚铜聚合物多孔膜[J]. 功能材料，2012，1（43）：69-72.

[8] 徐艳莲，罗震，林金火. 直接研磨法制备漆酚铅聚合物及其自组装[J]. 中国生漆，2013，32（3）：30-32.

[9] Zheng L H，Chen Q，Chen B，et al. Swelling synthesis and modification of janus composite particles containing natural urushiol[J]. Materials Letters，2014，120：271-274.

[10] Zheng X L，Weng J B，Li SY，et al. Anticorrosive ultrathin film derived from bio-based urushiol-Ti by layer-by-layer self-assembly[J]. Chemical Engineering Journal，2014，245：265-275.

[11] Lu R，Ebata N，Zhang F L，et al. Development of a new type lacquer based on rhus vernicifera sap with chitosan[J]. Progress in Organic Coatings，2014，77（2）：439-443.

[12] Wang D H，Zhang M，Luo Z，et al. Fabrication of polyurushiol/ag composite porous films using an in situ photoreduction method[J]. Polymer Bulletin，2015，73（6）：1639-1647.